国家精品在线开放课程
国家线上一流课程
国家线上线下混合式一流课程

信息素养与信息检索

（第四版）

周建芳／主编

科学出版社

北　京

内 容 简 介

本书以提升终身学习能力为导向详细阐述信息、信息检索、信息素养相关知识和基础理论。在系统介绍图书、学术论文、标准、专利、数据等传统信息资源及其数字化获取的同时，强化在线课程、问答社区、社交媒体、在线视频等新型信息资源以及人工智能、思维导图、网址导航、数据可视化、词云、本地搜索等实用效率工具的获取与利用。另外，介绍了法律、教育、企业、卫健等领域实用、权威的检索平台。本书基于课外考试、论文写作、就业应聘等场景介绍了大学生常用信息的检索与利用。本书内置大量实用案例、探究任务、信息素养竞赛模拟习题，并通过二维码的形式嵌入大量微视频链接。本书知识系统内容新颖、案例丰富、重视实践、强化探究，具有很强的实用性。

本书可作为高等院校本科生、研究生信息检索、信息素养类课程的教材，也可作为各类信息素养竞赛的备赛资料，还可作为教学、科研及各类读者的参考书。

图书在版编目（CIP）数据

信息素养与信息检索 / 周建芳主编. —4 版. —北京：科学出版社，2024.8

国家精品在线开放课程　国家线上一流课程　国家线上线下混合式一流课程

ISBN 978-7-03-078543-5

Ⅰ.①信… Ⅱ.①周… Ⅲ.①信息学–高等学校–教材 ②情报检索–高等学校–教材 Ⅳ.①G201 ②G252.7

中国国家版本馆 CIP 数据核字（2024）第 101605 号

责任编辑：方小丽 / 责任校对：贾娜娜
责任印制：张　伟 / 封面设计：有道设计

科学出版社 出版
北京东黄城根北街 16 号
邮政编码：100717
http://www.sciencep.com

三河市宏图印务有限公司印刷
科学出版社发行　各地新华书店经销

*

2010 年 7 月第　一　版　开本：787×1092　1/16
2015 年 8 月第　二　版　印张：16 1/4
2021 年 8 月第　三　版　字数：385 000
2024 年 8 月第　四　版　2025 年 1 月第三十八次印刷

定价：39.80 元

（如有印装质量问题，我社负责调换）

编 委 会

主　编　周建芳

编　委　张俊慧　赖朝新　沙玉萍　陈　琴　王　一
　　　　谭　英　任思莹　石翠莲　曹秀丽　李秋静
　　　　尚　月　陈力行　马　丽　方　丹　陈昌崇
　　　　何　冰　马　科　柳　倩　杨淑琼

序

《教育信息化"十三五"规划》从国家层面明确提出"更好地服务师生信息素养的提升",把信息素养教育提到了创新人才培养的新高度。高素质人才要具备科学精神和人文精神,信息素养教育是培养高素质人才的重要途径。

图书馆界一直致力于信息素养教育的推广与改革,四川师范大学的周建芳老师是其中比较活跃的一位。周建芳老师的信息素养教学团队一直积极致力于信息素养教育的开拓与创新:转变教学目标,重构教学内容,创新教学模式。他的努力也取得了一系列成绩:主持建设的慕课"信息素养:效率提升与终身学习的新引擎"在中国大学 MOOC、"学习强国"、学堂在线等多个平台上线,甚至被热心的网友搬到 B 站,广受好评,先后被教育部认定为国家精品在线开放课程、国家线上一流课程;主讲的课程"信息素养与终身学习"被教育部认定为国家线上线下混合式一流课程;教学团队近年来屡次在国内信息素养教育相关比赛中获奖。

周建芳老师的这部教材第三版自 2021 年 8 月出版以来,被国内几十所高校采用,广受好评。最近有幸拜读了这部教材的第四版,受益匪浅。教材结构合理,内容新颖,知识点的组织和呈现颇有新意。每章案例先行引发思考,结合知识点附带大量实践案例和相关微视频,并给出具体任务引导探究。这样的安排不仅体现了周老师的教育理念,更重要的是向读者分享了大量实用的内容。

如今信息化社会日新月异,信息素养教育也要适应社会信息环境的变化。该书紧跟时代发展,呈现了大量实用信息资源、信息技术、信息工具,非常适合读者在实践探究中提升自己的信息素养和终身学习能力,是信息时代提升信息素养的好工具。信息素养教育者通过学习该书可以找到探究案例和理论指导;在校师生可以利用该书的知识解决自己学习、研究中的问题;社会大众也可以在生活中应用该书内容来避免信息陷阱。

全球信息化时代,我们与信息交融,驾驭信息是必备能力,多学习信息相关知识有助于个人发展,谢谢周建芳老师为我们提供了一部好教材,人在学途,终身探究!

东北师范大学 谢丑南

2024 年 6 月

前　言

信息技术的发展以及信息革命的深化将人类社会带入了信息泛在时代，一方面，不断激增的信息为人类提供了丰富的信息资源与信息服务；另一方面，信息近乎无限供给与个性化需求之间的矛盾使得人们在享受信息便利的同时，不得不面对信息爆炸等诸多困惑与烦恼。充分利用信息时代的资源福利，有效排除信息过载的干扰，已经成为个人适应社会发展的一种基本能力，这种能力的重要体现就是信息素养。

党的二十大报告提出要"建设全民终身学习的学习型社会、学习型大国"[①]。提升全民信息素养，助力全民终身学习，是信息素养教育的使命。信息素养不仅关乎个人在信息社会中的生存能力，也关系整个人类社会的进步与发展。因此，信息素养教育逐渐受到社会各界的关注与重视。20世纪80年代以来，大部分高校通过开设"文献检索""信息检索"等课程面向学生开展信息素养教育。随着社会信息化的持续发展以及信息素养教育实践的不断积累，信息素养教育的重心逐渐开始由提升文献检索技能转向培养终身学习能力。

本书是编者在总结多年信息素养教育实践经验的基础上，结合信息素养教育现状和趋势编写而成的。主要有以下几个特点。

（1）转变目标。摒弃以提升文献检索能力为中心的传统信息素养教育目标，确立以增强信息素养为核心目标，以提升问题解决效率、强化探究精神、培养终身学习能力为具体目标的"三位一体"教育目标体系。

（2）重构内容。弱化如字典、词典、百科全书、名录等对提升信息素养帮助不大的内容，在保留图书、学术论文、标准、专利、数据等传统信息资源类型的前提下强化在线课程、问答社区、社交媒体、在线视频等新型信息资源以及人工智能、思维导图、网址导航、数据可视化、词云、本地搜索等实用效率工具内容，新增文心一言、讯飞星火等人工智能工具，提升内容的前沿性和时代性。

（3）重视案例。有意识淡化理论知识，减少说明性内容，精心组织近百个案例，通过场景化的案例呈现知识点。

（4）强调实用。无论是内容结构还是案例设计，首先充分考虑读者尤其是大学生学习、工作、生活需要，尽可能做到有料、有用、有趣。每章配套针对性习题，这些习题大多是模拟国内近年来的信息素养竞赛题目，对参加信息素养竞赛具有较高的参考价值。

（5）强化探究。探究精神是终身学习的重要驱动，也是信息素养的重要体现。本书设置了几十个探究任务，驱动并鼓励读者通过完成探究式任务强化动手实践能力，提升信息素养和终身学习能力。

[①] 《习近平：高举中国特色社会主义伟大旗帜　为全面建设社会主义现代化国家而团结奋斗——在中国共产党第二十次全国代表大会上的报告》，https://www.gov.cn/xinwen/2022-10/25/content_5721685.htm[2022-10-25]。

（6）资源丰富。本书编写团队同时主持建设国家精品在线开放课程（国家线上一流课程）"信息素养：效率提升与终身学习的新引擎"和国家线上线下混合式一流课程"信息素养与终身学习"，慕课中的微视频以二维码的方式嵌入具体的知识点中，为本书提供了丰富的配套资源，方便读者碎片化学习。

全书共8章，内容框架由周建芳、张俊慧、赖朝新、沙玉萍、陈琴拟定。编写分工如下：第1章由周建芳编写；第2章由张俊慧、周建芳编写；第3章由周建芳、陈琴编写；第4章由陈琴、周建芳编写；第5章由周建芳、谭英、赖朝新编写；第6章由周建芳、沙玉萍编写；第7章由周建芳、王一、李秋静编写；第8章由周建芳编写。配套微视频由周建芳、沙玉萍、王一、赖朝新、陈琴、石翠莲、任思莹、柳倩、陈昌崇、何冰、罗昌佳（学生）、魏于芮（学生）、冯易（学生）录制。尚月、陈力行、马丽、方丹、曹秀丽、马科、杨淑琼参与了部分案例的设计。周建芳负责整理和统稿。

本书在编写的过程中，参考了相关著作、论文、慕课以及高校信息素养教育数据库，在此表示衷心的感谢！感谢东北师范大学谢亚南女士为本书作序！同时，本书的出版也得到了四川师范大学图书馆及科学出版社的大力支持，一并感谢！

由于信息资源、检索技术的日益丰富和不断更新，加之编者学识、水平有限，书中难免存在疏漏之处，敬请读者批评指正。

编　者
2024年7月

目 录

第 1 章 信息素养 ··· 1
  1.1 信息素养概述 ··· 1
  1.2 信息素养标准与框架 ·· 10
  1.3 信息素养教育 ··· 17
  习题 ··· 19

第 2 章 信息检索基础知识 ·· 21
  2.1 信息 ·· 22
  2.2 信息资源 ··· 24
  2.3 信息检索概述 ··· 29
  2.4 信息检索技术 ··· 40
  2.5 信息检索策略 ··· 58
  习题 ··· 64

第 3 章 图书信息资源检索 ··· 66
  3.1 图书概述 ··· 67
  3.2 馆藏图书的查询与利用 ··· 70
  3.3 电子书查询 ·· 75
  习题 ··· 89

第 4 章 学术论文信息资源检索 ··· 91
  4.1 学术论文概述 ··· 92
  4.2 学术论文数据库 ·· 96
  4.3 学术搜索引擎 ··· 111
  4.4 学术评价 ··· 117
  习题 ··· 125

第 5 章 专利、标准与数据资源检索 ··· 127
  5.1 专利检索 ··· 127
  5.2 标准检索 ··· 134
  5.3 数据检索 ··· 139
  习题 ··· 152

第 6 章 法律、教育、企业、卫健信息资源检索 ··· 154
  6.1 法律信息检索 ··· 155
  6.2 教育信息检索 ··· 160
  6.3 企业信息检索 ··· 165
  6.4 医卫健康信息检索 ··· 170

习题··174
第7章　实用学习资源与效率工具··176
　　7.1　实用学习资源··177
　　7.2　实用效率工具··196
　　习题··216
第8章　大学生常用信息检索与利用··218
　　8.1　课外考试类信息的检索与利用··218
　　8.2　学术写作类信息的检索与利用··223
　　8.3　就业类信息的检索与利用··234
　　习题··237
参考文献··239

案 例 目 录

案例 1-1　提升信息素养，做一个信息达人 …………………………………………… 1
案例 1-2　根据一个找系列，以图识图体现信息素养 ………………………………… 3
案例 1-3　在百度文库中查找向国外作者索取文献全文的英文信件模板 …………… 6
案例 1-4　一分钟找出 8000 多个身份证号码中的错误 ……………………………… 6
案例 2-1　找大学视频课，去爱课程 ………………………………………………… 21
案例 2-2　找几年前的报纸 …………………………………………………………… 26
案例 2-3　用中华古籍资源库，找《稼轩长短句》影印版全文 …………………… 28
案例 2-4　从导入案例看信息检索的工作原理 ……………………………………… 30
案例 2-5　中国图书馆分类法 ………………………………………………………… 31
案例 2-6　体验习近平系列重要讲话数据库，了解计算机检索系统 ……………… 36
案例 2-7　专搜音效资源的垂直搜索引擎 FindSounds ……………………………… 39
案例 2-8　查找《经济研究》上的论文，了解限制检索技术 ……………………… 42
案例 2-9　12306 检索中的布尔逻辑"与" ………………………………………… 43
案例 2-10　万方数据库中的布尔逻辑关系"或" ………………………………… 44
案例 2-11　巧用布尔逻辑"非"，探究"精确"与"模糊"的区别 …………… 45
案例 2-12　PubMed 中的截词检索 ………………………………………………… 48
案例 2-13　用 filetype 语法搜索"中级会计"方面的 ppt 文件 ………………… 51
案例 2-14　玩转 site，在四川大学公共管理学院官网上查找研究生复试参考书目 … 52
案例 2-15　inurl 语法背后的功能逻辑 ……………………………………………… 53
案例 2-16　简单的空格，炫酷的搜索 ……………………………………………… 55
案例 2-17　教材配套课件，可以这样找 …………………………………………… 56
案例 2-18　准备研究生入学面试，需要哪些信息？ ……………………………… 59
案例 2-19　找干货内容，不要忘了这两个检索词 ………………………………… 61
案例 3-1　合法免费获取外文电子书 ………………………………………………… 66
案例 3-2　辨别图书真伪，去这个网站 ……………………………………………… 69
案例 3-3　查询图书《伟大梦想与立党兴党强党》在成都市图书馆的馆藏信息 …… 72
案例 3-4　查询《白银资本》(贡德·弗兰克著)在美国国会图书馆的馆藏信息 …… 73
案例 3-5　用超星汇雅电子书数据库找电子书 ……………………………………… 77
案例 3-6　用京东读书专业版找电子书 ……………………………………………… 78
案例 3-7　用 Springer 查找英文版电子书 …………………………………………… 79
案例 3-8　用 HathiTrust 免费获取英文版电子书 …………………………………… 81
案例 3-9　在古登堡计划中查找免费电子书 ………………………………………… 82
案例 3-10　用 DOAB 找免费英文电子书 …………………………………………… 82

案例 3-11	找古籍影印本，可以用书格	84
案例 3-12	探索国家图书馆资源，免费获取民国版的《国富论》译本《原富》电子书	84
案例 3-13	阅读经典	85
案例 4-1	用学术数据库评价科研实力	91
案例 4-2	找期刊论文，可以试试期刊官网	94
案例 4-3	了解预印本系统，认识 arXiv	97
案例 4-4	搞定馆外授权，校外也能用维普下论文	99
案例 4-5	在 CNKI 中查找沈建峰指导的学位论文	100
案例 4-6	一图了解 CNKI 的高级检索	101
案例 4-7	CNKI 的专业检索	102
案例 4-8	用万方数据库，找会议论文	104
案例 4-9	巧用同义词扩展，提升查全率	106
案例 4-10	体验 Web of Science 的基本检索	107
案例 4-11	Web of Science 的高级检索	108
案例 4-12	找外文论文，了解 ScienceDirect	109
案例 4-13	用 PQDT 查找"手游"相关的博士论文	110
案例 4-14	通过百度学术查找题目中包含"信息素养"且被 CSSCI 收录的论文	112
案例 4-15	用 PubMed 查找鼻炎方面的文献	115
案例 4-16	通过 DOAJ 查找"虚拟现实"方面的学术论文	116
案例 4-17	在 CNKI 中查询期刊《管理世界》的影响因子	117
案例 4-18	用 Web of Science，查作者的 h 指数	118
案例 4-19	查询期刊的 JCR 分区	121
案例 4-20	查询 SCI 期刊的中国科学院分区	122
案例 5-1	使用食品添加剂，有国家标准	127
案例 5-2	找专利，学设计	128
案例 5-3	查一下"小麦粉馒头"的国家标准全文	138
案例 5-4	查找深圳市宝安区每一个公共厕所的数据	143
案例 5-5	雷军和余承东，谁最红？	150
案例 6-1	网站域名备案，可以这样查	154
案例 6-2	巧用中国裁判文书网，找靠谱的律师	157
案例 6-3	用中国执行信息公开网调查乐视	158
案例 6-4	毕业证是不是真的？可以这样查！	161
案例 6-5	证券从业人员经历可以这样查	163
案例 6-6	查询留学资助项目	165
案例 6-7	调查一个公司，用国家企业信用信息公示系统	166
案例 6-8	查找上市公司财务数据，撰写分析报告	167
案例 6-9	老干妈的"商标护城河"，可以这样查	169

案例 6-10	医生资质可以这样查	171
案例 6-11	口罩的注册信息，可以这样查	172
案例 7-1	慕课学习达人：主动学习受益终身	176
案例 7-2	用可汗学院找英文版小学数学课程	177
案例 7-3	用网易公开课找知名高校经济学课程	177
案例 7-4	国家高等教育智慧教育平台：一站搜索全网好课	180
案例 7-5	搜索知乎，查找多方观点	185
案例 7-6	征婚交友，用小木虫？	186
案例 7-7	微信公众号上的干货	188
案例 7-8	学灯具知识，用京东	190
案例 7-9	用小红书找学习经验和资源	192
案例 7-10	获取信息，学好高数	192
案例 7-11	用 Flourish 做条形竞赛图，动态呈现各省区市地区生产总值对比	203
案例 7-12	持续探究，制作词云图	205
案例 7-13	Listary 的三种典型使用场景	210
案例 7-14	用文心一言写 Python 程序代码，做南丁格尔玫瑰图	212
案例 7-15	用讯飞星火撰写读书月活动发言稿	213
案例 7-16	人工智能辅助文献阅读，试试 AMiner	214
案例 8-1	大学，哪些证值得考？	218
案例 8-2	为考研收集信息	221
案例 8-3	CNKI 的引文批量导出	231
案例 8-4	英文词语搭配拿不准，试试 Linggle Search	232
案例 8-5	做简历，不要忘了获取信息	235

探究任务目录

探究任务 1-1　查找并获取《布拉格宣言》和《亚历山大宣言》…………………3
探究任务 1-2　找相关文件的全文 ……………………………………………………17
探究任务 2-1　探索图标库 IconFont，体验网络信息资源 …………………………28
探究任务 2-2　CNKI 收录了多少北京大学的文章？…………………………………43
探究任务 2-3　CNKI 期刊论文数据库中哪些检索字段支持加权检索？……………49
探究任务 2-4　验证 CNKI 位置检索 …………………………………………………50
探究任务 2-5　同样的 filetype 语法，不同的搜索引擎 ……………………………52
探究任务 2-6　自己的名字，能在学校的官网上找到吗？…………………………53
探究任务 2-7　猜猜我的检索意图，验证你的判断 …………………………………54
探究任务 2-8　哪些搜索引擎支持"或"和"非"？…………………………………56
探究任务 2-9　搜索引擎的高级检索界面，怎么进去？……………………………58
探究任务 2-10　同样的检索词，不同的检索字段 …………………………………63
探究任务 3-1　使用支付宝注册浙江图书馆的读者账号 ……………………………72
探究任务 3-2　国内外哪些图书馆有这部书？………………………………………73
探究任务 3-3　查询自己的借阅信息 …………………………………………………75
探究任务 3-4　哪些好用的读书类 APP 值得安装？…………………………………75
探究任务 3-5　做一本 chm 格式的电子书 ……………………………………………76
探究任务 3-6　本校图书馆购买的电子书数据库，你用过吗？……………………77
探究任务 3-7　用 HathiTrust 数字图书馆，找 *Macroeconomics: Fluctuations, Growth and Stability* …………………………………………………………81
探究任务 3-8　《习近平谈治国理政》图书电子版的免费获取 ……………………85
探究任务 4-1　查国内统一刊号，判断期刊真伪 ……………………………………94
探究任务 4-2　查找《数据分析与知识发现》2024 年第 5 期 ………………………95
探究任务 4-3　查询"吕秀才"的博士论文在国家图书馆的馆藏信息 ……………95
探究任务 4-4　查找一篇会议论文，了解 CNKI 的会议论文数据库 ………………101
探究任务 4-5　最近 10 年，学院哪位老师发表的北大核心论文最多？……………102
探究任务 4-6　动手探索，思考检索意图 ……………………………………………103
探究任务 4-7　找学位论文，对比 CNKI 和万方 ……………………………………104
探究任务 4-8　用维普，找期刊论文 …………………………………………………106
探究任务 4-9　查找所在机构的 SCI（或 SSCI）论文 ………………………………108
探究任务 4-10　探索 ScienceDirect 和 OALib，对比学术数据库的站内检索与学术搜索引擎 ……………………………………………………………111
探究任务 4-11　PubScholar 提供的全文文献来自哪些渠道？………………………114

探究任务 4-12	用 PubMed 查找一部糖尿病方面的电子书	115
探究任务 4-13	查询同一篇学术论文在不同平台下的被引量	117
探究任务 4-14	你的专业领域有哪些期刊属于北大核心期刊？	120
探究任务 4-15	CSSCI 与北大核心收录的期刊范围有什么不同？	120
探究任务 4-16	CSCD 期刊与北大核心收录的期刊范围有什么不同？	120
探究任务 4-17	查询期刊 *Chemistry and Physics of Lipids* 的 SCI 分区	123
探究任务 4-18	这篇论文被 EI 收录了吗？	124
探究任务 5-1	越狱犯专利免死的新闻是真的吗？	131
探究任务 5-2	实质性地获取专利文献的全文	132
探究任务 5-3	找一个 IEC 标准的官方售价	136
探究任务 5-4	查一下"教学用热敏温度计"的标准	138
探究任务 5-5	对比三类不同的标准获取渠道	139
探究任务 5-6	从国家统计局网站上获取数据并在线作图	141
探究任务 5-7	哪些地方的统计年鉴是可以免费下载全文的？	141
探究任务 5-8	在 DATA.GOV 中查找艾奥瓦州的年度个人消费支出	144
探究任务 5-9	下载并查阅 WDI	146
探究任务 6-1	查找《中华人民共和国民法典》，对比数据库	155
探究任务 6-2	裁判文书中，有你所在的学校吗？	157
探究任务 6-3	你熟悉的哪些人、哪些机构可以在中国执行信息公开网上查到？	159
探究任务 6-4	设置筛选条件，查找庭审直播	160
探究任务 6-5	你身边的哪些人通过了会计从业考试？	163
探究任务 6-6	查询证券行业从业人员在证券行业的从业经历	164
探究任务 6-7	估计一下，这个商标能申请成功吗	169
探究任务 6-8	这个是注册商标吗？	170
探究任务 6-9	查一下这家医院	171
探究任务 6-10	查一下这款药品最新的批准日期	172
探究任务 7-1	查找优质慕课	179
探究任务 7-2	实质性查找，选择合适答案	182
探究任务 7-3	查找学习类视频资源	183
探究任务 7-4	在知乎中查找干货学习资源，实现 Excel 的入门与精通	185
探究任务 7-5	如何查近三年国内信息素养相关图书的目录？	191
探究任务 7-6	用百度脑图创建一个思维导图并分享	197
探究任务 7-7	hao123 和李兴平的传奇故事	199
探究任务 7-8	对比 QQ 和 Snipaste 的贴图功能	201
探究任务 7-9	用 LICEcap 录制 QQ 的截图贴图操作	202
探究任务 7-10	探究 ECharts，制作炫酷图形	204
探究任务 7-11	用在线词云生成工具微词云做词云	208
探究任务 7-12	在 Listary 中设置 B 站搜索的快捷键	211

探究任务 7-13　用文心一言编写校验身份证号码的校验公式 ………………………… 213
探究任务 7-14　探索讯飞星火科研助手 ………………………………………………… 214
探究任务 7-15　探索 AMiner AI 的人工智能功能 ……………………………………… 216
探究任务 8-1　全国计算机等级考试 ……………………………………………………… 221
探究任务 8-2　对比不同学术论文的内容结构 …………………………………………… 224
探究任务 8-3　对比 Mendeley 和 Zotero ………………………………………………… 227
探究任务 8-4　用 CiteSpace 发现"经济增长"这个主题上的细分方向 ………………… 229
探究任务 8-5　按照国家标准 GB/T 7714—2015 的格式导出引文 ……………………… 232
探究任务 8-6　对比金山词霸、易改、讯飞星火科研助手的英文校对润色功能 ……… 233
探究任务 8-7　查找行业标准《学术出版规范　期刊学术不端行为界定》 …………… 234
探究任务 8-8　在高校就业信息网上查找招聘信息 ……………………………………… 236

微视频目录

视频 1-1	信息素养与信息意识	3
视频 1-2	信息素养的六种能力	3
视频 1-3	获取信息,搞好学习	5
视频 1-4	信息素养与终身学习	5
视频 1-5	信息素养与效率提升	5
视频 1-6	文件合并:效率办公,从这个工具箱开始	5
视频 1-7	一分钟找出 8000 多个身份证号码中的错误	10
视频 1-8	信息素养与探究精神	10
视频 1-9	效率提升与终身学习的新引擎	19
视频 2-1	数字报纸:常见的报纸,免费看全文	27
视频 2-2	藿香正气水不含藿香,你知道吗?	28
视频 2-3	图片搜索:以图识图有意思	39
视频 2-4	字体搜索:在线识别图片字体	39
视频 2-5	字段限制:不容忽视的检索点	41
视频 2-6	匹配限制:精确与模糊,到底是啥意思?	42
视频 2-7	布尔检索:善用交并补,检索更精准	47
视频 2-8	截词检索:善用通配符,提升查全率	48
视频 2-9	加权检索:关键词可以加权重	49
视频 2-10	位置检索:关键词的邻近关系,也有检索意义	50
视频 2-11	filetype:文档搜索,用这个语法	51
视频 2-12	site:巧用语法,实现站内搜索	52
视频 2-13	inurl:在网址中搜索	53
视频 2-14	空格、竖线和减号:百度中的布尔检索	55
视频 2-15	句子检索:什么时候用更好?	57
视频 2-16	高级搜索:平替搜索语法	58
视频 2-17	找干货,不要忘了这两个检索词	62
视频 2-18	二次检索:走一步,看一步	63
视频 3-1	网盘搜索:发现资源宝库	81
视频 3-2	电子图书:多读书,读好书,不买书	85
视频 3-3	比价搜索:找到同款最低价	89
视频 4-1	期刊论文:同样的论文,不同的获取渠道	94
视频 4-2	学位论文:这些免费渠道,你知道吗?	95
视频 4-3	会议论文:学术研究的重要参考	96

视频 4-4	预印本：几个常用的预印本平台	97
视频 4-5	学术搜索：一个入口获取多方文献	111
视频 4-6	学术评价：评价期刊、论文、作者都有指标	125
视频 5-1	专利文献：学设计，找专利	134
视频 5-2	标准文献：免费获取各种标准	139
视频 5-3	数据资源：科研、决策的重要支撑	142
视频 6-1	调查公司：做好尽职调查，找工作，不踩坑	166
视频 6-2	医卫查询：医院、医生、药品皆可查	170
视频 7-1	在线课程：终身学习的加油站	179
视频 7-2	课程搜索：一键搜索全网好课	182
视频 7-3	网络视频：知识微视，值得拥有	183
视频 7-4	问答社区：彰显个体智慧，体现群体力量	184
视频 7-5	论坛社区：找到属于你的圈子，发现属于你的资源	187
视频 7-6	电商网站：除了剁手，还是学习宝库	190
视频 7-7	思维导图：让你的思维更有效率	197
视频 7-8	检索之外：获取信息，也可以不检索	199
视频 7-9	截图录屏：常见的工具，不常见的功能	201
视频 7-10	数据可视：动态图形，轻松搞定	203
视频 7-11	词频统计：免费的功能，实用的工具	205
视频 7-12	本地搜索：文件搜索神器	209
视频 7-13	AI办公：用AI写文案、编程序、做ppt，其实很简单	212
视频 7-14	AI+科研：用AI读文献、做综述	212
视频 8-1	在线题库：考证刷题的好地方	220
视频 8-2	文献管理：Mendeley——免费的文献管理工具	227
视频 8-3	VOSviewer：文献数据可视化工具	227
视频 8-4	翻译润色：三个工具，让你的英文更地道	232

第 1 章 信息素养

案例 1-1　提升信息素养，做一个信息达人

有这样一群人，遇到任何问题，都能通过自己的探究找到解决问题的方法和思路。碰到任何事情，总能解决，不仅效率高，而且质量好。

当你用 Word 很认真地做简历的时候，Ta 只是在搜索引擎中输入 "filetype:doc 简历"，然后按回车键，在下载的多个简历中找一个做得好的，把自己的内容置换进去就可以了。

当你学会用 filetype 语法找 ppt（PowerPoint，演示文稿）的时候，Ta 会用人工智能（artificial intelligence，AI）工具 3 分钟生成一个炫酷的 ppt，而且是完全免费的。

当你"有问题，百度一下"成为习惯时，Ta 会告诉你"万不得已，不用百度"，而且会强调"不用百度并非百度不好，而是因为有更好的选择"。

当你还在去隔壁大学蹭课的时候，Ta 已经为这学期要学的每一门课找到了多个国内外的同名在线课程，不但免费，而且优质。

当你面对 100 多个需要合并的 Word 文件准备复制粘贴时，Ta 会打开搜索引擎，先找方法，然后 1 分钟搞定。用同样的方法，Ta 还找到了 txt（text）文件、Excel 文件、pdf（portable document format，可移植文档格式）文件的批量合并方法。

当你遇到问题不知所措时，Ta 会默默打开知乎寻求攻略，然后根据攻略进一步查找需要的信息。

……

Ta 们是信息达人，Ta 们具有较高的信息素养。

Ta 们了解大量信息资源，知晓许多信息知识，清楚权威的信息渠道，知道小众的信息工具，掌握实用的搜索技巧，遵循基本的信息伦理。更重要的是，Ta 们具有较强的信息意识，对新事物敏感、敏锐，遇到问题能够首先想到基于信息来解决。

本章主要介绍信息素养。

1.1　信息素养概述

信息技术的迅猛发展及其产业化的空前成功将人类社会带入信息无处不在的信息泛在时代。信息数量的激增、信息形式的多样、信息质量的差异以及信息近乎无限供给与信息个性化需求之间的矛盾使得人们在享受信息福利的同时不得不面对信息爆炸、信息过载等诸多困惑和烦恼，具备一定的信息素养已经成为个人适应信息社会的必要条件。作为一种综合能力的具体体现，信息素养不仅关乎个人在信息社会的生存与发展，也关系整个人类社会的进步与发展。因此，信息素养以及信息素养教育在国内外逐渐得到重视。

1.1.1 信息素养运动

信息素养（information literacy），也称信息素质，在我国港澳台地区称为资讯素养。尽管信息素养这一概念由泽考斯基明确提出是在1974年，但信息素养运动的起源可以追溯到17世纪。

20世纪70年代以来，国内外图书馆开展的读者教育活动、大学开设的"文献检索""信息检索"等通识课程可以被认为是信息素养运动的一部分，不过信息素养是一个更宽泛、更综合的概念。

互联网的发展与普及给信息素养运动的发展带来了新的契机。21世纪以来，世界各国政府开始重视信息素养，并将其纳入系统的教育计划。1998年，美国学校图书馆协会（American Association of School Librarians，AASL）和美国教育传播与技术协会（Association for Educational Communications and Technology，AECT）发布了《学生学习的信息素养标准》。2000年1月，美国大学与研究图书馆协会（Association of College and Research Libraries，ACRL）发布了《高等教育信息素养能力标准》，在此基础上，美国大学与研究图书馆协会在之后的几年相继发布了各专业领域的信息素养标准，如《科学、工程与技术领域信息素养标准》《人类学与社会学学生信息素养标准》等。联合国教育、科学及文化组织（United Nations Educational，Scientific and Cultural Organization，UNESCO，简称联合国教科文组织）于2003年、2005年分别联合美国全国图书和情报科学委员会（National Commission on Libraries and Information Science，NCLIS）、国际图书馆协会联合会（International Federation of Library Associations and Institutions，IFLA）和美国全国信息素养论坛（National Forum on Information Literacy）等召开了以信息素养为主题的世界性大会，会议发布了两个重要宣言，即以"走向具有信息素养的社会"为主题的《布拉格宣言》和以"信息社会在行动：信息素质与终身学习"为主题的《亚历山大宣言》。2015年2月，美国大学与研究图书馆协会发布了《高等教育信息素养框架》，以替代之前的《高等教育信息素养能力标准》，并引入了"阈概念""元素养""元认知"等革新性概念。

除了美国，澳大利亚、欧洲等国家和地区也在积极推动信息素养运动的发展，不仅相继提出了本国和本地区的信息素养标准，而且定期举办信息素养会议。

我国也在积极参与、推动信息素养的普及与发展。1984年，教育部印发了《关于在高等学校开设〈文献检索与利用课〉的意见》。教育部2015年印发的《普通高等学校图书馆规程》明确指出"图书馆应重视开展信息素质教育，采用现代教育技术，加强信息素质课程体系建设"。教育部2018年印发的《教育信息化2.0行动计划》中提出了信息素养全面提升行动的要求，特别指出"充分认识提升信息素养对于落实立德树人目标、培养创新人才的重要作用，制定学生信息素养评价指标体系，开展规模化测评，实施有针对性的培养和培训"。在教育部2022年印发的《高等学校数字校园建设规范（试行）》中专门设置了"信息素养"一章，对信息素养的组成要素和培养方式提出了规范要求。

> **探究任务 1-1　查找并获取《布拉格宣言》和《亚历山大宣言》**
>
> 通过探索，找到这两个宣言的中英文版本，给出能够免费获取全文的链接。在检索和获取全文的过程中注意不要侵犯知识产权。
>
> 思考一下如何判断结果的权威性。

1.1.2　信息素养的定义

信息素养是一个动态变化的概念，站在不同的立场，基于不同的视角，不同的人和组织对信息素养有不同的定义。率先提出信息素养这一概念的泽考斯基将信息素养定义为"利用众多信息工具以及主要信息资源解决具体问题的技能"。1985 年，布雷维克将信息素养定义为"检索技巧、检索工具和信息资源知识的集合，是解决问题的一种形式"。1989 年，美国图书馆协会（American Library Association，ALA）在《信息素养委员会主席总报告》中将"能够充分认识到何时需要信息，并具有高效发现、检索、评价和利用所需信息的能力"的人视为具有信息素养的人。2003 年在《布拉格宣言》中，信息素养被定义为"确定、查找、评估、组织和有效地生产、使用和交流信息来解决问题的能力"。英国图书馆与情报专家学会（Chartered Institute of Library and Information Professionals，CILIP）认为信息素养是"知道什么时候、为什么需要信息，去哪里找到信息，而且知道如何用一种道德的方式评估、使用和交流信息"。在 2015 年美国大学与研究图书馆协会发布的《高等教育信息素养框架》中，信息素养被定义为"包括对信息的反思性发现，对信息如何产生和评价的理解，以及利用信息创造新知识并合理参与学习团体的一组综合能力"。

在系统梳理信息素养起源和发展的基础上，参考国内外相关研究，本书将信息素养定义为：基于信息意识、信息知识、信息伦理，通过确定、检索、获取、评价、管理、应用信息解决所遇到的问题并以此重构自身知识体系的综合能力和基本素质。信息素养以信息意识、信息知识、信息伦理为基础，包括确定信息、检索信息、获取信息、评价信息、管理信息、应用信息六种信息能力，强调在基于信息解决问题的过程中实现自身知识体系的重构。

视频 1-1　信息素养与信息意识

视频 1-2　信息素养的六种能力

案例 1-2　根据一个找系列，以图识图体现信息素养

图 1-1 所示的图片，是偶然在互联网上发现的一张图。这是一张有关时间管理的图片。很明显，这张图应该是一个系列图片中的一张，因为图片中有一个序号 15，前面应该还有至少 14 张图片。怎么找到这一系列图片呢？

第一步，打开百度图片。可以在百度中搜索图片，也可以直接单击百度首页搜索框右边的照相机图标。

第二步，上传图片。直接拖拽本地图片到百度图片指定区域，随后找到了几个结果。

第三步，探索。打开其中的一个结果，发现是一篇博客文章，里面呈现了这个系列的所有图片，共有26张。

图 1-1　系列图片中的一张

思考一下这个案例体现了信息素养的哪些方面。

1.1.3　信息素养与元素养

随着互联网尤其是移动互联网的发展，人们利用与创造信息的理念、环境、方法、工具发生了前所未有的变化，由此催生了数据素养、媒体素养、数字素养、视觉素养等新的概念和理念。这些新的概念和理念与信息素养既有联系又有区别，很难被完全纳入信息素养的概念范畴，传统的信息素养能力标准面临诸多挑战。

元素养的提出给信息素养的发展带来了新的契机。2010年托马斯·P. 麦基（Thomas P. Mackey）和特鲁迪·E. 雅各布森（Trudi E. Jacobson）发表的"Reframing information literacy as a metaliteracy"（《将信息素养重新定义为元素养》）一文中首次提出了元素养这个概念，元素养可以理解为"催生其他素养的素养"。其他诸多新素养虽然与信息素养存在区别，但是这些新概念都关注信息以及信息的理解、评估与利用，强调基于信息的批判性思维，其差异在于关注的信息形式和技术有所不同，信息素养是它们的核心基础，因此完全可以基于信息素养构建数字化时代的元素养。

1.1.4　信息素养与终身学习

党的二十大报告指出："推进教育数字化，建设全民终身学习的学习型社会、学习型大国"。[①]终身学习是贯穿人一生的学习过程。在这个过程中，个体持续获得生存和发展所需要的知识与技能，并逐渐形成自己的价值观和思维方式。尽管终身学习不排斥被动的

---

① 《习近平：高举中国特色社会主义伟大旗帜　为全面建设社会主义现代化国家而团结奋斗——在中国共产党第二十次全国代表大会上的报告》，https://www.gov.cn/xinwen/2022-10/25/content_5721685.htm[2022-10-25]。

教育培训和潜移默化，但更强调学习的主动性和自主性。

终身学习是现代社会的生存方式，无论是对社会的进步还是对个体的发展都具有重要意义。人类社会处于一个持续发展的过程中，新的事物不断涌现，个体为了适应社会的发展就需要不断更新自己的知识技能，这就要求全社会进行终身学习。即使社会不进步，个体自身也需要不断提升、积累新知识、学习新技能以更好地获得个人的发展，而学校教育只是终身学习的一个阶段，学校之外的终身学习显得更为重要。

终身学习与信息素养密切相关。以"走向具有信息素养的社会"为主题的《布拉格宣言》认为，作为一种适应社会的基本能力和参与社会的先决条件，信息素养能够确定、检索、评估、组织和有效地生产、使用与交流信息，并解决所遇到的问题，是终身学习的一种基本人权。以"信息社会在行动：信息素养与终身学习"为主题的《亚历山大宣言》指出，信息素养和终身学习是信息社会的灯塔，照亮了通向发展、繁荣和自由的道路。信息素养是终身学习的核心。终身学习可以帮助所有人走向共同发展。

视频 1-3　获取信息，搞好学习　　　　　视频 1-4　信息素养与终身学习

1.1.5　信息素养与效率提升

良好的信息素养可以提升我们解决问题的效率和质量，本章导入案例中提到的信息达人是两者关系的综合体现。信息素养助力效率提升背后的逻辑关系，可以从四个方面来进行分析。

第一，良好的信息素养有助于摆脱传统思维方式的羁绊。遇到问题，首先想到从获取信息的角度来解决，这样的信息意识是信息素养的重要体现，可以帮助我们跳出思维定式。

第二，良好的信息素养有助于发现更多好资源。互联网上有很多优质的信息资源，而且相当部分可以免费使用。在合适的场景下，这些资源可以帮助我们提升解决问题的效率和质量。但是，很多人不知道这些资源如何获取，甚至不知道这些资源的存在。良好的信息素养，可以帮助我们了解更多的资源，知道这些资源的应用场景和获取方法。

第三，良好的信息素养有助于发现解决问题的好方法。解决问题的方法有很多，我们知道的不一定是最优的。获取信息，遇到问题，解决问题，先找攻略。在我们不熟悉的领域，别人的方法很可能帮助我们提升解决问题的效率，至少给我们一些线索和思路。

第四，良好的信息素养有助于发现解决问题的好工具。工欲善其事，必先利其器，互联网上的一些信息工具有时候可以大幅度提升解决问题的效率。拥有良好的信息素养可以帮助我们找到这些工具，使用这些工具。

视频 1-5　信息素养与效率提升　　　　　视频 1-6　文件合并：效率办公，从这个工具箱开始

案例 1-3　在百度文库中查找向国外作者索取文献全文的英文信件模板

有一次在 Web of Science 上找到一篇英文文献，但用了各种方法都无法找到全文。通过查找作者发表的其他论文，找到了他的邮箱地址，想给他发邮件索要这篇文献的全文。

向作者索要全文，估计大部分作者都会乐意提供，但总要给别人写封措辞诚恳的邮件吧，怎么写呢？

作者是一位英国学者，语言肯定要用英文。英文不好，怎么办？

获取信息，解决问题！搜索一下。

在百度文库中输入"索要文献 英文模板"，按回车键找到了很多结果，图 1-2 所示的结果是其中的一个模板。这个文档中，不仅有索要文献的英文邮件模板，还有感谢信模板，下面还有具体的中文解释，非常实用。

图 1-2　百度文库中的文档

案例 1-4　一分钟找出 8000 多个身份证号码中的错误

一个朋友做培训，每年要培训学员 8000 余人，基于考试报名、证件办理等方面的需要，公司要收集学员的身份证号码作为个人信息，由公司员工将学员的个人信息录入 Excel 中。由于疏忽，每年的 Excel 中都会有几个或十来个身份证号码录入错误，这会给学员的考试报名和证件办理带来一系列的麻烦。如何找出这些录入错误的身份证号码，有没有好的办法快速解决这个问题呢？

1. 人人都知道的解决方法

对于这个问题，逐个核对是人人都知道的解决方法。思路很简单，就是根据身份证复印件重新核对 Excel 上的信息。这个办法该公司以前也用过，效果很不好。毕竟需要核对的身份证号码有 8000 多个，若一个人核对了几百个之后都没有发现任何错误，他还能一直保持之前的专注和谨慎吗？而且一个人核对这 8000 多个号码需要多长时间呢？一周？还是十天？这是最不靠谱的方法！

2. 用朗读软件核对

公司负责人想如果有一个软件能朗读那个 Excel 就好了。确实有这样的软件，在搜索引擎中以"朗读软件 下载"为检索词找到多个可以朗读文本的软件，选择其中一个免费软件下载并安装，启动后根据提示把要朗读的文本复制到指定区域即可朗读。通过这个朗读软件，只需看身份证复印件而不必看 Excel 就可以进行核对，这样不仅可以把工作效率提高一倍，还使得核对的过程相对轻松一点。但这个方法仍然费时费力。

3. 写个身份证号码校验程序

身份证号码是有规则的，能否利用这些规则来校验呢？首先要弄清楚规则。在搜索引擎中以"身份证号码编码规则"为检索词可以查到身份证号码的最后一位是校验位，也就是说身份证号码的第 18 位是根据前 17 位计算出来的，如果其中存在输入错误，那么根据前 17 位通过这套方法计算的结果应该与第 18 位不相等。关键是第 18 位是如何根据前 17 位计算出来的呢？

要把这个方法研究清楚需要时间，编写校验程序更需要时间，尤其是对于没什么编程经验的人来说更是困难。看来要用这个办法解决问题存在一定难度。

4. 用 Excel 编写身份证号码校验公式

尽管编程难度较大，不是每个人都有能力编写一个身份证号码校验程序，但对 Excel 大家一般都比较熟悉。Excel 中的函数和公式有时候也能实现简单的编程效果，如果能编写一个校验身份证号码的公式，问题就简单多了。如果对 Excel 中的函数和公式不熟悉，可以通过看帮助、搜索教程等方式边学边做，在解决问题的过程中提升自己的终身学习能力。

5. 查找身份证号码校验 Excel 公式

用 Excel 编写身份证号码校验公式还是有些难度，如果能找一个别人写好的校验身份证号码的 Excel 公式，就比自己编写效率高多了。如图 1-3 所示的身份证号码校验公式来自专业 IT 社区 CSDN（Chinese Software Developer Network，中国软件开发者网络）。

有了这个公式，将其复制到 Excel 单元格中，然后选定范围自动填充，运气好可以很快解决问题。但需要注意的是，网页上复制过来的文本，可能存在格式上的错乱，一般需要调试，调试的前提是看懂，看懂这样的公式，你需要多长时间呢？

6. 下载身份证号码校验软件

互联网上是否已经有编写好的身份证号码校验软件呢？搜索并下载这类软件的关键是选择检索词。在搜索引擎中以"身份证 批量校验 软件联盟"为关键词找到如图 1-4 所示的检索结果。

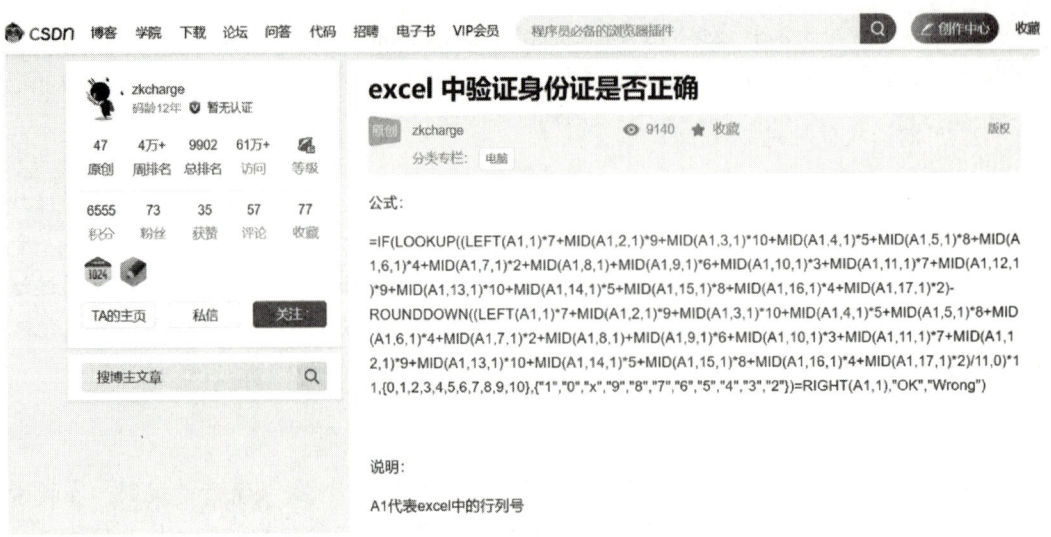

图 1-3　CSDN 中网友编写的身份证号码校验 Excel 公式

图 1-4　百度中查找批量校验身份证号码的软件

这种批量校验身份证号码的软件可以极大地提高身份证号码的校验效率,问题是软件的使用方法需要自己摸索,可能需要点时间,另外这些软件需要特定的文件格式。原来 Excel 中的身份证号码信息需要转换格式,稍微有点麻烦,但这也算是一种很不错的方法了。

7. 下载能校验身份证号码的 Excel 文件

既然能够想到找校验身份证号码的 Excel 公式,为什么不能找一个能校验身份证号码的 Excel 文件呢?在搜索引擎中输入"身份证　校验　filetype:xls",检索结果如图 1-5 所示。

选择下载一个 Excel 文件，打开后把 8000 多个身份证号码复制到 Excel 中的 B 列，C 列中立刻显示出校验结果，如图 1-6 所示。

图 1-5　在网页中查找能校验身份证号码的 Excel 文件

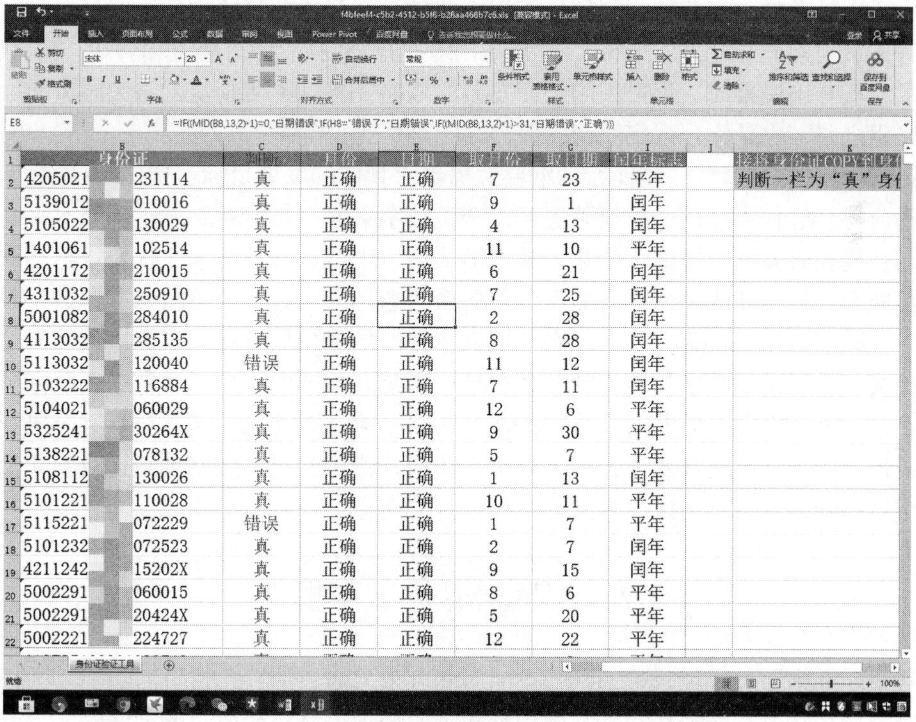

图 1-6　校验身份证号码的 Excel

可以看出，用这种方法效率最高，而且不用写程序，从检索、下载到校验完成，一分钟就够了。通过这个文件，能非常顺利地从 8000 多个身份证号码中找到十几个错误的身份证号码，困扰该公司几年的问题终于解决了。

8. 用 Excel 插件，3 秒完成校验

下载校验身份证号码的 Excel 解决问题需要 1 分钟，效率已经很高了，其实，还有更有效率的方法，如使用 Excel 插件。有些 Excel 插件（如方方格子）内置身份证号码校验功能，使用这些功能，只需 3 秒即可完成校验。

视频 1-7　一分钟找出 8000 多个身份证号码中的错误

视频 1-8　信息素养与探究精神

1.1.6　数字素养与技能

数字素养，是与信息素养非常类似的一个概念，但包含的内容更广泛。

2021 年 10 月 18 日，习近平总书记在中共中央政治局第三十四次集体学习时强调，"要提高全民全社会数字素养和技能，夯实我国数字经济发展社会基础"[①]。2021 年 11 月，中央网络安全和信息化委员会办公室发布了《提升全民数字素养与技能行动纲要》。

《提升全民数字素养与技能行动纲要》将数字素养与技能定义为"数字社会公民学习工作生活应具备的数字获取、制作、使用、评价、交互、分享、创新、安全保障、伦理道德等一系列素质与能力的集合"，并且指出"提升全民数字素养与技能，是顺应数字时代要求，提升国民素质、促进人的全面发展的战略任务，是实现从网络大国迈向网络强国的必由之路，也是弥合数字鸿沟、促进共同富裕的关键举措"。

《提升全民数字素养与技能行动纲要》提出了具体的发展目标：到 2025 年，全民数字化适应力、胜任力、创造力显著提升，全民数字素养与技能达到发达国家水平。数字素养与技能提升发展环境显著优化，基本形成渠道丰富、开放共享、优质普惠的数字资源供给能力。初步建成全民终身数字学习体系，老年人、残疾人等特殊群体数字技能稳步提升，数字鸿沟加快弥合。劳动者运用数字技能的能力显著提高，高端数字人才队伍明显扩大。全民运用数字技能实现智慧共享、和睦共治的数字生活，数字安全保障更加有力，数字道德伦理水平大幅提升。展望 2035 年，基本建成数字人才强国，全民数字素养与技能等能力达到更高水平，高端数字人才引领作用凸显，数字创新创业繁荣活跃，为建成网络强国、数字中国、智慧社会提供有力支撑。

1.2　信息素养标准与框架

作为一种适应现代信息社会的综合能力和基本素质，信息素养不应该只是一个概念，更需要一定的、细化的评估标准。国内外相关机构提出各自的信息素养标准。

---

① 《习近平在中共中央政治局第三十四次集体学习时强调　把握数字经济发展趋势和规律　推动我国数字经济健康发展》，http://jhsjk.people.cn/article/32258262[2021-10-19]。

1.2.1 《高等教育信息素养能力标准》

美国大学与研究图书馆协会是美国图书馆协会的分支机构。2000年1月，美国大学与研究图书馆协会标准委员会审议通过了《高等教育信息素养能力标准》。其中包含5项标准和22项具体指标。

标准一：具有信息素养能力的学生能确定所需要信息的种类和程度。

执行指标：

（1）能选定并连通所需要的信息。

（2）能确认各种不同类型和格式的潜在的信息源。

（3）能考虑获取所需要信息的成本和利益。

（4）能重新评价信息需要的特点和信息需要的扩充。

标准二：具有信息素养能力的学生能有效而又高效地获取所需要的信息。

执行指标：

（1）能选用最适当的调研方法或检索系统获取所需要的信息。

（2）能建构和完善有效的搜索策略。

（3）能运用各种方法检索在线信息或个人信息。

（4）必要时能优化搜索策略。

（5）能写出摘要、记录和管理信息及其来源。

标准三：具有信息素养能力的学生能评判性地评价信息及其来源，并能把所遴选出的信息与原有的知识背景和评价系统结合起来。

执行指标：

（1）能从所收集的信息中，概括出中心思想。

（2）能连通并运用原始的标准来评价信息及其来源。

（3）能综合中心思想，以形成新的理念。

（4）能对新旧知识进行对比，确认所增加的价值、矛盾性或其他别具一格的信息特点。

（5）能判断新的知识是否对个人价值观体系产生影响，并采取措施使二者融合。

（6）能够通过与他人或者某一领域的专家、实践者对话，验证对信息的理解和解读。

（7）能确定原始的信息应该如何修改。

标准四：具有信息素养能力的学生，无论是个体还是团体的一员，能有效地利用信息达到某一特定的目的。

执行指标：

（1）能用新旧知识创造新的计划、新的作品和表现形式。

（2）能修改发展程序以满足于作品或表现形式的需要。

（3）能就作品或表现形式与他人进行有效的交流。

标准五：具有信息素养能力的学生懂得有关信息技术的使用所产生的经济、法律和社会问题，并能在获取和使用信息中遵守公德与法律。

执行指标：

（1）懂得与信息和信息技术有关的道德、法律与社会经济问题。

（2）遵守法律、规章、团体制度和有关获取及使用信息资源的礼貌规范和网络行为规范。

（3）能在交流作品或表现形式中使用信息来源。

1.2.2 《高等教育信息素养框架》

2015年2月，美国大学与研究图书馆协会正式批准通过了《高等教育信息素养框架》，作为2000年制定的《高等教育信息素养能力标准》的更新文件，其中文版由美国大学与研究图书馆协会授权清华大学图书馆翻译，并在《大学图书馆学报》全文发表。

《高等教育信息素养框架》用"框架"（framework）替代了原来的"标准"（standard）。整个框架按照六个框架要素编排，每一个要素包括一个信息素养的核心概念、一组知识技能和一组行为方式。具体包括以下方面。

1. 权威性的构建与情境性

信息资源反映了创建者的专业水平和可信度，人们基于信息需求和使用情境对其进行评估。权威性的构建取决于不同团体对不同类型权威的认可。权威性适用于一定的情境，因为信息需求有助于决定所需的权威水平。

知识技能：

（1）明确权威的类型，如学科专业知识（如学术成就）、社会地位（如公职或头衔）或特殊经历（如参与某个历史事件）。

（2）使用研究工具和权威指标来判定信息源的可信度，了解可能影响这种可信度的因素。

（3）明白在很多学科领域，知名学者和著名出版物被视作权威，并被普遍作为标准。即便在这些情况下，一些学者仍将挑战这些信息源的权威性。

（4）认识到权威的内容可以被正式或非正式地包装，并且其来源可能包括所有媒介类型。

（5）确认自己正在一个特定的领域形成自己的权威观点，并清楚为此所需承担的责任，包括追求精确度和可靠性，尊重知识产权，以及参与团体实践。

（6）理解由于权威人士积极互联，以及信息源随时间而不断发展，信息生态系统也在日益社会化。

行为方式：

（1）在遇到不同的甚至相互冲突的观点时，形成并保持开放的思维。

（2）激励自己找到权威信息源，明白权威可以被授予或通过意想不到的方式表现出来。

（3）逐步明白对内容做客观评估的重要性，评估时需持有批评精神，并对自己的偏见和世界观保持清醒认识。

（4）质疑推崇权威的传统观念，并认可多元观点和世界观的价值。

（5）意识到维持这些态度和行为需要经常进行自我评价。

2. 信息创建的过程性

任何形式的信息都是为了传递某个消息而生成的，并通过特定的传送方式实现共享。研究、创造、修改和传播信息的迭代过程不同，最终的信息产品也会有差异。

知识技能：

（1）可以阐明不同创造过程所产生的信息的功能和局限性。
（2）评估信息产品的创造过程与特定信息需求之间的匹配程度。
（3）可以清楚说明，在一个特定学科中，信息创造与传播的传统和新兴的过程。
（4）认识到可能因为包装形式不同，信息给人的感觉也会有差异。
（5）判断信息形式所隐含的是静态信息还是动态信息。
（6）特别关注在不同背景下各类信息产品被赋予的价值。
（7）将对信息产品的优势和局限性的认识运用到新类型的信息产品中。
（8）在自己创造信息的过程中形成一种认识，即自己的选择将影响该信息产品的使用目的及其所传达的消息。

行为方式：

（1）力图找出能体现所隐含创造过程的信息产品特性。
（2）重视将信息需求与适当产品相匹配的过程。
（3）承认信息的创造最初可能始于一系列不同形式或模式的交流。
（4）承认以新兴格式或模式表达的信息所拥有潜在价值的模糊性。
（5）抵制将信息形式等同于其所隐含的创造过程的倾向。
（6）知道因不同目的而产生的不同信息传播方式可供利用。

3. 信息的价值属性

信息拥有多方面的价值，可以是商品、教育手段、影响方式以及谈判和认知世界的途径。法律和社会经济利益影响信息的产生与传播。

知识技能：

（1）恰当地注明出处和引用，表达对他人原创观点的尊重。
（2）明白知识产权是法律和社会的共同产物，随着文化背景的不同而有差异。
（3）可以清楚地说明版权、正当使用、开放获取和公共领域的用途及其显著特征。
（4）明白在信息产生和传播系统中，一些个人或群体如何以及为什么被忽视或排斥。
（5）认识到获取或缺乏获取信息源的问题。
（6）判断信息发布的途径和方式。
（7）明白个人信息商品化和在线互动如何影响个人获取到的信息，以及个人在线生成或传播的信息。
（8）在线活动中，对个人隐私和个人信息商业化的问题保持高度清醒的认识，并做出明智选择。

行为方式：

（1）尊重他人的原创。

（2）重视知识创造所需的技能、时间和努力。
（3）将自身定位为信息市场的贡献者而非单纯的消费者。
（4）注意审视自身的信息倾向性。

4. 探究式研究

在任何领域，研究都是永无止境的，它依赖于越来越复杂的或新的问题的提出，而获得的答案反过来又会衍生出更多问题或探究思路。

知识技能：
（1）基于信息空白或针对已存在的但可能有争议的信息来制定研究问题。
（2）确立合适的调研范围。
（3）通过将复杂问题分解为简单问题、限定调研范围来处理复杂的研究。
（4）根据需求、环境条件和探究类型使用多种研究方法。
（5）密切关注收集到的信息，评估缺口或薄弱环节。
（6）以有意义的方式组织信息。
（7）对多渠道获取的观点进行综合，通过信息分析和演绎得出合理结论。

行为方式：
（1）视研究为开放式探索和信息研究过程。
（2）明白一个问题也许看起来很简单，但仍可能对研究有颠覆性和重要性。
（3）重视问题发现和新调研方法学习过程中的求知欲。
（4）保持开放思想和批判态度。
（5）重视持久性、适应性和灵活性，明白模糊性对研究过程是有益的。
（6）在信息收集和评估过程中寻求多维视角。
（7）如有需要可寻求适当帮助。
（8）在收集和使用信息过程中要遵守道德与法律准则。
（9）展现学识上的虚心（如承认个人知识或经验的局限）。

5. 对话式学术研究

由于视角和理解各异，不同的学者、研究人员或专业人士团体会不断地带着新见解和新发现参与到持续的学术对话中。

知识技能：
（1）在自己的信息产品中引用他人有贡献的成果。
（2）在适当的层面为学术对话作贡献，如本地的网络社区、引导式讨论、学术刊物、会议报告/海报环节。
（3）识别通过各种途径加入学术对话的障碍。
（4）理性评判他人在参与式信息环境中所作的贡献。
（5）鉴别特定文章、书籍和其他学术作品对学科知识所作的贡献。
（6）对具体学科中特定主题的学术观点变化进行总结。
（7）明白指定的学术作品可能并不代表唯一的观点，甚至也不是多数人的观点。

行为方式：

（1）清楚自己参与的是正在进行的学术对话，而不是已结束的对话。

（2）找出自己研究领域内正在进行的对话。

（3）将自己视为学术的贡献者而不仅仅是消费者。

（4）明白学术对话发生在各种场合。

（5）在更好地理解学术对话大背景之前，不对某一具体学术作品的价值进行判断。

（6）明白只要参与对话就要担负相应的责任。

（7）重视用户生成内容的价值，并评价他人的贡献；明白体制偏爱权威，而由于语言表达不流畅以及不熟悉学科流程会削弱学习者参与和深入对话的能力。

6. 战略探索式检索

信息检索往往是非线性并且迭代反复的，需要对广泛的信息源进行评估，并随着新认识的形成，灵活寻求其他途径。

知识技能：

（1）确定满足信息需求任务的初步范围。

（2）确认关于某一话题的信息产生方，如学者、组织、政府及企业，并决定如何获取信息。

（3）检索时运用发散思维（如头脑风暴）和收敛思维（如选择最佳信息源）。

（4）选择与信息需求和检索策略相匹配的检索工具。

（5）根据检索结果来设计和改进需求与检索策略。

（6）理解信息系统（如已记载信息的收集）的组织方式，以便获取相关信息。

（7）使用不同类型的检索语言（如控制词表、关键词、自然语言）。

（8）管理检索过程和结果。

行为方式：

（1）展现出思维的灵活性和创造性。

（2）明白最初的检索尝试不一定可以得到充足的结果。

（3）认识到各种信息源在内容和形式上有很大的不同，并且其相关性和价值也会因需求与检索性质的不同而差异很大。

（4）寻求专家的指导，如图书馆人员、研究人员和专业人士。

（5）明白浏览及其他偶然发现的信息收集方法的价值。

（6）坚持面对检索的挑战，并知道在拥有足够的信息时结束任务。

1.2.3 《北京地区高校信息素质能力指标体系》

2005年，北京市高等教育学会图书馆工作研究会提出了《北京地区高校信息素质能力指标体系》。该指标体系从信息意识、信息知识、信息能力、信息伦理四个方面提出了高校学生应具有的信息素养要求，具体由7个维度、19个指标组成。

维度一：具备信息素质的学生能够了解信息以及信息素质能力在现代社会中的作用、价值与力量。

指标：

（1）具备信息素质的学生具有强烈的信息意识。

（2）具备信息素质的学生了解信息素质的内涵。

维度二：具备信息素质的学生能够确定所需信息的性质与范围。

指标：

（1）具备信息素质的学生能够识别不同的信息源并了解其特点。

（2）具备信息素质的学生能够明确地表达信息需求。

（3）具备信息素质的学生能够考虑到影响信息获取的因素。

维度三：具备信息素质的学生能够有效地获取所需要的信息。

指标：

（1）具备信息素质的学生能够了解多种信息检索系统，并使用最恰当的信息检索系统进行信息检索。

（2）具备信息素质的学生能够组织与实施有效的检索策略。

（3）具备信息素质的学生能够根据需要利用恰当的信息服务获取信息。

（4）具备信息素质的学生能够关注常用的信息源与信息检索系统的变化。

维度四：具备信息素质的学生能够正确地评价信息及其信息源，并且把选择的信息融入自身的知识体系中，重构新的知识体系。

指标：

（1）具备信息素质的学生能够应用评价标准评价信息及其信息源。

（2）具备信息素质的学生能够将选择的信息融入自身的知识体系中，重构新的知识体系。

维度五：具备信息素质的学生能够有效地管理、组织与交流信息。

指标：

（1）具备信息素质的学生能够有效地管理、组织信息。

（2）具备信息素质的学生能够有效地与他人交流信息。

维度六：具备信息素质的学生作为个人或群体的一员能够有效地利用信息来完成一项具体的任务。

指标：

（1）具备信息素质的学生能够制订一个独立或与他人合作完成具体任务的计划。

（2）具备信息素质的学生能够确定完成任务所需要的信息。

（3）具备信息素质的学生能够通过讨论、交流等方式，将获得的信息应用到解决任务的过程中。

（4）具备信息素质的学生能够提供某种形式的信息产品（如综述报告、学术论文、项目申请、项目汇报等）。

维度七：具备信息素质的学生了解与信息检索、利用相关的法律、伦理和社会经济问题，能够合理、合法地检索和利用信息。

指标：

（1）具备信息素质的学生了解与信息相关的法律、伦理和社会经济问题。

（2）具备信息素质的学生能够遵循在获得、存储、交流、利用信息过程中的法律和道德规范。

探究任务 1-2　找相关文件的全文

篇幅所限，本书呈现的这几个文件都经过了删减，全文内容通过互联网都能找到。请找出这几个文件的全文。其中，对于美国大学与研究图书馆协会的《高等教育信息素养能力标准》和《高等教育信息素养框架》这两个文件，要求找到中英文两个版本，最好能找到官方版本。

1.3　信息素养教育

经济社会的持续发展要求个体必须具有较强的信息素养以适应外部环境的变化，社会的发展与进步也离不开全民信息素养的提高。因此，无论是对于整个社会的教育体系，还是对于个人的发展规划，信息素养教育都是十分重要的内容。

1.3.1　信息素养教育的目标

信息素养教育的总体目标是提升学生的信息素养，包括三个具体目标：一是强化基于信息解决问题的意识，使问题的解决更有效率；二是强化解决问题过程中的探究精神，在主动的探索中解决问题；三是强化解决问题过程中的知识重构，培养终身学习能力。总体目标与三个具体目标相辅相成，和谐统一。具体而言，就是遇到问题的时候，首先想到而且能够做到基于信息通过自己的主动探究解决所遇到的问题，提升解决问题的效率和质量；并且能够把基于信息解决问题的意识、探究的过程和结果融入自身的知识体系和能力体系，实现知识与能力的重构，在解决问题的过程中进行终身学习。

1.3.2　信息素养教育的层次

信息素养教育的第一个层次是拓宽视野，使人们知道这个世界上原来还有这么多信息资源。信息技术的迅猛发展带来的不仅是信息量的激增，信息的形式和内容亦发生了前所未有的变化，新的信息形式和内容不断涌现，传统的信息形式逐渐出现新的内容，传统的信息内容演变出新的形式。考虑到互联网创新的速度和人们认知反应的延迟，在互联网环境下层出不穷的信息资源并不总能被人们及时获知。因此，信息素养教育的第一个层次是要拓宽视野，让人们知道原来还有这么多很好的、很有用的信息资源。

信息素养教育的第二个层次是训练信息获取能力，使人们知道如何获取所需要的信息。

不同形式、不同内容、不同来源的信息有不同的获取方法和手段。根据自己的信息需求，选择合适的检索工具或检索系统，采用合适的检索策略和技巧，找到所需要的信息并且能够根据需要进行下载和获取是信息素养教育的第二个层次，也是当前信息素养教育的主要内容和着力点。随着互联网的推广和普及，传统的手工检索工具逐渐被边缘化，图书馆的手工卡片检索被OPAC（联机公共检索目录，online public access catalogue）所取代，纸质的期刊索引让位于期刊数据库系统。搜索引擎和超链接技术使得信息的查找更为直接和方便，基于网络的检索工具和检索系统已经成为信息检索与获取的主要方式。不同的检索工具和检索系统有其各自的特点与功能，系统的高效使用需要一定的规则，下载和获取信息也需要一定的技巧，针对性的训练十分必要。

信息素养教育的第三个层次是培养信息利用能力，使人们具有敏锐的信息意识和利用信息解决问题的能力。

信息素养教育的前两个层次相对来说比较容易解决，知道存在并且能够快速找到所需要的信息并不困难，通过系统的训练和操作实践在较短的时间内就可以解决，困难的是信息意识的培养和信息应用能力的提升。在遇到问题时能想到通过检索、获取和利用信息来解决问题的意识很难在短时间内树立，将遇到的具体问题转化为明确的信息需求的能力也需要长时间的训练和培养，这正是信息素养教育的核心。

1.3.3 信息素养教育的形式

教育部2021年发布的《高等学校数字校园建设规范（试行）》中对高校开展信息素养教育的形式提出了要求：高等学校应积极开展信息素养培养，融合线上与线下教育方式，不断拓展教育内容，开展以学分课程为主、嵌入式教学和培训讲座为辅、形式多样的信息素养教育活动，帮助用户不断提升利用信息及信息技术开展学习、研究和工作的能力。

《高等学校数字校园建设规范（试行）》从教师信息素养培训和学生信息素养教育两个角度对高校信息素养教育的形式提出了建议。对于教师信息素养培训，《高等学校数字校园建设规范（试行）》要求：高等学校应将教师的信息素养提升纳入师资队伍基本能力建设，并列入继续教育范围，保证教职员工信息素养提升的常态化与持续性；高等学校应推进教学、科研、管理、服务中常用的信息技术工具设备的培训；高等学校应培训并鼓励教师利用信息技术探索教学改革、辅助科研创新；高等学校须加强信息素养教育的师资队伍建设，满足高等学校相应学科的需求。对于学生信息素养教育，《高等学校数字校园建设规范（试行）》提出：高等学校应推进学生信息素养教育的普及与深化，系统性、有针对性地提升学生的综合信息素养水平；高等学校应鼓励教师积极开展信息素养嵌入式教学，促进信息素养知识与专业课或通识课教学内容有机融合，提升学生的专业素质。

信息素养教育有多种形式，大学的信息检索课是信息素养教育的主要形式。信息素养教育的目标是培养终身学习能力，而信息素养教育自身也是一个终身学习的过程，信息素养教育与终身学习能力之间是一个相互促进、螺旋提升的关系。尽管我国在义务教育阶段也开设了与信息素养教育相关的信息技术课程，但其内容与信息素养教育的目标和核心都有相当大的区别，因此我国的信息素养教育主要从大学开始，以大学为主，文献检索、信息检索、信息素养课程教学是其主要形式。

尽管信息素养类课程是信息素养教育的主要形式，但信息素养的提升更应该依靠个人的训练和实践。把每一次的检索经历作为自身能力的积累，把每一次获取信息解决问题的过程都作为信息素养的自我教育，只有这样才能快速有效地提升自身的信息素养，培养终身学习的能力。

视频 1-9　效率提升与终身学习的新引擎

习　　题

一、单选题

1. 2003 年发布的《布拉格宣言》提出了六条信息素养基本原则，其中"Information literacy is a concern to all sectors of society and should be tailored by each to its specific needs and context"是其中的第几条？（　　）

A. 1　　　　　　B. 3　　　　　　C. 4　　　　　　D. 5

2. 2005 年发布的《亚历山大宣言》指出：Information literacy lies at the core of（　　）.

A. information society　　　　　B. lifelong learning

C. educational goals　　　　　　D. information needs

3. "图书馆应全面参与学校人才培养工作，充分发挥第二课堂的作用，采取多种形式提高学生综合素质"是《普通高等学校图书馆规程》（2015 年修订）的第几条内容？（　　）

A. 8　　　　　　B. 15　　　　　C. 24　　　　　D. 31

4. 在 Thomas P. Mackey 和 Trudi E. Jacobson 发表的"Reframing information literacy as a metaliteracy"一文中首次提出了"元素养"这一概念。请问这篇文章结论部分的第一句话是下面的哪一个？（　　）

A. Metaliteracy provides an integrated and all-inclusive core for engaging with individuals and ideas in digital information environments.

B. Metaliteracy is an overarching and self-referential framework that integrates emerging technologies and unifies multiple literacy types.

C. Metaliteracy provides the foundation for media literacy, digital literacy, ICT literacy, and visual literacy.

D. In summary, metaliteracy provides a conceptual framework for information literacy that diminishes theoretical differences, builds practical connections, and reinforces central lifelong learning goals among different literacy types.

二、多选题

1. 2015 年美国大学与研究图书馆协会发布了《高等教育信息素养框架》，其中提到的"框架"概念的提出者包括（　　）。

A. Gibson　　　　B. McTighe　　　C. Wiggins　　　D. Fulkerson

2. 在美国图书馆协会的官网（www.ala.org）中可以找到清华大学图书馆翻译的《高等教育信息素养框架》（Framework for Information Literacy for Higher Education）。其中的翻译者包括（　　）。

A. 韩丽凤　　　B. 王媛　　　C. 林佳　　　D. 邓景康

3.《高等学校数字校园建设规范（试行）》第7.2节提到了信息素养的组成要素，其中包括（　　）。

A. 信息意识　　B. 信息应用　　C. 信息知识　　D. 信息伦理与安全

三、判断题

1. "推进教育数字化，建设全民终身学习的学习型社会、学习型大国"是中国共产党二十大报告中的内容。（　　）

2. 1984年，教育部印发了《关于在高等学校开设〈文献检索与利用课〉的意见》，在这个意见中提到课程教学时数一般以20～30学时为宜。（　　）

3. 2021年11月，中央网络安全和信息化委员会办公室发布了《提升全民数字素养与技能行动纲要》，提出：到2035年，全民数字化适应力、胜任力、创造力显著提升，全民数字素养与技能达到发达国家水平。（　　）

第1章配套资源

第1章相关图片

第 2 章 信息检索基础知识

案例 2-1 找大学视频课，去爱课程

经常有人抱怨：没考上大学，没考上名校，没有出国留学的机会，不喜欢本校某位老师的课，等等。实际上，如果仅从课程学习的角度考虑，这些问题很容易解决，基本思路是通过互联网搜索在线课程。没考上大学，我们可以免费获取大学的课程；没考上名校，我们可以找到名校的课程；没有出国留学的机会，我们可以在线获取国外知名大学的课程；不喜欢本校某位老师的课，我们可以查找其他高校的同名课程。

如果想找国内高校"高等数学"这门课的在线视频课程，我们可以登录网址（http://www.icourses.cn/mooc）进入爱课程的精品资源共享课平台，在搜索框中输入"高等数学"，按回车键后找到如图 2-1 所示的十几门国内高校的"高等数学"课程，单击进去就可以免费学习了。

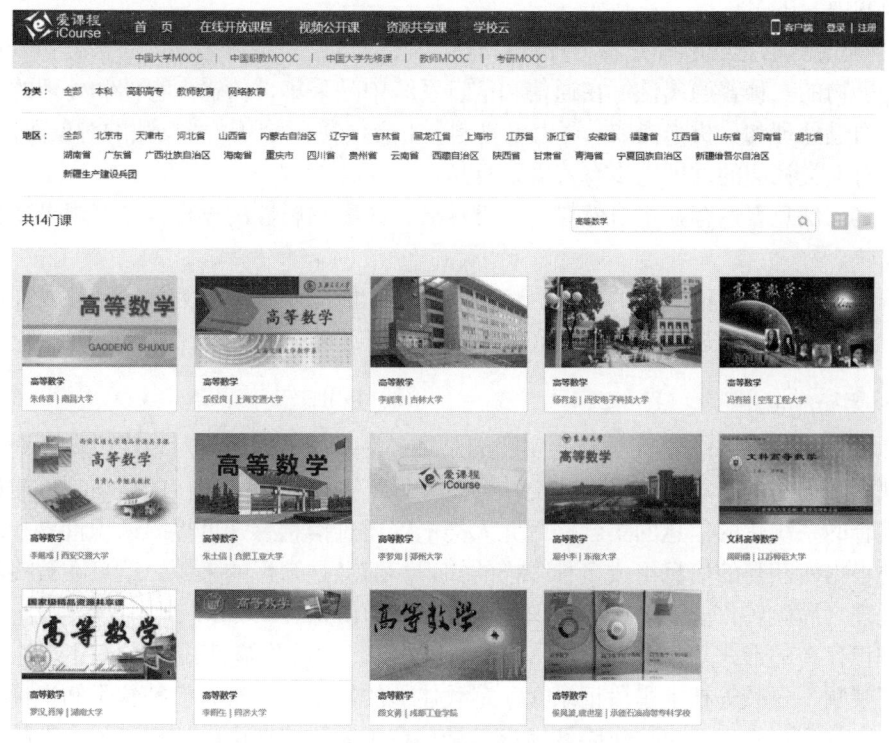

图 2-1 爱课程精品资源共享课搜索结果

查找精品资源共享课是一个典型的信息检索过程，本章将对信息检索做系统介绍。

2.1 信 息

2.1.1 信息、知识、文献

1. 信息

在当今时代,信息同每个人的生活息息相关。我们通过感觉器官接收外界各种各样的信息,然后又通过语言、手势、文字、图画等多种手段向外传递、交流信息。

"信息"这个词最早见于我国南唐诗人李中《暮春怀故人》一诗中"梦断美人沉信息,目穿长路倚楼台"的诗句,其中的"信息"即指消息、音信之意。

信息对应的英文是"information",这个单词在我国港澳台地区一般翻译为"资讯"。由于研究角度和目的不同,信息也有多种定义。

信息论的创立者香农(Shannon)着眼于对信息作用的描述,在其经典论著中定义:"信息是用来消除不确定性的东西。"

控制论的创立者维纳(Wiener)则着眼于信息的应用,他对信息的定义是:"信息是我们用于适应外部世界,并且在使这种适应为外部世界所感知的过程中,同外部世界进行交换的内容的名称。"

《辞海》对信息的解释是:①音讯;消息。②对观察对象形态、运动状态和方式的反映。是事物的一种普遍属性。在通信和信息系统中是采集、传输、存储和处理的对象。通常须通过处理和分析来提取。可大量复制,不会损耗,可脱离所反映的对象而被保存、传播。对人类社会的发展进步有着重要意义。

总之,信息普遍存在于自然界与人类社会,是事物属性的再现,是客观事物各种表现的反映。

现代社会被称为信息化的社会,信息与材料、能源一起被视为社会经济发展的三大支柱,信息已成为促进社会经济发展的重要战略资源。

2. 知识

知识(knowledge)是人类社会实践的总结,是人的主观世界对客观世界的概括和如实反映。知识是人类对自然界、人类社会以及思维方式与运动规律的认识,再通过大脑重新组合的系统化的信息的集合。因此人类不仅通过信息感知世界、认识世界和改造世界,还根据所获得的信息组成多种多样的知识。信息是知识的来源,信息在被接收、选择、处理之后就转化成了知识,知识是一种特定的信息。

知识存在的形式基本上有两种:一是客观知识,也称作显性知识,指用文字、图形、符号、视频、音频等技术手段记录在一定载体上的知识,通常人们把这类知识称作文献信息;二是主观知识,也称作隐性知识,是存在于大脑记忆中的知识,如个人的经验诀窍、判断联想、解决问题的思维方法等。

3. 文献

"文献"(document)一词最早见于《论语·八佾》中,后沿用至今。一般理解为"记录有知识的一切载体"。随着社会的发展，文献载体不断演变，具有多种形式。古代刻在龟甲和兽骨上的甲骨文是文献，在石碑上刻有文字和图形的碑文是文献，有铭文的青铜器是文献，竹简和帛书是文献，纸质出版物是文献，磁带、缩微胶片是文献，今天的磁盘、光盘等都是文献。

文献具有两个基本的要素：一是有一定的知识内容；二是有一种物质载体。文献是记录知识的物质形式，也是用于传递知识的工具。正是文献的这些特点使人类的知识得以保存和传播，人类的科学技术和文化得到继承与发展。

4. 信息、知识、文献三者之间的关系

信息、知识与文献三者之间是既有联系又有区别的。信息的内涵范围很大，物质的运动产生了信息；各种信息经过人们的加工处理、系统化之后，就转化成了知识。知识是从信息积累中找出的有规律性的东西，是信息的组成部分。特定的知识应用于实践，解决实践中存在的问题，创造出物质财富或精神财富，这样知识便转化为生产力，产生新的信息，这就形成一个循环过程。文献是记载知识的载体，它是知识存在的基本形式。因此知识和文献是信息的组成部分。

2.1.2 信息的属性

信息的主要属性有客观性、时效性、传递性、共享性。

1. 客观性

信息是客观存在的，是现实世界中各种事物运动与状态的反映。信息的产生来源于物质，信息产生后又必须依附于物质，因此信息包含在任何物质之中。

2. 时效性

信息的时效性是指信息的价值与时间变化之间的关系。随着时间的变化，信息的价值作用会发生变化，其新颖性也会逐渐消失。在现代社会中，信息的时效性决定了信息的价值，因为信息是活跃的、不断变化的，及时地获取和运用有效的信息将获得信息的最佳价值，如对于时效性强的天气预报、经济信息、交易信息等应及时传递、开发利用。

3. 传递性

信息的传递性是指信息从信息源出发，通过信息载体的传递才能被接收并进行处理和利用。这也就是说信息可以在时间、空间上进行传播和交流。信息在时间上传播，使我们了解了历史，继承前人研究的成果；信息在空间上传播，使人类智慧和文明得以交流。特别是随着现代科学技术的发展，信息的传递变得越来越方便快捷。

4. 共享性

信息的共享性是指同一内容的信息在同一时间或不同时间能被多个用户共同使用。信息的提供者不会因为提供了信息而使原有的信息量减少，用户分享的信息量也不会因为分享人数或分享次数受到影响，因此信息在传递、扩散、使用的过程中是不会减少的。只有实现信息资源的共享才能充分发挥信息的作用。

2.2 信息资源

2.2.1 信息资源的定义

随着信息化水平的不断提升，整个社会信息的存量和增量都在不断地增长，但是这些信息的价值却有很大的区别，并不是所有的信息都能被利用。能够被利用，对人类有价值的信息一般可以称为信息资源。

广义地讲，信息资源包括信息活动中涉及的各种要素，信息生产者、信息、信息技术以及相关的设备、资金、人力都属于广义的信息资源。

狭义的信息资源指的是经过加工处理，对人们工作、生活、学习有价值的信息。

2.2.2 信息资源的分类

信息资源多种多样，基于不同的角度有不同的分类。

1. 基于加工程度的分类

根据加工程度划分，信息资源可以分为一次信息（primary information）、二次信息（secondary information）、三次信息（tertiary information）。

一次信息也称原始信息、第一手资料。一次信息内容具体、新颖、系统。图书、期刊、会议论文、学位论文、科技报告、专利等都属于一次信息的范畴。

二次信息是把大量分散无序的一次信息以一定的方法和原则进行加工提炼、浓缩而形成的信息，其目的是有效地管理和利用一次信息。二次信息是查找一次信息的工具，它的形式包括目录、题录、文摘、索引等。

三次信息是指在对一次信息和二次信息进行广泛深入的研究之后，进行汇集、综合、分析等深度加工而形成的信息，它的形式有百科全书、年鉴、指南、综述、述评、进展报告等，还包括指引、利用二次信息的书目和文献指南等。其特点是综合性、针对性和科学性。三次信息可以帮助我们检索各种"事实"或"数据"。

一次信息到三次信息，是为了帮助人们管理和有效地利用信息，对信息进行不同程度的加工而形成的信息，实际上是把分散的信息集中起来，使无序的信息有序化。掌握了信息的不同级别，可以帮助人们有效地利用信息。

2. 基于存储介质和存储方式的分类

为了有效地存储、传播知识，人类先后发明了各种各样的介质和方式来存储信息。从甲骨到石碑，从竹简到丝绸，从纸张到胶片，从光盘到磁盘，信息存储的物理介质发生了很多变化。特别是在计算机出现以后，信息的存储和呈现要经过抽象的编码与解码，基于二进制的数字型信息迅猛发展，逐渐成为信息资源的重要组成部分，同时也促进了信息的交流和信息资源的共享。

目前，印刷型信息资源和数字型信息资源是信息资源的两种主要形式，其他类型的信息资源占比较少。

印刷型信息资源也称为纸介质型信息资源，是以纸质材料为载体，以印刷为记录手段而形成的信息资源形式。其优点是便于阅读和使用，不需要特殊的设备；缺点是存储密度小，体积大，不利于保管。长期以来，印刷型信息资源是信息资源的主要形式，随着数字型信息资源的不断增长，印刷型信息资源虽然比重有所下降，但目前仍然是信息资源的重要形式。

数字型信息资源也称为电子型信息资源，是指以二进制编码的方式将图形、文字、声音、影像等信息存储到磁、光、电等介质上，通过计算机、手机等电子设备阅读和使用的一种信息资源形式。其特点是存储容量大、传播更新速度快、查询方便。

3. 基于内容的分类

根据内容不同，信息资源可以分为多种类型。在互联网普及之前，印刷型信息资源是信息资源的主体，主要包括图书、期刊、学位论文、报纸、会议论文、科技报告、标准、专利、产品资料、政府出版物、档案文献等。计算机和互联网普及之后，数字型信息资源在规模和质量方面都有长足发展，逐渐成为信息资源的重要组成部分。

一方面，图书、期刊、学位论文、报纸等传统印刷型信息资源逐渐开始数字化，表 2-1 列出了部分印刷型信息资源的数字化形态。电子书、电子期刊、电子报纸、学术文献数据库、标准公开平台、专利检索系统、数据开放平台等数字化信息资源逐渐成为传统印刷型信息资源的重要补充，其中有些成为获取相应信息资源的主要渠道。

表 2-1　部分印刷型信息资源的数字化形态

印刷型信息资源	数字型信息资源	举例
图书	电子书、电子书数据库、读书类 APP	汇雅电子书、京东读书
期刊	电子期刊、期刊论文数据库	CNKI 学术期刊库
学位论文	学位论文数据库	PQDT
报纸	电子报纸	人民日报网络版
会议论文	会议论文数据库	万方中国学术会议文献数据库
科技报告	电子版科技报告、科技报告检索系统	NASA 报告检索系统：https://ntrs.nasa.gov
标准	标准数据库（检索系统）	国家标准全文公开系统
专利	专利数据库（检索系统）	国家知识产权局专利检索及分析平台
统计年鉴	电子版统计年鉴、开放数据平台	国家统计局国家数据查询平台、World Bank Open Data
百科全书	网络百科	百度百科
字典、词典	网络字典、网络词典	有道词典、百度词典
地图	网络地图	高德地图、百度地图
政府出版物	政府公开平台	中央国家机关政府公开信息查阅中心
档案文献	数字档案	青岛数字档案馆

注：APP 表示 application（应用程序）；CNKI 表示 China National Knowledge Infrastructure（中国知网）；PQDT 表示 ProQuest Dissertations & Theses（数字化博硕士论文文摘数据库）；NASA 表示 National Aeronautics and Space Administration（美国国家航空航天局）

另一方面，计算机和互联网的发展催生了很多新型的信息资源，资讯类 APP、门户网站、社交媒体、在线课程、问答社区、网络经验等基于互联网的新型资源已经成为人们获取信息的主要渠道。

案例 2-2　找几年前的报纸

2017 年 6 月 8 日，《成都商报》第 03 版刊发了一篇题为《与高考有关的日子》的采访报道。现在想找到这张报纸，该如何操作？

当然，有些图书馆可能收藏有《成都商报》纸质版，但不太容易找。其实可以试试电子版。具体检索步骤如下。

第一步，找网站。在搜索引擎中输入"成都商报"，很容易找到这份报纸的电子版网址。

第二步，确定日期。在网站首页有一个日期设定的入口，设定日期为 2017 年 6 月 8 日，系统就跳转到这一期报纸的首页。

第三步，找第 03 版。在导航中单击第 03 版，看到如图 2-2 所示的内容。在这个页面中，可以看到这篇采访报道。

图 2-2　《成都商报》电子版

第四步，下载 pdf 文件。单击第 03 版旁边的 pdf 文件下载图标，可以把这一版报纸的 pdf 文件下载下来。

视频 2-1　数字报纸：常见的报纸，免费看全文

2.2.3　网络信息资源

互联网的发展推动了数字型信息资源的生产与传播，这种基于网络特别是互联网传播的数字型信息资源一般被称为网络信息资源。网络信息资源是可以通过网络获取的各种数字化信息资源的总称。这些资源已经远远超出了传统信息资源的范畴，有的是专门的信息资源系统，也有一些并非专门的信息资源，但这些应用系统事实上积累了大量的信息资源。这些信息资源以数字化的形式存储在互联网上的各种服务器中，资源提供方基于 HTTP（hyper text transfer protocol，超文本传输协议）等通过网络对外提供信息服务，用户可以利用计算机、智能手机等网络终端设备对这些信息进行获取或利用。与传统的信息资源相比，网络信息资源有如下特点。

1. 存储数字化，形式多样化

与基于纸介质的印刷型信息资源不同，数字化存储是网络信息资源存储的基本形式，存储介质以磁介质为主。高密度、大容量的数字化存储不仅适合计算机的高速处理、低成本远距离传输，也方便用户的查询和获取。

尽管数字化的网络信息资源在物理层面都是以二进制表示的，但其外在表现形式复杂多样，具体包括文本、图形、图像、音频、视频、软件等多种形式。

2. 数量巨大，内容丰富

随着互联网的迅猛发展，网络信息资源在数量和内容两个方面都得到了长足发展。作为一个开放的信息平台，任何机构、任何人都可以将自己拥有的且愿意与他人共享的信息上传网络，而倡导"人人都可以读写 internet"的 Web 2.0 的出现更是加速了这一进程。目前，网络信息资源内容几乎包括信息资源的所有方面，如科研、学术、教育、文化、产业、经济、金融、商业、体育、娱乐、旅游等。

3. 微观有序，宏观无序

从微观来看，从网络中获取的多数内容都经过了不同程度的有序化处理，并存储在一个具体的系统中，从而呈现局部有序状态。但是，从宏观来看，众多来源不同的微观有序系统组合而成的整个网络信息资源系统呈现无序分散状态，结构复杂，难以控制，缺乏稳定性。这种宏观无序的状态降低了信息获取的效率，增加了信息获取的难度，因而掌握信息获取方法和技巧十分必要。

4. 质量不齐，价值不一

由于缺乏统一的管理控制机制，来源不同的网络信息资源质量参差不齐，价值差

别较大。专业互联网内容提供者（internet content provider，ICP）、图书馆、专业出版机构、政府机构等组织提供的网络信息资源质量较高，可信度较大，价值较高；一些小型网站尤其是一些个人网站上的信息质量很难保证，因此要注意对信息进行评价和鉴别。

5. 共享程度高，获取成本低

开放、平等、协作、分享是互联网精神的核心。在网络环境下，时间和空间范围得到了很大程度的延伸与扩展，信息资源高度共享，用户获取信息资源的成本较低。一方面，在整个网络中，绝大部分信息资源是免费的，用户获取这部分信息资源的成本仅仅是自己的上网费用；另一方面，即使是收费的网络信息资源，其获取成本也比其他获取渠道低得多。

视频 2-2　藿香正气水不含藿香，你知道吗？

> **探究任务 2-1　探索图标库 IconFont，体验网络信息资源**
>
> 　　图标，大家应该比较熟悉，就是计算机桌面上、手机屏幕上启动程序的小图片。做 ppt、做网页、做设计、开发 APP 都离不开图标。互联网上专门查找图标的网络平台有不少，IconFont 是其中比较知名的一个。IconFont 由阿里巴巴出品，有 ai、svg、png 三种矢量格式选择，而且可以自己添加填充色。这个平台还支持将图标转换为字体，便于前端工程师自由调整与调用。
>
> 　　请在 IconFont 中查找一个蓝色、线性风格的"企鹅"图标，并下载 svg 格式文件。
>
> 　　思考一下如何用下载的 svg 格式图标文件替换计算机中的 QQ 图标。

案例 2-3　用中华古籍资源库，找《稼轩长短句》影印版全文

网络信息资源有很多，其中有些还是免费的。

中华古籍资源库是国家图书馆（国家古籍保护中心）建设的综合性古籍特藏数字资源发布共享平台，目前在线发布的影印资源包括国家图书馆馆藏善本、普通古籍、甲骨、敦煌文献、碑帖拓片、西夏文献、赵城金藏、地方志、家谱、年画、老照片，以及馆外和海外征集的资源。读者无须注册登录即可阅览全文影像，支持单库检索和跨库检索，有基本检索和高级检索功能，支持模糊检索。在这个资源库中找《稼轩长短句》，可以这样操作：

第一步，登录中华古籍资源库网站。网址是 http://read.nlc.cn/thematDataSearch/toGujiIndex。在国家图书馆网站上有这个资源库的链接，通过搜索引擎也很容易找到。

第二步，设置检索条件。在中华古籍资源库首页的检索框中输入检索词"稼轩长短句"，然后点击"检索"按钮，可以找到多个版本的《稼轩长短句》。

第三步，获取全文。选择合适的版本，点击缩略图进入相应文献的题录页面，选择具体卷册，点击"在线阅读"按钮，可以看到如图 2-3 所示的全文页面。

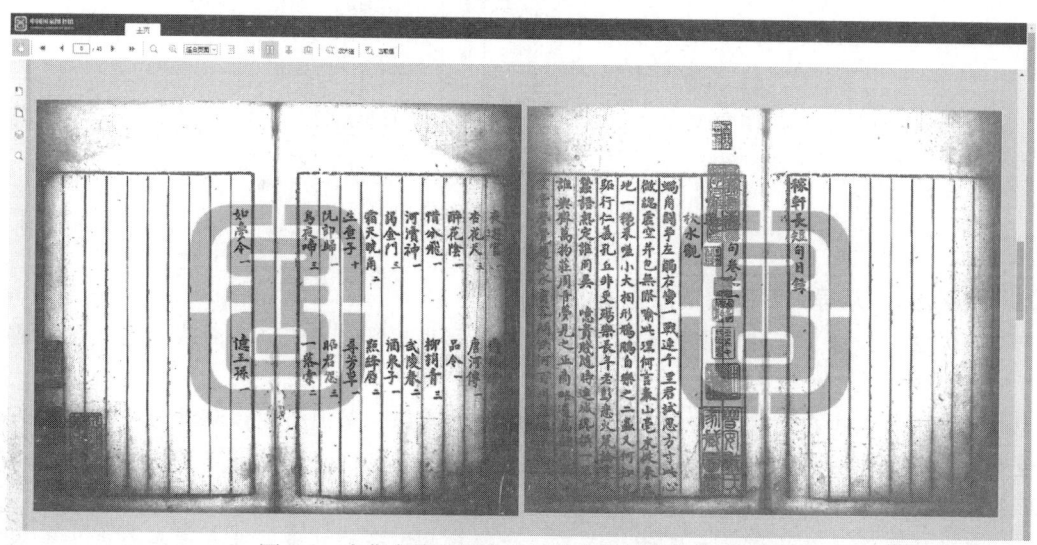

图 2-3　中华古籍资源库中的《稼轩长短句》影印版

2.3　信息检索概述

信息技术的发展以及信息革命的深化带来了信息资源的快速积累，海量的信息资源给我们带来信息福利的同时也将我们置于信息过载、信息爆炸的境地，毕竟，在具体场景下我们的信息需求往往是有限的。一方面是海量、繁杂、无序的信息资源，另一方面是具体的信息需求，解决二者矛盾的途径是信息检索。

信息检索，也称为信息搜索，是指通过具体的检索系统从大量的信息中查找用户所需信息的过程。更广义地讲，信息检索还包括信息存储的过程。

2.3.1　信息检索工作原理

尽管信息资源多种多样，检索平台各有特色，用户信息需求也有差异，但信息检索的基本原理却是大致相同的。从用户的角度来看，信息检索就是选择一个检索系统，然后把具体的信息需求转化为系统支持的检索提问，提交系统后接收系统返回的结果。用户之所以能在检索系统中找到需要的信息，是因为检索系统在检索之前已经完成了信息的存储。因此，信息检索不仅包括检索的过程，还包括存储的过程，信息存储是信息检索的前提和基础。

如图 2-4 所示，信息检索的工作原理是这样的：检索系统通过收集、选择、分析信息检索语言把信息资源标引到数据库中。用户在确定需求之后基于信息检索语言向数据库进行提问表达。系统进行匹配后将检索结果返回给用户。

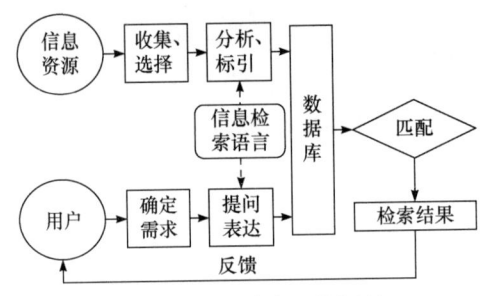

图 2-4 信息检索工作原理

案例 2-4 从导入案例看信息检索的工作原理

案例 2-1 介绍了在爱课程平台中检索精品资源共享课的方法,下面基于这个案例了解信息检索的基本原理。

我们之所以能在爱课程平台上找到精品资源共享课,是因为爱课程作为一个在线课程平台已经把大量的在线课程存储在自己的系统中,而且这个存储并不是把一堆视频简单地保存在数据库中,而是经过了一系列设计的过程。

存储的第一步是收集、选择信息资源。爱课程旗下的精品资源共享课平台只收录历年教育部认定的国家级精品资源共享课,所以不属于这个范围的其他在线课程就不可能出现在这个平台上。当然,这个平台的信息资源收集相对比较直接,主要由参评课程团队根据平台的要求自行上传包括视频、课件、习题等内容在内的课程资源。

存储的第二步是对信息资源进行标引。标引是对信息资源进行结构化描述的过程,信息资源的特征是标引的内容,信息检索语言是标引的标准,标引的结果是存储在数据库中的结构化数据。在爱课程精品资源共享课平台上,每一门课都有课程名称、学校名称以及课程负责人名字,这些内容是重要的标引信息,为用户的检索打下了基础。

检索的第一步是明确我们的信息需求。例如,授课老师让我们查找"高等数学"这门课的辅助学习资料,我们就可以把信息需求具体化为"高等数学"的精品资源共享课在线资源。

检索的第二步是把信息需求转换为具体检索系统中的提问表达。在爱课程精品资源共享课平台中只有一个检索框,在这个检索框中可以输入课程名称、学校名称和课程负责人三项中的任何一项。输入"高等数学",这实际上是我们的提问表达。检索的提问表达同样需要考虑信息资源的特征和信息检索语言。我们之所以可以基于课程名称、学校名称和课程负责人名字进行检索提问,是因为存储过程中对这三个数据项进行了标引。

当数据库中的标引信息与用户的提问表达匹配成功时,系统会将检索结果返回。因为爱课程精品资源共享课平台中有 14 门课程的名称著录为"高等数学",所以以"高等数学"为检索词进行检索时能找到 14 个结果。

爱课程精品资源共享课平台的检索只是信息检索的一个缩影,通过这个案例可以大致了解信息检索的工作原理。

2.3.2 信息检索语言

信息检索是一个过程,包括存储和检索两个方面。我们之所以能在特定的系统中按照一定的方式检索信息,是因为信息存储和信息获取双方遵循了某种约定,而这种约定可以认为是信息检索语言。

不同的信息资源有不同的特征,这些特征构成了信息检索语言的具体内容。在图书馆的馆藏书目系统中,书名、责任者、主题词、分类号、ISBN(International Standard Book Number,国际标准书号)、出版社等特征会成为描述这部书的具体字段,从用户的角度来看,这些特征又会成为检索的途径(又称检索字段)。信息资源不同,相应的特征就不同,对应的检索途径也就不同。有些特征与信息资源的外表相关,称为外表特征,如信息资源的名称、责任者等;有些特征与信息资源的内容相关,称为内容特征,如分类号、关键词等。相应的信息检索语言分为描述外表特征的检索语言和描述内容特征的检索语言。

信息检索语言一般分为分类检索语言、主题检索语言及分类主题一体化语言。

分类检索语言是用分类号和类名来表达信息内容的主题概念,并将各种概念按学科性质和逻辑层次结构进行分类和系统排列的语言。中国图书馆分类法是分类检索语言的典型代表。

案例 2-5 中国图书馆分类法

图书馆馆藏图书的书脊上一般会有一个标签,标签上有一串字符,称为索书号,索书号的前半部分一般是这本书的分类号。例如,赛珍珠所著的《大地三部曲》在某个图书馆的索书号是"I712.45/1519",其中"I712.45"就是这本书的中国图书馆分类号。

图书的分类法还有很多种,如杜威十进分类法、中国科学院图书馆图书分类法、刘国钧分类法、国际十进分类法等,但目前我国绝大多数高校图书馆和公共图书馆采用的是中国图书馆分类法。

中国图书馆分类法将知识门类分为五大部类,22个基本大类,具体见表2-2。

表 2-2 中国图书馆分类法类目表

部类	基本大类
马克思主义、列宁主义、毛泽东思想、邓小平理论	A 马克思主义、列宁主义、毛泽东思想、邓小平理论
哲学	B 哲学、宗教
社会科学	C 社会科学总论
	D 政治、法律
	E 军事
	F 经济

续表

部类	基本大类
社会科学	G 文化、科学、教育、体育
	H 语言、文字
	I 文学
	J 艺术
	K 历史、地理
自然科学	N 自然科学总论
	O 数理科学和化学
	P 天文学、地球科学
	Q 生物科学
	R 医药、卫生
	S 农业科学
	T 工业技术
	U 交通运输
	V 航空、航天
	X 环境科学、安全科学
综合性图书	Z 综合性图书

中国图书馆分类法标识符号采用英文字母和阿拉伯数字相结合的混合制号码形式。一般由一个字母加一串数字组成，每隔三位数字加一个小圆点，如 K126、G252.7、H310.43。但工业技术类（T类）比较特殊，这一类的分类号由两个字母加数字组成，如 TP319.4、TN117。

主题检索语言也称为主题语言、主题法，是以表达文献主题内容的语词作为概念标识，并按字顺编排的一种检索语言。主题检索语言使用的语词统称为主题词，由于主题词来自自然语言，多半经过规范化处理，形成主题词表，作为标引与检索的依据。主题检索语言主要用于组织各类信息检索工具，一般不用于实体文献的排架。根据选词原则、词的规范化处理、编制方法和使用规则的不同，主题检索语言可分为关键词语言、标题词语言、单元词语言和叙词语言。

分类检索语言和主题检索语言的功能各有优势与不足，可以互相取长补短。分类主题一体化语言便是两者的有机结合。分类主题一体化语言是指具有分类与主题两种标引和检索功能的检索语言。分类主题一体化，就是对分类表和叙词表的术语、标识、参照、索引等实行统一的控制，并根据相应的转换规则建立起一一对应的关系，将分类表和叙词表融合成为一体化词表，发挥两种检索语言的优势。从标引来说，利用一体化词表可同时完成文献信息的分类标引和主题标引，提高标引质量和效率；从检索来说，可以提高检索效率，可同时进行分类和主题两种方式的检索，实现分类检索和主题检索的互补。

2.3.3 信息检索类型

根据不同的标准，信息检索可以划分为不同的类型，其特点也各不相同。

1. 按检索内容划分

在以印刷型信息资源为主要检索内容的时代，按照检索内容的不同，信息检索一般分为文献信息检索、数据信息检索和事实信息检索。

在互联网时代，信息资源和检索工具日益丰富，这种传统的分类方法已经不合时宜，主要原因是计算机和互联网催生了海量网络信息资源，内容丰富，类型多样。

在网络信息时代，按照检索内容划分，信息检索的类型包括但不限于在线课程搜索、图片搜索、视频搜索、音乐搜索、音效搜索、文档搜索、软件搜索、新闻搜索、数据搜索、电子书搜索、学术论文搜索、标准搜索、专利搜索、字体搜索等。

2. 按检索手段划分

根据检索手段的不同，信息检索可分为手工检索和计算机检索。

手工检索是指用人工操作的方式，利用各种检索工具的印刷版（如印刷型的目录、索引、文摘等）来检索信息的一种检索手段，如查字典等。手工检索的对象主要是印刷型信息资源，优点是直观、灵活、容易掌握，不需要特殊的设备，缺点是检索速度慢、工作量大，容易造成漏检。

计算机检索指的是利用计算机检索系统，从存储在计算机（包括本地和远程计算机）中的大量数据中检索出所需要信息的一种检索手段。与手工检索相比，计算机检索具有速度快、效率高、查全率高、不受时空限制、检索结果输出方式多样等特点。随着社会信息化程度的不断提升，计算机检索已成为我们获取信息的主要检索手段。

2.3.4 信息检索方法

信息检索方法，简单地说就是指查找信息资源的方法，选择检索方法的目的在于寻找一种省时、省力，又可获得最佳检索效果的有效方法。常用的信息检索方法有常规法、追溯法、循环法、浏览法等。

1. 常规法

常规法指的是利用检索工具，通过一定的检索条件查找信息资源的方法。这是一种最常见的检索方法。常规法一般包括三个步骤：首先确定检索工具或者检索系统；其次设置检索条件，涉及选择检索字段、输入检索词等环节；最后查阅检索结果，如浏览、下载等。

2. 追溯法

追溯法指的是根据已知信息资源提供的线索，追溯查找信息资源的信息检索方法。追溯法常用于学术文献的检索。学术论文一般都会著录参考文献，查找文献的时候，可以追溯既定文献的参考文献，如有必要，可继续追溯新获取文献的参考文献。

3. 循环法

循环法指的是将常规法与追溯法交替使用来进行信息检索的一种综合检索方法。先用常规法找到一些信息资源，然后根据这些信息资源提供的线索进行追溯查找，以便获得更多的相关文献，两种方法交替使用，循环进行，直到满足检索需求。

4. 浏览法

浏览法指的是不借助检索工具，直接查看原始信息资源的一种信息检索方法。例如，不借助搜索引擎直接浏览新闻网站的内容，不用检索系统直接查看期刊的全文，等等。在信息需求不是很明确的情况下，可以使用浏览法获取信息资源。

2.3.5 检索效果评价

对信息检索的效果进行评价，一般涉及四个指标。

（1）查全率。查全率是指从检索系统中找到的相关结果量与检索系统中相关结果总量的比率。其计算公式如下：

查全率=（检索出的相关结果量/系统中的相关结果总量）×100%

（2）查准率。查准率是指从检索系统中找到的相关结果量与找到的结果总量的比率。其计算公式如下：

查准率=（检索出的相关结果量/找到的结果总量）×100%

（3）漏检率。漏检率是指没有找出的相关结果量与检索系统中相关结果总量的比率。漏检率和查全率是一对互逆的检索指标，即查全率+漏检率=1。其计算公式如下：

漏检率=（未检索出的相关结果量/系统中的相关结果总量）×100%

（4）误检率。误检率是指找到的非相关结果量与找到的结果总量的比率。误检率和查准率也是一对互逆的检索指标，即查准率+误检率=1。其计算公式如下：

误检率=（检索出的非相关结果量/找到的结果总量）×100%

用以上公式计算出的相关指标并不绝对，因为一个检索系统中共有多少相关结果，很多时候难以精确统计。

对于检索而言，理想的检索结果应该是查全率和查准率均达到100%，但这在具体的实践中难度较大。查全率和查准率存在逻辑上的互逆关系：提高查全率，就需放宽检索条件使找出的相关信息量增加，但同时也导致找出的信息中不相关信息大量增加，使得查准率降低；同样，提高查准率，就需增加检索限定条件，又使得查全率下降。因此，衡量检索效果，不能单一地只考虑查全率或查准率，必须将两者结合考虑。在实际应用中，不同的场景对查全率和查准率有不同的要求，可以通过扩大和缩小检索范围来调节两者的关系，以满足不同的需求。

2.3.6 信息检索系统

信息检索系统是指为满足特定的信息需求而建立的一整套信息的收集、加工、整理、存储和检索的完整系统。一般包括信息资源、相关设备、检索规则、人员等组成部分。计算机和互联网普及之前，信息检索系统以手工检索系统为主，随着计算机和互联网的普及，手工检索系统日渐式微，基于互联网的计算机检索系统逐渐成为信息检索系统的主流，在某些领域甚至替代了手工检索系统。

1. 手工检索系统

手工检索系统是指以印刷型检索工具为主体的检索系统。与计算机检索系统相比，手工检索系统检索速度慢，检索内容更新慢，查全率较低。常见的手工检索系统有目录、题录、索引、文摘等。

1）目录

目录又称为书目，是著录一批相关文献，并按照一定次序编排而成的揭示与报道文献的工具。目录通常以一个完整的出版或收藏单位（如文献的种或册）为基本的著录对象，著录项目包括书名或刊名、作者、出版者、出版年、价格、页码等，揭示文献的外表特征，用以提供书刊的出版信息和收藏信息。

目录在我国具有悠久的历史，西汉刘向、刘歆父子编纂的《七略》是我国第一部官修目录学著作，以后各朝代都编有《艺文志》或《经籍志》著录该朝代的主要文献典籍，清代纪昀等编纂的《四库全书总目》最具代表性，是我国古典目录的典范。

2）题录

题录是以单篇文献为基本的著录单位，描述文献的外表特征，快速报道文献信息的检索工具。著录项目包括篇名、作者、出处等。题录与目录的主要区别在于著录的对象不同，目录著录的对象是一个完整的出版物即一种或一册文献，题录著录的对象则是整册书中的一个独立知识单元即单篇文献。

3）索引

索引是根据一定的需要，将特定范围内的某些文献中的有关知识单元或款目，如书报刊中的篇名、著者、地名、人名、字词句等，按照一定的方法编排，并指明出处，为用户提供文献线索的一种检索工具。索引不仅是一种独立的检索工具，还能作为其他检索工具的辅助部分，附在这种检索工具的后面，提供多种检索途径，使其检索功能得到增强。

索引的类型是多种多样的，根据文献信息外表特征编制的索引有篇名索引、著者索引、号码索引、引文索引[如科学引文索引（Science Citation Index，SCI）、社会科学引文索引（Social Science Citation Index，SSCI）]等，根据文献信息内容特征编制的索引有分类索引、主题索引、关键词索引等。

4）文摘

文摘是以精练的语言把文献信息的主要内容、学术观点、数据及结构准确地摘录下来,并按一定的方式编排起来供用户使用的一种检索工具。文摘是二次信息的核心,是索引的延伸。它以单篇文献为报道单元,全面反映文献的外表特征和内容特征。根据对文献内容揭示的深度或报道的详细程度,文摘分为指示性文摘和报道性文摘。

2. 计算机检索系统

计算机检索系统是利用计算机技术、网络技术检索存储在计算机内的信息资源的检索系统,是现在发展迅速、应用极为广泛的现代化检索系统。一方面,计算机系统收集、整理、标引、著录、存储大量信息资源,形成数据库;另一方面,计算机根据用户的检索指令,将存储在数据库中的信息进行比较、分析后反馈给用户。

计算机检索系统一般包括硬件、软件、网络通信和数据库四个部分。硬件是指具有一定性能的计算机、服务器、存储器、输入输出和数据处理等设备;软件是检索系统中有关程序和各种文件的总称,包括系统软件和应用软件;网络通信是连接计算机系统和终端的桥梁,可以远程、高速、准确地传输信息;数据库是计算机存储设备中按一定方式存储的相互关联的数据集合,是检索系统的基础。

互联网的普及加速了计算机检索系统的发展,诸如 CNKI、中国大学 MOOC、B 站等互联网上的很多信息资源系统一般都内置检索系统,同时还出现了提供跨平台检索的搜索引擎。随着智能手机的普及,不少 APP 也提供信息检索服务,这里的手机其实是替代了计算机的部分功能,本质上属于计算机检索系统中的硬件部分,所以手机上的信息检索系统也属于计算机检索系统的范畴。

案例 2-6　体验习近平系列重要讲话数据库,了解计算机检索系统

下面这个判断题是国内某信息素养比赛的一个样题:

习近平在二十国集团领导人第十五次峰会第一阶段会议上的讲话中提到了"数字货币",这是习近平在正式发言或署名文章中第一次提到数字货币。( )

要做对这个题目,需要对习近平多年来的正式发言和署名文章进行系统查询。如果用搜索引擎直接搜索,不太容易查全。这就需要借助专门的检索系统——习近平系列重要讲话数据库。

第一步,找到习近平系列重要讲话数据库。这个数据库的网址是:http://jhsjk.people.cn,首页如图 2-5 所示。

第二步,设置检索条件。在检索框中输入"数字货币",检索框左侧的检索字段选择"内容",检索框下方选择"精确搜索",然后点击"搜索"按钮,结果如图 2-6 所示。

第三步,做出判断。虽然题目中提到的讲话出现在检索结果中,但很明显这不是第一次提到"数字货币",习近平发表在《求是》杂志的文章《国家中长期经济社会发展战略若干重大问题》中也出现了"数字货币",而且时间更早。所以,这个判断题的表述是错误的。

图 2-5　习近平系列重要讲话数据库

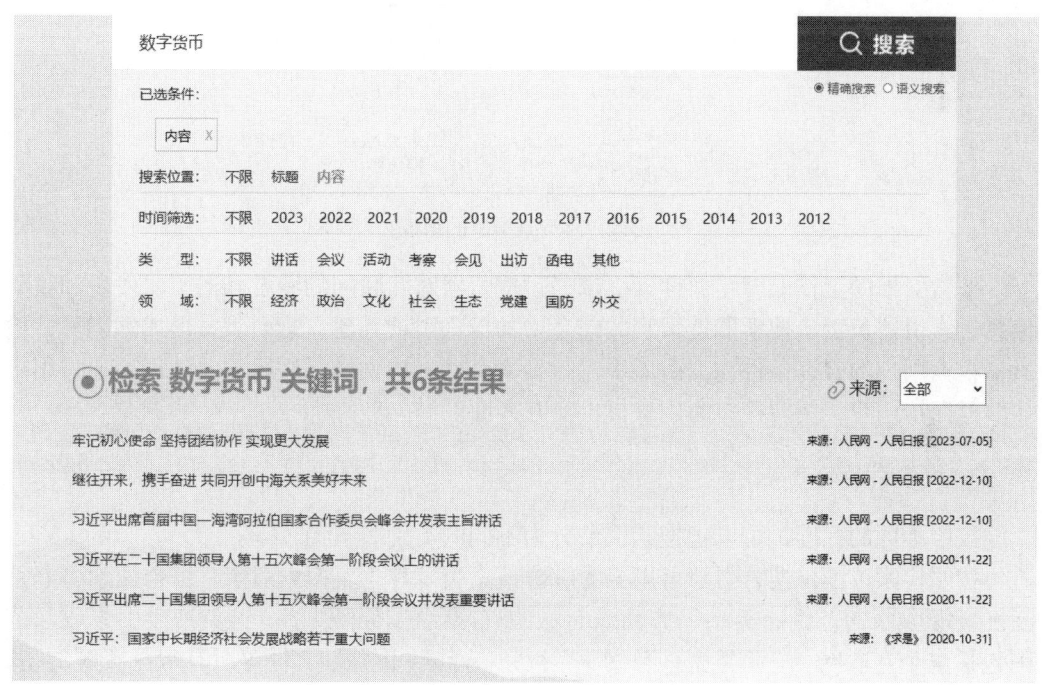

图 2-6　习近平系列重要讲话数据库检索结果

2.3.7　搜索引擎

在信息时代，离不开搜索引擎，百度、搜狗、360 搜索、必应，这些常用的搜索引擎在移动互联网时代虽然有些式微，但在我们获取信息的过程中仍然占据重要的位置。

1. 搜索引擎的定义

搜索引擎是指根据一定的策略、运用特定的计算机程序对互联网上的信息进行收集、处理，并将处理后的信息存储在数据库中，通过交互界面为用户提供检索服务的系统，是计算机检索系统的典型应用。从用户的角度看，搜索引擎提供一个包含搜索框的页面，在搜索框中输入检索词，通过浏览器提交给搜索引擎后，搜索引擎就会返回与检索内容相关的信息列表，用户通过单击信息列表中的超链接可以直接打开原始网页。

2. 搜索引擎的工作原理

如图 2-7 所示，搜索引擎一般由搜索器、索引器、检索器、用户接口、索引库五个部分组成，前四个部分实际上是分别承担不同功能的计算机程序，索引库是存储索引信息的数据库。

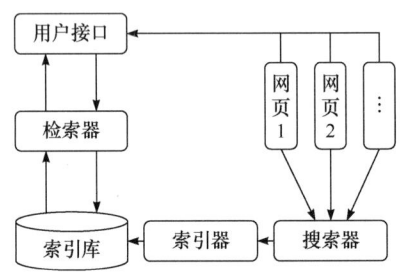

图 2-7 搜索引擎的组成

搜索引擎的工作原理是：搜索引擎通过搜索器对互联网的漫游和遍历，发现和收集信息，索引器负责从搜索器搜索到的信息中抽取索引项并建立索引表，形成索引库，检索器根据用户的查询条件在索引库中进行检索，并对检索结果进行相关处理后通过用户接口返回给用户，用户接口为用户提供交互界面。

3. 搜索引擎的分类

按照不同的标准，可以把搜索引擎分为不同的类别。

按照检索范围，搜索引擎可以分为综合搜索引擎和垂直搜索引擎。综合搜索引擎是指在资源收录的范围、类型等方面没有做明确限制的搜索引擎。这类搜索引擎收录范围包括整个互联网，资源类型涉及网页、视频、音频、图像、文件等所有常见资源类型，百度、搜狗、360 搜索、必应，这些都属于综合搜索引擎。垂直搜索引擎是指将资源收录范围限制在某一特定领域或特定类型的专业搜索引擎。与综合搜索引擎相比，垂直搜索引擎数据来源更明确，数据标引的针对性更强，提供的检索服务更精准；相对比较小众，但在具体的场景下，可以提升检索的效率和质量。垂直搜索类型有很多，如专搜慕课（MOOC，massive open online course，大规模在线开放课程）资源的国家高等教育智慧教育平台（https://higher.smartedu.cn）、专搜音效资源的 FindSounds（https://www.findsounds.com）、专搜 OA（open access，开放获取）资源的 DOAJ（Directory of Open Access Journals，开放获取期刊目录，https://doaj.org）和 OALib（https://www.oalib.com）等。除了专门的垂直搜索引擎，综合搜索引擎也陆续推出了各自的垂直搜索功能，如百度图片、搜狗图片、百度学术等。

视频 2-3　图片搜索：以图识图有意思

视频 2-4　字体搜索：在线识别图片字体

案例 2-7　专搜音效资源的垂直搜索引擎 FindSounds

互联网上的信息资源有多种类型，音效是其中的一类。在做视频编辑的时候，有时候就可能用到音效资源，如小孩的哭声、狗的叫声、海浪拍打沙滩的声音等。

找音效资源，也有专门的搜索引擎，FindSounds（https://www.findsounds.com）是其中的一个。如图 2-8 所示，在 FindSounds 首页的搜索框中输入关键词"cat"，可以找到多个结果。这些结果都是与"猫"相关的音效文件，如猫的叫声。系统给出了每个音效文件的下载地址、大小、采样率、时长等指标。

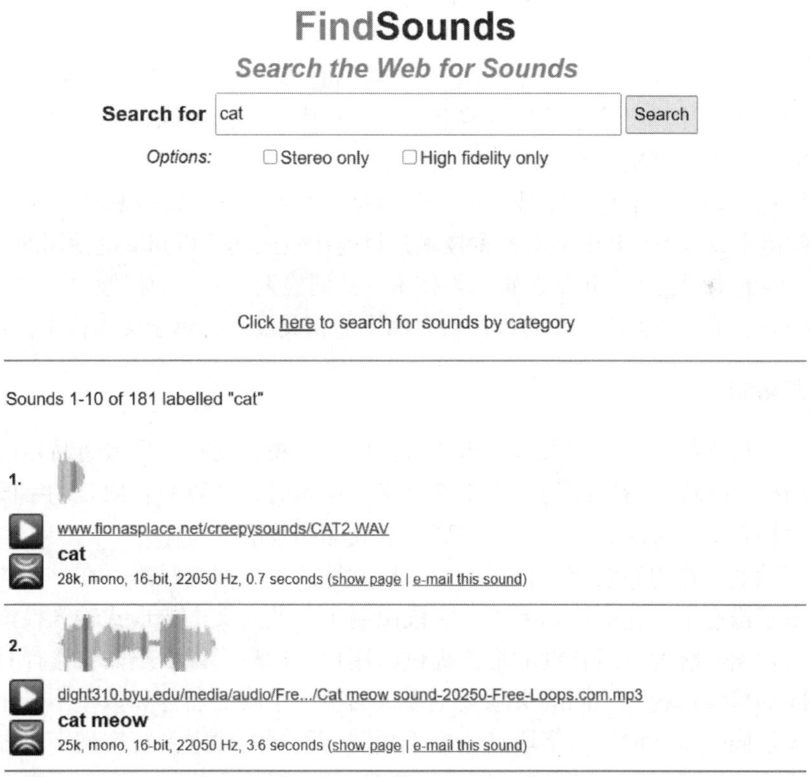

图 2-8　音效垂直搜索引擎 FindSounds

FindSounds 只能搜索音效文件，所以是垂直搜索引擎。作为一个纯粹的搜索引擎，FindSounds 并不存储具体的音效文件，而是为用户提供一种搜索服务，并给出具体音效文件的链接，用户可以通过单击链接播放或者下载音效文件。从图 2-8 也可以看出，结果中的音效文件来自不同的网站。

按照工作机制划分，搜索引擎可以分为独立搜索引擎和元搜索引擎。独立搜索引擎是指独立拥有搜索器、索引器、索引库、检索器、用户接口，其工作不依赖其他搜索引擎的搜索引擎。元搜索引擎是指通过一个统一的用户界面帮助用户在多个搜索引擎中实现检索，并对检索结果进行优化处理的搜索引擎。元搜索引擎一般由用户接口、检索代理和优化处理器三部分组成。与独立搜索引擎相比，元搜索引擎不需要抓取网页，也没有庞大的索引库。元搜索引擎通过用户接口接收用户的检索请求，然后将用户请求转交给多个独立的搜索引擎并从独立搜索引擎中获取检索结果，然后将从多个独立搜索引擎中获取的检索结果直接返回给用户或进行相关优化处理后返回给用户。尽管元搜索引擎具有独立搜索引擎不具备的优势，但其结果不仅受制于自身的搜索技术，更受制于为其提供搜索结果的源搜索引擎，其发展和应用并不乐观，不少元搜索引擎曾经昙花一现，目前留下来的已为数不多。

2.4 信息检索技术

信息检索技术是指利用信息检索系统或者信息检索工具，检索有关信息而采用的一系列技术。由于计算机检索系统的普及和手工检索系统的边缘化，现在的信息检索技术主要指的是基于计算机检索系统的检索技术。

根据信息的内容，信息检索技术可以分为文本检索技术、图像检索技术、音频检索技术、视频检索技术等。其中文本检索技术是目前比较成熟并得到广泛使用的技术，字段限制技术、匹配限制技术、布尔逻辑检索技术、截词检索技术、加权检索技术、位置检索技术以及搜索引擎的搜索语法、高级搜索界面中的相关设置都属于文本检索技术的范畴。

2.4.1 字段限制

作为一种检索技术，字段限制是指通过具体的可视化选择设置或者特定的限制符限定检索词与指定字段进行匹配的信息检索技术。检索时，计算机在限定的字段内按照指定的要求对检索词进行匹配运算，以提高检索效率和查准率。

这些字段通常称为检索点、检索入口、检索项或者检索途径等。在早期的联机检索系统中，由于没有可视化的检索界面，字段限制主要通过文本的形式输入检索系统中，现在多数的检索系统通过组合框的形式提供给用户，用户可以根据需要选择具体的检索字段。不同的检索系统、不同的文献类型提供的检索字段的名称和数量不尽相同，不同的系统中表示同一概念的检索字段名称也不相同，不同的检索系统实现字段限制的图形界面和语法格式也有区别。如图2-9所示，CNKI的高级检索提供了多种可以选择的检索字段；PubMed可以通过在检索词后面加上中括号的形式指定检索字段；ProQuest指定检索字段的语法格式是在带小括号的检索词前面加检索字段。当然，PubMed 和 ProQuest 也有自己的高级检索界面，可以像 CNKI 那样在图形化界面下选择检索字段，CNKI 也支持语法检索，在专业检索中可以通过表达式指定检索字段。

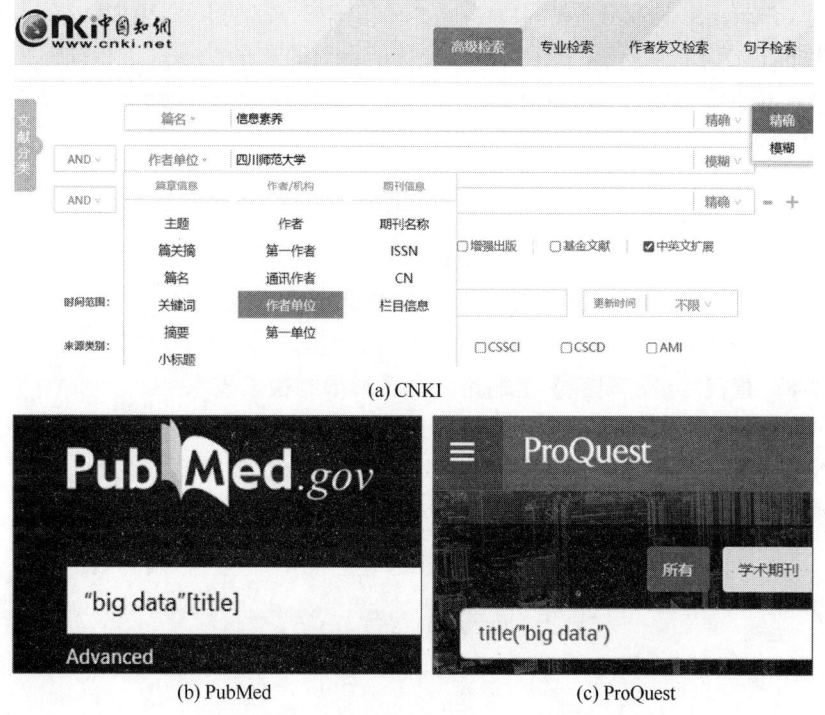

图 2-9 CNKI、PubMed、ProQuest 的限制检索技术

视频 2-5 字段限制：不容忽视的检索点

2.4.2 匹配限制

字段限制检索技术，确定了与检索词进行匹配的检索字段，但具体的匹配关系有多种形式，还需要进一步限定。这种限定检索词与检索字段之间具体匹配关系的检索技术称为匹配限制，一般包括精确匹配和模糊匹配两种类型。

精确匹配和模糊匹配是一组相对概念，精确匹配要求检索词与检索字段之间的匹配关系较为严格，而在模糊匹配中，这种匹配关系较为宽松。在不同的检索系统中或同一检索系统中的不同检索字段，精确匹配和模糊匹配代表的含义可能有区别。

如图 2-9 所示，在 CNKI 高级检索中，检索字段"篇名"和"作者单位"都有"精确"和"模糊"两个匹配限制选项，但这两个检索字段下的"精确"和"模糊"含义是不同的。在"作者单位"检索字段下，精确匹配的效果是完全一致，模糊匹配的效果是包含关系。在"篇名"检索字段下，精确匹配并不是完全一致，而是包含关系，只不过检索词不能拆分，选择模糊匹配，检索词有可能会被拆分。

图 2-9 中的 PubMed 和 ProQuest 都有加双引号的"big data"，这里的双引号也是一种匹配限制检索技术，一般也称为精确匹配，作用是把这两个单词作为一个短语，不能拆分。大多数英文检索系统支持用双引号实现精确匹配。

在 Web of Science 的高级检索中，有一个"精确检索"的开关，作用是控制词性、时态、单复数形式变化。关闭这个开关，系统可能会对输入的检索词进行词性扩展，如输入 compute，可能找到包含 computer、computers、computation、computed、computing 的结果。

视频 2-6　匹配限制：精确与模糊，到底是啥意思？

案例 2-8　查找《经济研究》上的论文，了解限制检索技术

《经济研究》是经济学权威核心期刊。如果通过 CNKI 检索在该期刊上发表的论文，需要在 CNKI 期刊论文数据库的高级检索界面中输入如图 2-10 所示的检索条件。在这个检索案例中，限制检索技术主要体现在三个地方。

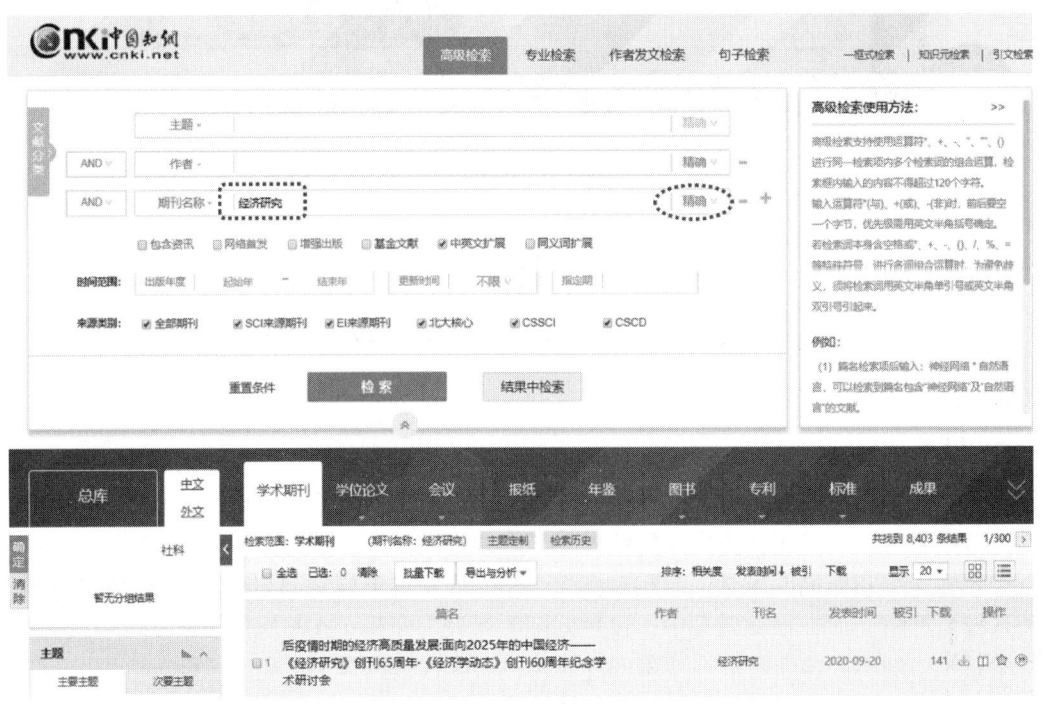

图 2-10　查找《经济研究》上的论文

首先是检索字段，选择的是"期刊名称"，因为"经济研究"是期刊的名称，CNKI 中对应的检索字段是"期刊名称"。

其次是检索词，输入的检索词是"经济研究"四个字。注意，不要加书名号或者引号，否则结果很可能为零。

最后是匹配方式，检索框后面的匹配方式选择的是"精确"，意思是期刊的名称中出现"经济研究"这四个字，而且只能出现这四个字。匹配方式如果选择"模糊"，结果中很可能会找到《世界经济研究》《卫生经济研究》《商业经济研究》《上海经济研究》之类期刊上的论文。

探究任务 2-2　CNKI 收录了多少北京大学的文章？

在 CNKI 的期刊论文数据库中，时间限定为 2019 年，来源类别限定为 CSSCI（Chinese Social Sciences Citation Index，中文社会科学引文索引），选择检索字段"作者单位"，输入检索词"北京大学"，匹配方式选择"模糊"，可以找到 2820 篇论文，匹配方式选择"精确"可以找到 153 篇论文。请问：

（1）若在 CNKI 中查找 2019 年北京大学发表的 CSSCI 论文，这里的匹配方式应该选择"模糊"还是"精确"？

（2）"作者单位"这个检索字段下，"模糊"和"精确"这两种匹配方式的区别是什么？

提醒：亲自探索一下，分别以这种匹配方式检索，打开找到的结果，对比署名区别。

2.4.3　布尔逻辑检索

布尔逻辑检索是指通过标准的布尔逻辑关系算符来表达检索词与检索词间的逻辑关系的检索技术。在具体检索时，一般通过以下三个布尔运算符（图 2-11）来实现其功能。

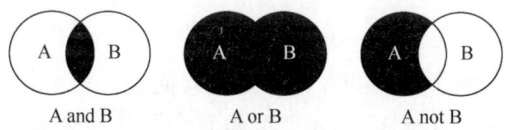

图 2-11　布尔检索示例图

1. 逻辑"与"

逻辑"与"用来表示两个集合的交集，对检索而言，表示其所连接的两个检索结果集合的交集。如图 2-11 的"A and B"所示，A 和 B 分别是两个独立检索条件下的结果集，中间阴影部分是 A 和 B 经逻辑"与"运算后的结果，表示同时符合两个检索条件的结果集。不同的检索系统对于逻辑"与"的表示也不尽相同，如"and"、"*"、空格（搜索引擎使用空格表示逻辑"与"）等，现在更多的系统用可视化的界面表示。

在检索中通过使用布尔逻辑"与"缩小检索结果范围，提高查准率。

案例 2-9　12306 检索中的布尔逻辑"与"

在可视化检索界面中，如果多个检索条件没有明确表明逻辑关系，有时候默认的是"与"的关系。如图 2-12 所示，在 12306 上查询火车票信息，"出发地""到达地""出发日期"是必须设置的三个条件，另外还有"学生""高铁/动车"等设置选项。这些条件之间并没有表明逻辑关系，默认是"与"关系，表示这些条件都必须满足。

图 2-12　12306 中的布尔逻辑"与"

2. 逻辑"或"

逻辑"或"用来表示两个集合的并集，对检索而言，表示其所连接的两个检索结果集合的并集。如图 2-11 的"A or B"所示，A 和 B 分别是两个独立检索条件下的结果集，阴影部分是 A 和 B 经逻辑"或"运算后的结果，表示只要符合其中任何一个检索条件即可满足检索要求，两者共同的部分只计一次，避免重复。不同的检索系统对于逻辑"或"的表示也不尽相同，如"or""+""|"等，多数检索系统用可视化的界面表示。

在检索中通过使用布尔逻辑"或"扩大检索范围，增加检索结果，起到扩检的作用，提高查全率。

案例 2-10　万方数据库中的布尔逻辑关系"或"

共享经济和分享经济含义基本相同，如果要在万方数据库中检索这个主题的学术论文，可以设置如图 2-13 所示的检索条件，其中有四个地方体现了布尔逻辑关系"或"。

第一，文献类型中勾选了"期刊论文""学位论文""会议论文"，这三种文献类型的关系就是布尔逻辑关系"或"，表示检索结果可以是三种文献类型中的任意一种。

第二，检索字段"题名"后面的检索框中，"分享经济"和"共享经济"之间用了布尔逻辑运算符"OR"，表示"分享经济"和"共享经济"这两个词在文献题名中只要出现一个即可。

第三，检索字段"关键词"后面的检索表达式与上面的内容一样，"分享经济"和"共享经济"之间用了布尔逻辑运算符"OR"，表示"分享经济"和"共享经济"这两个词在文献关键词中只要出现一个即可。

图 2-13　万方数据库高级检索中的布尔逻辑关系"或"

第四，检索字段"关键词"前面的"或"，体现的也是布尔逻辑"或"，表示这两组检索条件只要满足一组即可。也就是说，无论是题名中还是关键词中，"分享经济"和"共享经济"只要出现即可。

其实，图 2-13 所示的检索条件设置，还隐含了一个布尔逻辑关系"与"，文献类型与下面的检索条件之间的布尔逻辑关系是"与"。

3. 逻辑"非"

逻辑"非"用来表示一个集合的补集，对检索而言，表示从某一检索结果集中排除不需要的部分。如图 2-11 的"A not B"所示，A 和 B 分别是两个独立检索条件下的结果集，阴影部分是属于 A 但不属于 B 的结果集，A 和 B 重合部分被排除。不同的检索系统对于逻辑"非"的表示也不尽相同，如"not""-"等，大部分系统用可视化的界面表示。

在检索时通过使用布尔逻辑"非"增加限制条件，排除不希望出现的检索结果，和逻辑"与"类似，缩小命中文献范围，增强检索的准确性，提高查准率。

案例 2-11　巧用布尔逻辑"非"，探究"精确"与"模糊"的区别

在探究任务 2-2 中提到，在 CNKI 的期刊论文数据库中，时间限定为 2019 年，来源类别限定为 CSSCI，选择检索字段"作者单位"，输入检索词"北京大学"，匹配方式选择"模糊"可以找到 2820 篇论文，匹配方式选择"精确"可以找到 153 篇论文。如果要查找 2019 年北京大学发表的 CSSCI 论文，到底是应该选择"精确"还是"模糊"呢？

分析思路。根据常识理解，精确匹配比模糊匹配条件更严格，模糊匹配条件下的 2820 篇论文应该包含精确匹配下的 153 篇论文，如果我们能把 2820 篇论文中包含的 153 篇论文分离出来，对比一下，应该能找到答案。

动手探索。在 CNKI 期刊论文数据库高级检索中选择"作者单位"检索字段，检索词输入"北京大学"，匹配方式选择"模糊"；单击左边的加号按钮增加一行，在"作者单位"右边的检索框中仍然输入检索词"北京大学"，匹配方式选择"精确"；在最左边选择两个条件之间的连接方式为"NOT"；时间范围设置为"2019"，来源类别选择"CSSCI"。检索结果如图 2-14 所示，找到了 2667 条结果。

图 2-14 CNKI 中的布尔逻辑"非"

分析一下。"模糊"匹配方式找到 2820 篇，"精确"匹配方式找到 153 篇，按照图 2-14 所示的检索条件，找到 2667 篇。2820，153，2667，巧合吗？当然不是。图 2-14 所示的检索条件，检索意图很明确，包含在"模糊"匹配方式但不能包含在"精确"匹配方式中，其实就是从 2820 篇中剔除 153 篇，结果当然就是 2667 篇了。这里的连接条件"NOT"，体现的就是布尔逻辑"非"的关系。

动手验证。分别在 153 篇和 2667 篇中找几篇论文验证一下署名，如图 2-15 所示。发现"精确"匹配方式下的 153 篇论文，作者单位署名为"北京大学"，而"模糊"剔除"精确"匹配方式下的 2667 篇中，作者单位署名中包括"北京大学"，另外还有二级单位署名，如"北京大学信息管理系""北京大学法学院"等。

很明显，包括二级单位署名的论文也是北京大学发表的文章。所以，在查找一个单位发表的文章时，匹配方式应该选择"模糊"，2820 篇是正解。

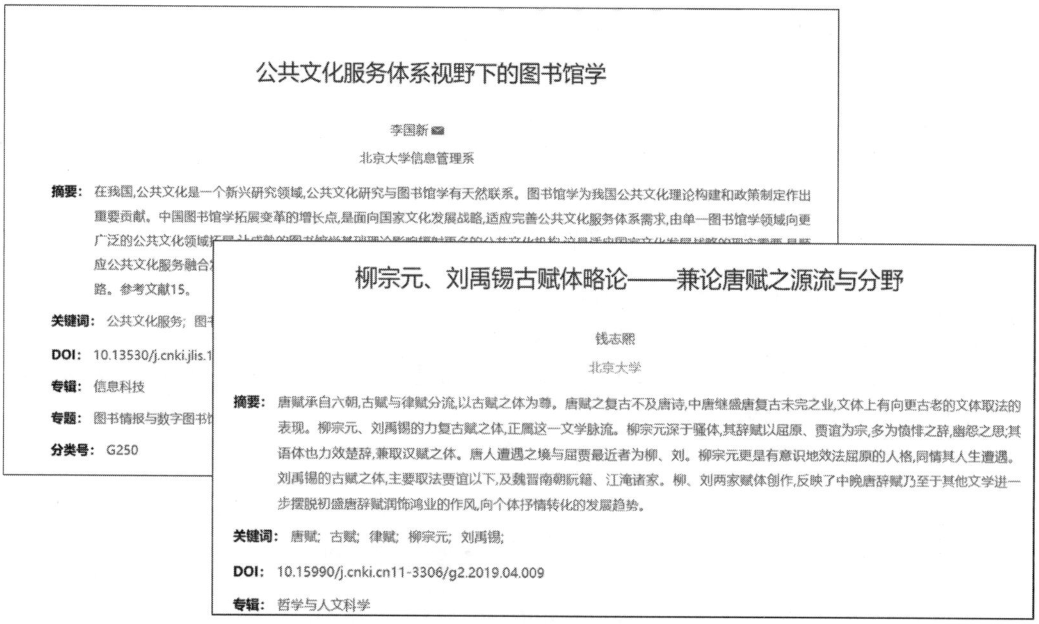
公共文化服务体系视野下的图书馆学

李国新

北京大学信息管理系

摘要：在我国,公共文化是一个新兴研究领域,公共文化研究与图书馆学有天然联系。图书馆学为我国公共文化理论构建和政策制定作出重要贡献。中国图书馆学拓展变革的增长点,是面向国家文化发展战略,适应完善公共文化服务体系需求,由单一图书馆学领域向更广泛的公共文化领域拓

应公共文化服务融合

路。参考文献15。

关键词：公共文化服务；图书

DOI：10.13530/j.cnki.jlis.1

专辑：信息科技

专题：图书情报与数字图书

分类号：G250

柳宗元、刘禹锡古赋体略论——兼论唐赋之源流与分野

钱志熙

北京大学

摘要：唐赋承自六朝,古赋与律赋分流,以古赋之体为尊。唐赋之复古不及唐诗,中唐继盛唐复古未完之业,文体上有向更古老的文体取法的表现。柳宗元、刘禹锡的力复古赋之体,正属这一文学脉流。柳宗元深于骚体,其辞赋以屈原、贾谊为宗,多为愤悱之辞,幽怨之思;其语体也力效楚辞,兼取汉赋之体。唐人遭遇之境与屈贾最近者为柳、刘。柳宗元更是有意识地效法屈原的人格,同情其人生遭遇。刘禹锡的古赋之体,主要取法贾谊以下,及魏晋南朝阮籍、江淹诸家。柳、刘两家赋体创作,反映了中晚唐辞赋乃至于其他文学进一步摆脱初盛唐辞赋润饰鸿业的作风,向个体抒情转化的发展趋势。

关键词：唐赋；古赋；律赋；柳宗元；刘禹锡；

DOI：10.15990/j.cnki.cn11-3306/g2.2019.04.009

专辑：哲学与人文科学

图 2-15　作者单位署名对比

视频 2-7　布尔检索：善用交并补，检索更精准

2.4.4　截词检索

截词检索是指在检索表达式中用特定的截词符实现检索词字符串与文献标引词字符串部分匹配的检索技术。截词检索是一种常用的检索技术，可以扩大检索范围，防止漏检，提高查全率。

问号和星号是常用的截词符。截词检索包括有限截词检索和无限截词检索。有限截词检索指的是一个符号（一般用“？”表示）替代一个字符，如检索词 analy?e 可以检索出 analyse 和 analyze；无限截词检索指的是一个符号（一般用“*”表示）可以替代多个字符，如检索词 econom*可以检索出 economics、economist、economy 等。

按照截词的位置不同，截词检索分为前截词检索（如*physics）、后截词检索（如 comput*）、中间截词检索（如 defen?e）、前后截词检索（如*computer*）。

并不是所有的检索系统都支持截词检索，不同的检索系统支持的截词符也有区别。例如，Web of Science 的截词符不仅有星号和问号，还有可以替代一个字符或者零个字符的货币符号（$）；美国计算机协会数字图书馆（ACM Digital Library）尽管支持截词检索，但不支持前截词，也就是截词符不能放到最前面。

由于汉语本身的特殊性，词间并没有明显的分隔标志，截词检索在中文检索系统中的应用受到限制。有些中文系统的相关功能利用了截词检索的思路，在某些中文检索系统中，前方一致、后方一致分别对应截词检索中的后截词、前截词。在中国专利公布公

告的高级查询（http://epub.cnipa.gov.cn/Advanced）中，可以使用"?"代替1个字符，使用"%"代替多个字符。

视频 2-8　截词检索：善用通配符，提升查全率

案例 2-12　PubMed 中的截词检索

PubMed 是著名的医学学术文献免费数据库，支持截词检索。

在 PubMed 中输入检索词"micro*[title]"，检索意图是标题中出现"micro"开头的单词，检索结果如图 2-16 所示。

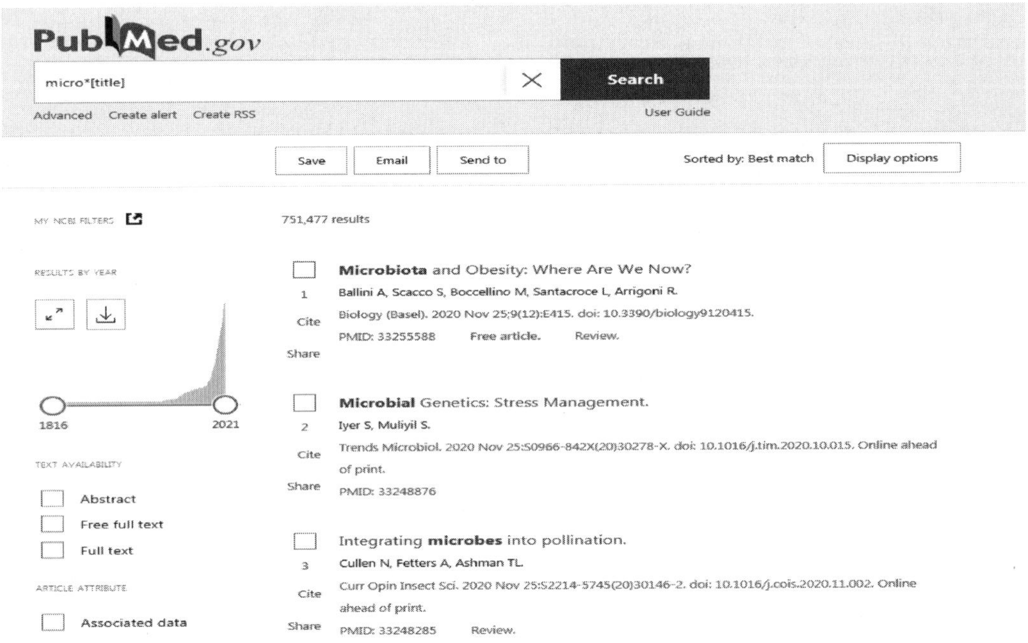

图 2-16　PubMed 中输入检索词"micro*[title]"的检索结果页面

前三条结果的标题中分别出现了 microbiota、microbial、microbes 三个单词，都是以"micro"开头。很明显，星号在 PubMed 中表示无限检索，可以表示多个字符。

2.4.5　加权检索

加权检索是指限定检索词在信息源中出现频次的检索技术，属于定量检索技术的范畴。尽管加权检索与布尔检索、截词检索等同属信息检索的基本检索手段，但加权检索不仅要关注检索词是否出现，而且要考虑出现的次数，以此限定命中信息与检索需求的相关程度，缩小检索范围，从而提高查准率。需要说明的是，并非所有的系统都支持加权检索，在具有加权检索功能的系统中也并非所有的字段都能进行检索词加权。

视频 2-9　加权检索：关键词可以加权重

探究任务 2-3　CNKI 期刊论文数据库中哪些检索字段支持加权检索？

如图 2-17 所示，CNKI 支持加权检索，在检索框后面有"词频"选项，取值范围为"2～8"。例如，在 CNKI 期刊论文数据库中，选择检索字段"摘要"，输入检索词"人工智能"，对应的词频选择"3"。在找到的结果中，每一篇论文的摘要中"人工智能"这个关键词都至少出现了 3 次。通过这个例子可以发现，CNKI 的"词频"选项体现的是加权检索，设定的次数表示指定检索字段中出现指定检索词的次数的最小值。

并不是所有检索字段都支持加权检索。在 CNKI 中不支持加权检索的检索字段，要么没有"词频"选项，要么"词频"选项灰色显示，不能设置。请动手探索验证一下，在 CNKI 期刊论文数据库中，哪些检索字段支持加权检索。

图 2-17　CNKI 中的加权检索

2.4.6　位置检索

位置检索，也称为邻近检索，是指用一些特定的位置运算符来表达检索词之间邻近关系的检索技术。信息资源中词语的不同次序和位置可能表达不同的意思，检索表达式中关键词不同的次序和位置可能表达不同的检索意图。位置检索通过限定相关关键词的相对位置，提高检索的效率和质量。

需要注意的是，不是所有的系统都支持位置检索，在支持位置检索的系统中，也不是所有的检索字段都能使用位置检索。另外，不同的检索系统使用的位置运算符也不尽相同。因此，使用位置检索技术的时候，要参考检索系统的帮助和指南。表 2-3 列出了 CNKI 支持的位置检索运算符及其功能和适用字段。

表 2-3 CNKI 的位置检索运算符

符号	功能	适用字段
#	'检索词 1#检索词 2'：表示包含检索词 1 和检索词 2，且检索词 1、检索词 2 在同一句中	篇名、摘要、全文
%	'检索词 1%检索词 2'：表示包含检索词 1 和检索词 2，且检索词 1 与检索词 2 在同一句中，且检索词 1 在检索词 2 前面	
/NEAR N	'检索词 1/NEAR N 检索词 2'：表示包含检索词 1 和检索词 2，检索词 1 与检索词 2 在同一句中，且相隔不超过 N 个字词	
/PREV N	'检索词 1/PREV N 检索词 2'：表示包含检索词 1 和检索词 2，且检索词 1 与检索词 2 在同一句中，检索词 1 在检索词 2 前面，且相隔不超过 N 个字词	
/AFT N	'检索词 1/AFT N 检索词 2'：表示包含检索词 1 和检索词 2，且检索词 1 与检索词 2 在同一句中，检索词 1 在检索词 2 后面，且相隔不超过 N 个字词	
/SEN N	'检索词 1/SEN N 检索词 2'：表示包含检索词 1 和检索词 2，且检索词 1 与检索词 2 在同一段中，且这两个词所在句子的序号差不大于 N	
/PRG N	'检索词 1/PRG N 检索词 2'：表示包含检索词 1 和检索词 2，且检索词 1 与检索词 2 相隔不超过 N 段	
$ N	'检索词$ N'：表示所查关键词、检索词最少出现 N 次	

视频 2-10 位置检索：关键词的邻近关系，也有检索意义

探究任务 2-4　验证 CNKI 位置检索

扫描下方二维码打开的页面是 CNKI 的帮助，页面中的 1.2.5.7 节是 CNKI 的位置检索使用指南，其中有多个位置检索举例。请把例子中的检索表达式复制到 CNKI 的位置检索框中验证，看看检索结果是不是符合预期；如果不符合，看是自己的问题还是 CNKI 的问题。

2.4.7　搜索引擎的搜索语法

为了提高检索的质量和效率，多数搜索引擎除了能进行简单检索，还可以通过高级检索语法实现高级检索。不同的搜索引擎，支持的搜索语法不尽相同，但大部分搜索引擎支持 filetype、site、空格这三个语法，部分搜索引擎还支持 inurl、intitle、竖线、减号等搜索语法。

1. 限定搜索结果文件类型：filetype

在互联网中，很多有价值的信息资源并非以普通网页的形式存在，而是以文件形式存在，文件的格式也多种多样。目前，主流搜索引擎可以通过 filetype 语法指定要找的具体文件格式。需要说明的是，不是所有的文件格式都可以指定，多数搜索引擎支持 doc、ppt、xls、pdf、rtf 等文件格式。具体语法格式如下：

关键词 filetype:文件格式（或 ALL）　　例：信息素养 filetype:pdf

注意：上述语法格式中，关键词和 filetype 之间要有空格，filetype 大小写均可，冒号在多数搜索引擎中必须是半角，不过在百度中，系统会自动把用户输入的全角冒号改为半角冒号。如果想检索搜索引擎所能支持的所有类型的文件，文件格式直接换成 ALL 即可。

filetype 语法的作用是限制检索结果的文件类型，缩小检索结果的范围，可以提升查准率。

随着各种网络文库的出现，在有些搜索引擎中使用 filetype 语法时，结果可能大多导向文库内容，而文库中的文档一般不容易直接下载，这在一定程度上影响了 filetype 语法的使用效果。

视频 2-11　**filetype：文档搜索，用这个语法**

案例 2-13　用 filetype 语法搜索"中级会计"方面的 ppt 文件

检索表达式：中级会计 filetype:ppt

解释：搜索引擎所支持的幻灯片文件是微软公司的 PowerPoint 文件，文件格式为 ppt 或 pptx，检索界面如图 2-18 所示。

图 2-18　搜索引擎的搜索语法——filetype

探究任务 2-5 同样的 filetype 语法，不同的搜索引擎

在不同的搜索引擎中输入检索表达式"中级会计 filetype:ppt"，对比结果，看有什么不同？都能直接下载吗？

2. 限定来源网站：site

如果希望在某个站点或者某一类站点中进行站内检索，可以通过限定检索的站点范围来提高检索效率。目前主流搜索引擎都提供这个功能，一般通过 site 语法实现。具体语法格式如下：

关键词 site:站点地址　　例：信息素养 site:sicnu.edu.cn

注意：关键词与 site 之间要用空格；对于 site 后的冒号，最好用半角冒号；冒号后不要加"http://"或"https://"；站点地址中的"www"可加可不加，搜索效果是有区别的，加上"www"，只在本级域名网站中搜索，不加"www"，不仅搜索本级域名网站，还会搜索下级域名网站。

视频 2-12　site：巧用语法，实现站内搜索

案例 2-14 玩转 site，在四川大学公共管理学院官网上查找研究生复试参考书目

不是每一个网站都有站内检索。但有了 site，任何网站都可以实现站内检索。如果要在四川大学公共管理学院的官网上查找研究生复试的参考书目，就可以用 site 语法。

在搜索引擎的搜索框中输入如图 2-19 所示的检索表达式，按回车键后就能找到想要的结果。

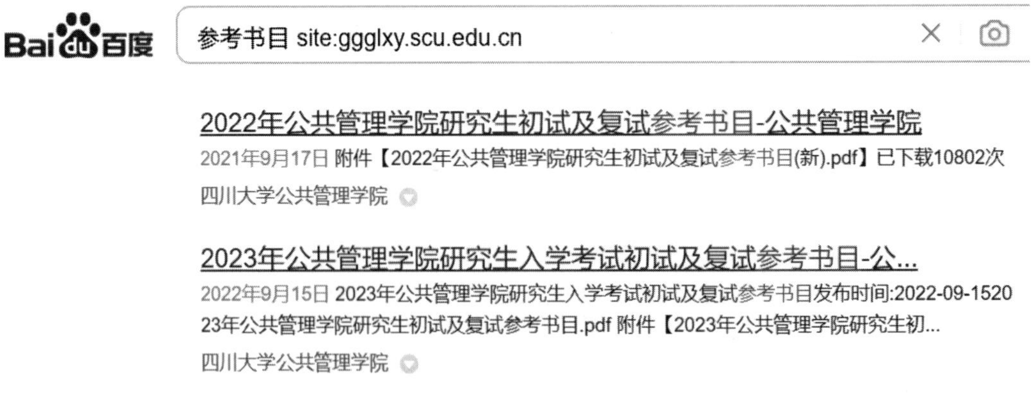

 参考书目 site:ggglxy.scu.edu.cn

2022年公共管理学院研究生初试及复试参考书目-公共管理学院
2021年9月17日 附件【2022公共管理学院研究生初试及复试参考书目(新).pdf】已下载10802次
四川大学公共管理学院

2023年公共管理学院研究生入学考试初试及复试参考书目-公...
2022年9月15日 2023公共管理学院研究生入学考试初试及复试参考书目发布时间:2022-09-1520
23年公共管理学院研究生初试及复试参考书目.pdf 附件【2023公共管理学院研究生初...
四川大学公共管理学院

图 2-19　搜索引擎的搜索语法——site

探究任务 2-6　自己的名字，能在学校的官网上找到吗？

在搜索引擎中用 site 语法实现对自己学校官网的站内检索。

（1）看能不能找到自己的名字？如果不能，可以试试同学的名字或者老师的名字。

（2）在使用 site 语法时，分别在学校官网域名前面加上"www"和不加"www"，看看搜索结果有什么区别。

（3）如果本校官网有站内搜索入口，对比一下网站提供的站内搜索与 site 语法的搜索结果有什么区别。

3. 限定匹配范围：inurl/intitle

百度、搜狗等搜索引擎支持 inurl 和 intitle 语法。inurl 语法的作用是把关键词出现的位置限制在网址中。intitle 语法的作用是把关键词出现的位置限制在标题中。通过这种限制，在特定场景下可以提升搜索效率和质量。具体语法格式如下：

语法格式：inurl（或 intitle）:关键词　　例：inurl:cet6 或 intitle:人工智能

注意：检索式中冒号最好用半角，前后不要有空格。

视频 2-13　inurl：在网址中搜索

案例 2-15　inurl 语法背后的功能逻辑

如图 2-20 所示，在百度中输入搜索表达式：inurl:cpa inurl:zhenti，可以找到网址中包含"cpa"和"zhenti"的网页。思考一下：为什么会有这样的结果？这背后的逻辑是什么？

图 2-20　搜索引擎的搜索语法——inurl 语法

网页 URL（uniform resource location，统一资源定位符）中的某些信息，常常有某种有价值的含义。例如，"https://www.gaodun.com/cpa/shiti/zhenti/index.html"是互联网上某

一个网页的 URL，其中"https://www.gaodun.com"是这个网页所在网站的域名，"index.html"是网页的名称，而中间的"/cpa/shiti/zhenti/"是这个网页文件在 Web 服务器中的存储路径，"cpa""shiti""zhenti"实际上是文件夹的名字。尽管并非所有的文件夹的名字都具有实际意义，但为了管理方便，多数文件夹的命名遵循一定规则，具有一定的意义，在命名中，大多采用英文单词、汉语拼音、日期或相关组合等形式。例子中的"cpa"是中国注册会计师考试的英文缩写，"shiti""zhenti"分别是"试题""真题"的拼音。不难看出，这个网页很可能与中国注册会计师考试真题有关，实际上这个网页上呈现的就是注册会计师历年真题。考虑到这些网页的 URL 中蕴含了网页内容信息，如果对搜索结果的 URL 做某种限定，就可以获得意想不到的效果，可以通过 inurl 语法实现。

探究任务 2-7　猜猜我的检索意图，验证你的判断

在搜索引擎中分别输入如图 2-21 所示的检索表达式，你能猜出每一个检索表达式背后的检索意图吗？亲自动手试一下，看看检索结果与你想的是否一样。

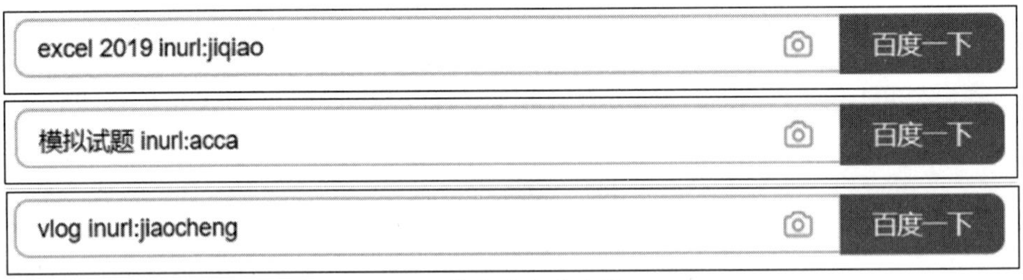

```
excel 2019 inurl:jiqiao          [百度一下]
模拟试题 inurl:acca              [百度一下]
vlog inurl:jiaocheng             [百度一下]
```

图 2-21　检索表达式中的 inurl

4. 搜索引擎的布尔检索：空格、竖线、减号

在搜索引擎中也能进行布尔检索，用特定的运算符可以实现布尔检索中的"与""或""非"等逻辑关系。

在使用搜索引擎检索的过程中，有时候要求检索结果中出现两个或两个以上的关键词，关键词之间是布尔检索中的"与"关系，多数搜索引擎可以通过空格来实现这个功能。通过搜索语法实现布尔检索中的"或"和"非"逻辑关系的搜索引擎不多，百度是其中的一个，但有时候效果也不尽如人意。在百度中，可以通过竖线和减号分别实现布尔逻辑"或"和"非"。具体语法格式如下：

布尔逻辑"与"：关键词1 关键词2　　例：信息素养 终身学习
布尔逻辑"或"：关键词1 | 关键词2　　例：注册会计师 | CPA
布尔逻辑"非"：关键词1 -关键词2　　例：数据分析 -Excel

注意：在百度中可以用上述格式实现布尔逻辑"或"和"非"，但可能会受各种因素影响而效果不佳；竖线前后各有一个空格；减号前面有空格，后面没有空格。

视频 2-14　空格、竖线和减号：百度中的布尔检索

案例 2-16　简单的空格，炫酷的搜索

信息素养与终身学习密切相关，想在高校图书馆的网站上查找这方面的信息，怎么查呢？

在搜索引擎的搜索框中输入如图 2-22 所示的检索表达式，按回车键后结果还是比较理想的。

图 2-22　搜索引擎的搜索语法——空格

三个空格把检索表达式分成四段，每一段是一个条件，这四个条件都必须满足。搜索引擎检索表达式中的空格，不但可以实现关键词之间的连接，而且可以连接多个检索条件，同样表示布尔逻辑"与"的关系。

这样的检索表达式，这样的搜索结果，两者之间的逻辑是什么？

检索表达式中的两个关键词"信息素养"和"终身学习"，比较好理解，前面的两段是什么意思呢？

site:edu.cn，作用是把搜索结果限定在教育网内，考虑到我国教育网的主要用户是高校，所以，这样的限定，实际上保证了大多数结果来自高校网站。

inurl:lib，要求搜索结果的网址中出现 lib，作为 library 的简写，网址中出现 lib，搜索结果与图书馆的关系紧密多了。

一个要求是高校网站,一个要求与图书馆有关,基本可以实现在高校图书馆网站中搜索的初衷。

探究任务 2-8 哪些搜索引擎支持"或"和"非"?

设计具体的场景案例,在百度、搜狗、360 搜索、必应中探索一下,看看哪些搜索引擎支持布尔检索中的"或"和"非"。

案例 2-17 教材配套课件,可以这样找

不少教材有课件。查找随书课件,可以试试以下几种渠道。

1) 通过随书光盘查找

有些教材在出版时随书带有光盘,教材配套的课件、视频以及其他相关资料一般会存储在随书光盘里。如果手中的教材附带光盘,可以打开光盘中的文件看一下。大部分图书馆有随书光盘系统,附带光盘的图书,图书馆一般会把光盘中的内容上传到这些系统中。找教材配套的课件,可以去图书馆的随书光盘系统中试试。

2) 通过出版社网站查找

有些教材尽管没有随书光盘,出版社可能会把一些随书的信息资源放在自己的网站上供读者下载。如图 2-23 所示的教材,在出版社的官网上不仅可以找到与教材配套的 ppt 课件,还可以找到配套的教学大纲、习题答案。

图 2-23 出版社网站中的教材配套课件

3）通过搜索引擎查找

通过搜索引擎查找教材配套课件的关键是检索表达式的设计，提高查准率，一般要满足以下几个条件：首先要保证输入的检索词必须出现在课件上，这样才有可能让符合要求的课件出现在检索结果中；其次要保证输入的检索词尽量不出现在其他教材配套的课件上，这样才能剔除不符合要求的结果；最后要保证检索结果是课件，也就是以"ppt"或"pptx"为后缀的幻灯片文件。如图 2-24 所示，"永安企业从大华工厂购入 A 材料 1 000 千克"这句话来自某教材第五章的一个案例，因为教材上的案例出现在课件上的可能性比较大，而且案例的个性化比较强，同样的案例出现在其他教材上的可能性相对较小，尤其是带有数字的部分；双引号的作用是精确匹配，提示百度不要拆分；检索表达式后一部分 filetype:ppt 可控制返回结果的类型为幻灯片文件。

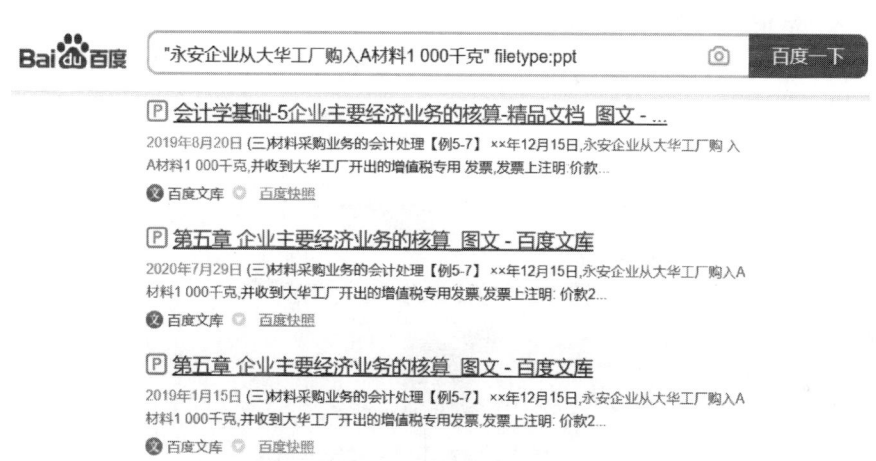

图 2-24　查找教材配套课件的检索结果

视频 2-15　句子检索：什么时候用更好？

2.4.8　搜索引擎的高级搜索界面

绝大多数搜索引擎提供高级检索界面，一般可以通过首页的链接单击进入。相对于搜索引擎首页的简单检索而言，高级检索界面提供了更为丰富的检索功能，相对高级检索语法而言，高级检索界面提供可视化的功能选项，不需要用户记住复杂的检索语法规则，因此对用户尤其是入门用户来说，通过搜索引擎的高级检索界面检索是提高检索效率的合适选择。

图 2-25 是百度的高级检索界面，图中的 A～H 八项大写字母代表相关功能。其中，A 实现的是布尔逻辑"且"功能，与搜索引擎首页的搜索框在功能上基本没有区别；B 实现的是精确匹配功能，相当于为关键词加上双引号；C 实现的是布尔逻辑"或"的功能，相当于关键词之间用竖线"|"；D 实现的是布尔逻辑"非"的功能，相当于在关键词之前

用减号"-"；E 实现的是特定文件类型检索功能，相当于 filetype 语法；F 实现的是位置限制检索功能，可以把检索的位置限制在标题、URL 或全文中，相当于 intitle、inurl 语法；G 实现的是在特定网站内检索，相当于 site 语法；H 实现的是网页时间限制检索，通过下拉组合框的选项列表可以限制网页的时间，需要注意的是，这里的时间是网页的索引时间，并不是网页的创建时间。不难看出，高级检索界面实现了常用高级检索语法的大部分功能，在一定程度上提高了检索的灵活性。

图 2-25　百度的高级检索界面

视频 2-16　高级搜索：平替搜索语法

> **探究任务 2-9**　搜索引擎的高级检索界面，怎么进去？
> 　　主流的搜索引擎一般都有高级检索界面，而且还不止一个。查找百度、搜狗、360 搜索、必应的高级检索界面，并亲自体验一下。

2.5　信息检索策略

　　检索策略就是为实现检索目标而制订的计划或方案，是对整个检索过程的安排。检索策略是否考虑周全，以及在检索过程中能否根据实际情况修改原来的策略，都会直接影响最终的检索结果，也是影响检索效率的一个重要因素。
　　基于计算机网络的信息检索策略一般包括分析信息需求、选择资源系统、设置检索条件、调整检索策略等环节。

2.5.1　分析信息需求

　　获取信息，解决问题，分析信息需求是信息检索中最重要的一步。遇到的问题不同，信息需求会有差别，即便是同一问题，解决问题的方法不同，需要的信息也不相同。有些问题，信息需求可能很明确。也有些问题，信息需求可能并不明确，或者你所知道的并不是最优的，这个时候就需要想办法识别信息需求。

如果是学术方面的信息需求，不仅要考虑所需信息的类型、时间、语种，还要考虑查准、查全等问题。

分析信息需求首先要依赖平时的积累，所以我们要知道尽可能多的信息资源和来源渠道。只有知道这个世界上有什么样的信息资源，遇到问题的时候才有可能想到这种信息资源是可以用来解决这个问题的。

找攻略是分析信息需求的重要思路。互联网上有各种各样的攻略，也就是别人分享的解决问题的方法和思路，这些方法和思路可以提供识别信息需求的线索。例如，备考注册会计师，你可能不知道需要什么样的信息资源，但互联网中有很多正在备考或者已经考过的人写的备考攻略，里面可能会告诉你什么时间考试、什么时间报名、报名条件有哪些、需要哪些教材、哪些网课不错、有什么备考网站、有什么公众号需要关注、哪些刷题 APP 应该安装、知乎中有哪些注册会计师考试方面的经验，等等。

案例 2-18　准备研究生入学面试，需要哪些信息？

考研初试成绩出来之后，一般还会有个面试。如何准备研究生入学面试，互联网上可以找到各种攻略，有人就分享过经验。

初试成绩出来之后，专业内 25 人上线，排名是第 17 名，该专业招收 19 人，差额面试。怎么准备面试呢？

先估计面试评委是哪些人。查询招生简章，发现该专业共有 5 位老师，估计这 5 位老师参加面试的可能性比较大。然后查询这 5 位老师最近 3 年发表的文章，认真阅读，总结要点。

面试时发现，评委果然是这 5 位老师，部分老师问的问题与其发表的论文密切相关，于是就按照老师论文中的思路回答。

面试结果不错，面试成绩加上初试成绩，综合排名从第 17 名提升到了第 9 名。

2.5.2　选择资源系统

明确了具体的信息需求，下一步就是选择合适的资源系统。资源系统种类繁多，功能各异。在选择资源系统时，需要考虑以下几个方面的因素。

1. 资源系统的内容类型

一般而言，资源系统有特定的内容类型。例如，在 B 站（https://www.bilibili.com）上可以找视频，在 iconfont（https://www.iconfont.cn）上可以找图标，在古腾堡（https://www.gutenberg.org）上可以找英文电子书，在裁判文书网上可以找司法文书，在学信网上可以查学历、学位和学籍，等等。有些系统收录的资源类型比较单一，另外一些系统收录的资源类型多种多样。例如，在 CNKI 上可以查询期刊论文、学位论文、会议论文、报纸、专利、标准等资源类型，搜索引擎可以查询的资源类型更为多样。所以，在选择资源系统的时候，要考虑资源系统能够检索的资源类型。

2. 资源系统收录资源的范围

不同的资源系统，即便是资源类型相同，收录的资源范围也有差别：同样可以查期刊论文，CNKI 收录的主要是中文期刊论文，而 Web of Science 收录的主要是外文期刊论文；同样是外文期刊论文，Springer 和 EBSCO 收录的论文范围有明显的区别；同样是 Web of Science，不同的单位购买的子库可能不同，购买同样的子库，购买的资源范围可能也有区别，有些机构购买了 1985 年以来的数据，而有些机构可能只购买了最近 10 年的数据。所以，在选择资源系统的时候，也要重点考虑资源系统收录资源的范围。

3. 资源系统的使用权限

尽管有很多基于互联网向公众开放的资源和资源系统，但由于商业化等因素，还是有不少信息资源和资源系统有访问权限限制。关于这些系统的访问权限，主要有以下几种类型：一是完全免费的信息资源系统，如搜索引擎、OA 文献系统、预印本系统、政府开放数据系统、慕课等；二是需要付费购买，否则完全无法访问的系统，如 Web of Science、Scopus、超星发现等系统，如果学校图书馆购买了这些系统，在指定的网络范围内或者经过一定的身份认证后可以免费使用；三是检索免费，全文需要付费，如 CNKI，任何人都可以使用 CNKI 免费检索，但要获取全文就需要权限，要么自己付费，要么去已经付费的校园网内获取。类似的还有 JSTOR，检索免费，甚至可以免费下载部分文献（主要是 OA 文献）的全文，但大部分全文是不能免费获取的。在选择资源系统的时候，要充分考虑自己的信息需求以及访问权限，如果不在校园网内，又不想付费获取全文，最好选择 OA 文献系统、能免费获取 OA 文献的数据库、预印本系统等。

4. 资源系统的全文可获得性

不同的系统对资源的揭示深度是有区别的，有些资源系统的检索结果是可以获得全文的，有些资源系统本身只是一个索引数据库。所以要根据信息需求选择合适的资源系统，如果需要全文，就需要使用全文数据库，如果只是需要题录，选择索引数据库也就可以了。例如，想知道国内哪家医院擅长治疗"肝豆状核变性"这种罕见病，可以查询哪家医院经常发表这个主题的学术论文，在这种情况下，无须获取全文，只需对检索结果按照"机构"进行分组就可以了，所以我们在选择资源系统的时候，无须考虑能否获取全文，能查到题录数据即可。

5. 资源系统的检索功能

不同的资源系统，检索功能不尽相同，系统提供的这些检索功能关系到相关检索技术的应用。在选择资源系统时，要根据自己的需求，充分考虑这些系统的检索功能能否满足检索需要。有哪些检索字段，是否支持布尔逻辑检索、加权检索、截词检索、位置检索、词频限制、匹配方式限制等检索技术，有没有图形化的检索界面，能否进行基于检索表达式的专业检索，在选择检索系统时需要重点考虑这些检索功能。

6. 用户自身的能力和偏好

在选择资源系统时，用户自身的检索能力和偏好也是一个重要因素。用户对具体系统的熟悉程度、用户的外语水平等因素在一定程度上影响了用户对资源系统的选择。在功能类似的情况下，用户倾向于选择自己熟悉的资源系统。

2.5.3 设置检索条件

选定资源系统之后，需要把信息需求转化成具体的检索条件。现在大多数资源系统提供图形化的检索界面，个别系统支持基于检索表达式的专业检索。尽管不同资源系统的检索条件设置界面有区别，但一般都支持常用的信息检索技术。例如，提供多个检索字段，可以输入检索词，能够设置匹配方式，支持"与""或""非"布尔逻辑检索，等等。

检索需求不同，检索条件的设置有区别，检索条件的复杂程度也不一样。有些简单的场景，一个检索条件就能解决问题，而遇到复杂的检索需求，需要多个条件进行组合。

案例 2-19 找干货内容，不要忘了这两个检索词

有段时间，笔者想做一门介绍实用效率工具的课程。找实用效率工具，首先想到搜索。搜索，当然离不开关键词。关键词的设计，其实也有技术含量。例如，找 pdf 文件编辑工具，如图 2-26 所示在微信中输入检索词"相见恨晚 pdf 编辑"，找到了微信公众

图 2-26 标题党常用的检索词，也能找到干货内容

号上别人发表的很多微信推文。尽管有些推文有些哗众取宠,但还是可以从不少推文中找到干货推荐。根据别人的推荐,实质性地探索、应用、对比,最后找到了多个比较实用的 pdf 文件编辑工具。同样的思路,把关键词中的"pdf 编辑"替换为"思维导图""数据采集""文献分析",可以找到这些主题上的实用工具。把关键词中的"相见恨晚"替换为"好用不火",效果也不错。用这些关键词组合,不仅可以在微信中搜索,还可以在知乎、B 站、小红书、百度中搜索,可以找到更多。

尽管有各种信息检索技术,但不用这些技术,仅琢磨检索词,也能提升检索质量和效率。"相见恨晚""好用不火",这些是标题党常用的检索词,但也能找到干货内容,关键是要亲自动手实践,深度体验,然后做出自己的判断。

用这样的套路,笔者先后找到了两百多款效率工具,有电脑软件,有手机 APP,也有在线工具,不好用就放弃,好用的就用课程的方式呈现出来,最后做成了一门知识付费课程。

视频 2-17　找干货,不要忘了这两个检索词

2.5.4　调整检索策略

调整检索策略指的是根据检索结果重新设置检索条件。检索是一个动态调整的过程,多数时候需要根据检索结果对检索条件进行相应的调整,在不断的探索中找到自己需要的东西。

调整检索策略的初衷是提升检索效果,衡量检索效果的两个重要指标是查准率和查全率,而这两个指标在多数情况下具有互斥性,要提升查准率,需要收紧检索条件,要提升查全率,需要放宽检索条件。所以检索策略的调整需要在这两个指标之间寻找平衡。

检索策略的调整,一般涉及以下几个方面。

1. 检索系统的选择

检索效果不好,首先要考虑使用的检索系统有没有问题。如果找到的结果很多,并且查准率比较低,可能的原因是选择的检索系统缺乏针对性,检索策略的调整思路是选择专业性较强的资源系统或检索平台。例如,用百度找列车时刻表就不太合适,正确的做法应该是选择 12306,因为百度是一个综合类的搜索引擎,而 12306 是专业的资源系统;同样,找学术文章应该选择 CNKI,而不是在百度中查找,因为 CNKI 是专业查找学术文献的资源系统,即便是用 CNKI,首先也要选择 CNKI 中的期刊论文数据库,而不是直接在整个 CNKI 中搜索,因为 CNKI 收录的文献很多也很杂,所以在 CNKI 中不选择具体资源系统,找到的结果可能是期刊论文,也可能是会议论文、学位论文、标准文献、专利文献、统计数据等。

如果找到的结果过少,或者找不到,首先要思考选择的检索系统是不是合适。例如,

在维普数据库中找学位论文就不合适，因为这个数据库的收录范围不包括学位论文。另外，可以适当选择综合性较强的检索系统。例如，如果在 CNKI 的期刊论文数据库中找不到指定主题的文献，可以在 CNKI 的综合检索平台上试一下，也许能在 CNKI 的学位论文数据库、会议论文数据库中找到。

视频 2-18　二次检索：走一步，看一步

2. 检索字段的选择

检索词出现位置的限制会影响检索结果的相关性，同时也会影响检索结果的质量和数量。如果要提升查准率，同样的检索词，可以选择相关性较强的检索字段，按照"全文→摘要→关键词→标题"这个顺序，逐渐收紧检索条件。如果检索结果较少，或者找不到，可以适当牺牲查准率，选择如"全文""摘要"等相关性不太强的检索字段。

探究任务 2-10　同样的检索词，不同的检索字段

任选一个检索系统，确定一个检索词，分别选择"全文""摘要""关键词""标题"这四个检索字段进行检索，对比检索结果的数量。

3. 检索词的选择

检索词也是影响检索结果的重要因素之一，提升检索效果，要选择合适的检索词。在检索词契合检索需求的前提下，可以通过调整上位词和下位词来优化检索结果。

上位词，是指概念上外延更广的主题词。与之相对的是下位词，是指概念上内涵更窄的主题词。例如，"视频"是"mp4"的上位词，反过来"mp4"是"视频"的下位词。

下位词具有更强的专指性，所以使用下位词可以缩小检索结果的范围、提升查准率。例如，要找办公软件方面的学习资源，"Word""Excel""ppt"比"Office"更具有专指性，因为前者是后者的下位词。如果要扩大检索结果的范围，提升查全率，可以用上位词替换下位词。

4. 检索范围的限制

在具体的检索系统中，可以通过图形化的界面来限定检索范围，如图 2-27 所示的维普中文期刊服务平台高级检索界面中，可以限定作者单位、发表时间、期刊类别、学科范围。可以根据具体的检索需求和检索效果，适当调整这些范围限制。当检索结果较多时，可以适当缩小范围，如缩短时间区间，限定具体学科，指定具体单位，只勾选 CSSCI 等。如果检索结果太少，可以放宽范围限制。

图 2-27　维普中文期刊服务平台高级检索界面

5. 检索条件的组合

多数检索系统提供高级检索界面，在这些高级检索界面中，可以通过多个检索条件的组合调整检索策略。如果检索结果较多，查准率不高，可以增加条件，多个条件之间，如果有明确的连接关系，可以选择布尔逻辑"与"和"非"，如果没有明确的连接关系，默认的连接关系是布尔逻辑"与"。如果找的结果较少，查全率较低，可以减少条件，或者使用布尔逻辑"或"。

6. 匹配方式的限制

检索字段与检索词之间的匹配方式也会影响检索结果，除了"精确"和"模糊"匹配，还包括词频限制、截词检索。匹配方式从"精确"调整为"模糊"，实际上是放宽了检索条件，可以找到更多的结果。要求的词频越高，限制也就越严格，结果也就越少，会有更高的查准率。截词检索，其实是一种特殊的模糊检索，它扩大了检索结果的范围，会提升查全率。

习　题

一、单选题

1. 查询在线版《四川日报》，以下哪篇文章发表在这个报纸 2022 年 11 月 1 日第 9 版上？（　　）

　A. 在携手前行中共享机遇共赢发展

　B. 中国首位聋人律师、凉山女孩谭婷：用会说话的手把正义的声音带到每个无声的角落

C. 成绵苍巴高速嘉陵江特大桥提前合龙

D. 对 921 亿元普惠小微贷款实施阶段性延期偿还

2. *Bits and Bugs: A Scientific and Historical Review of Software Failures in Computational Science* 一书在美国国会图书馆馆藏目录中的分类号是（　　）。

A. QA76.76　　　B. HG76.76　　　C. QR76.76　　　D. R76.76

3. 在 CNKI 数据库中查找复旦大学 2020 年被 CSSCI 收录的期刊论文，请问找到的结果数量与下列哪个数字最接近（或者就是）？（　　）

A. 1538　　　　B. 1640　　　　C. 83　　　　D. 1684

二、多选题

1. 以下哪些不是中国图书馆分类法的分类号？（　　）

A. F50　　　　B. TP312　　　　C. Q51.25　　　　D. RA01

2. 在搜狗搜索引擎中使用 filetype 语法查找指定格式的文件，支持的文件类型包括（　　）。

A. doc　　　　B. ppt　　　　C. mp4　　　　D. pdf

3. 通过在线版《辞海》查询可知，"知识"这个词语的解释包括（　　）。

A. 相知、相识者　　　　B. 学问和见识

C. 学习与问难　　　　D. 人类认识的成果或结晶

4. 在 CNKI 中查找南京大学发表的大气科学方面的期刊论文，可能用到的信息检索技术包括（　　）。

A. 字段限制　　　　B. 匹配限制

C. 布尔逻辑检索　　　　D. 位置检索

5. 在中国专利公布公告高级查询（http://epub.cnipa.gov.cn/Advanced）"申请（专利权）人"后面的搜索框中输入：南京%大学，可能找到（　　）申请的专利。

A. 南京大学　　　　B. 南京林业大学

C. 南京航空航天大学　　　　D. 南京工业大学

6. HathiTrust 的高级搜索中可以选择的匹配方式包括（　　）。

A. all of these words　　　　B. none of these words

C. any of these words　　　　D. this exact phrase

三、判断题

1. 在百度中使用 site 语法实现对北京大学网站的站内检索，用 site:www.pku.edu.cn 和 site:pku.edu.cn 的效果是一样的。（　　）

2. 在 PubMed 中可以通过 title(检索词)的方式指定检索字段，如查找标题中包含"data science"的文献，在搜索框中输入 title("data science")即可。（　　）

3. 百度、搜狗、360 搜索这三个搜索引擎都有高级检索功能。（　　）

第 3 章 图书信息资源检索

案例 3-1 合法免费获取外文电子书

多读书，读好书。读纸质书，可以从图书馆借；读电子书，可以使用图书馆购买的电子书数据库。其实，互联网上有很多免费的电子书，有中文的，也有外文的。

合法免费获取外文电子书，可以试试牛津学术平台。

牛津学术平台主要收录牛津大学出版社出版的数字化文献，主要包括学术类的期刊论文和电子书。如图 3-1 所示，在牛津学术平台中的检索词框中输入"psychology"，在筛选区勾选"Book"和"Open Access"两个筛选项，找到了很多可以免费获取完整全文的心理学电子书。

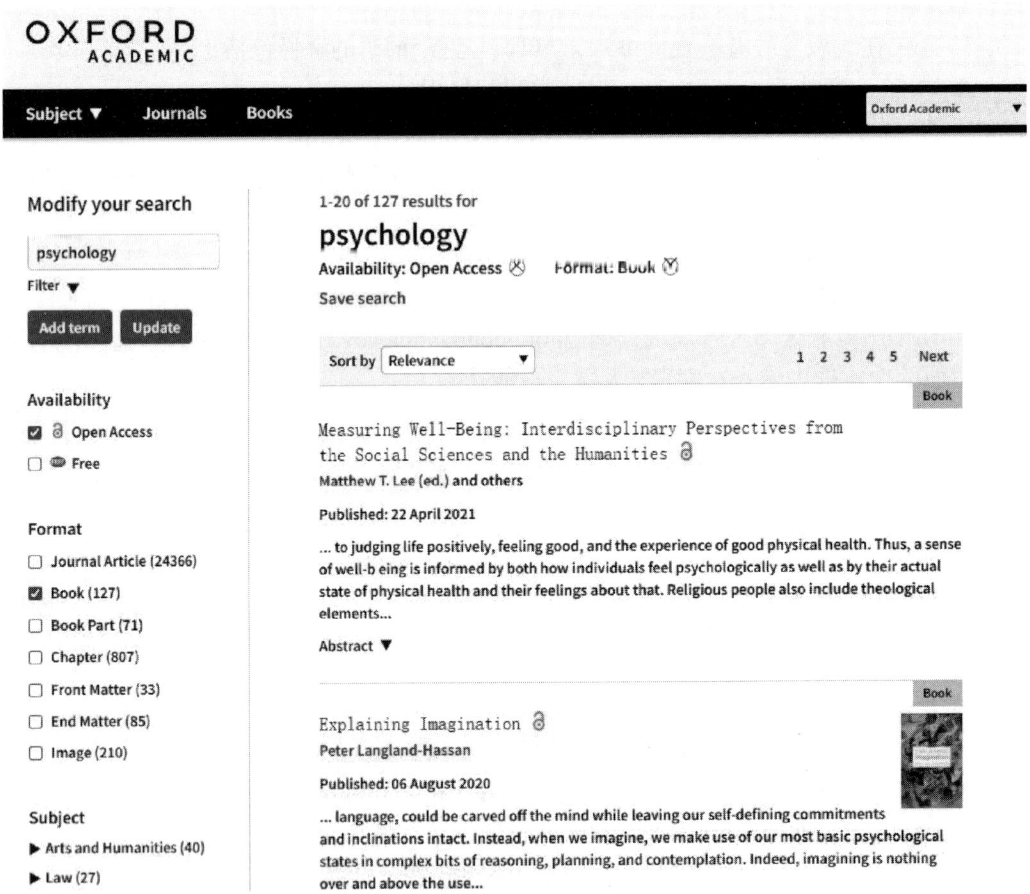

图 3-1 用牛津学术平台找免费外文电子书

点击图书标题或者缩略图，进入图书的详情页面，可以找到 pdf 全文获取链接。

虽然牛津学术平台是一个商业数据库，但其中的 OA 资源是开放的，所以我们可以免费获取其中的 OA 电子书全文。

在互联网上，还有很多网站提供电子书，可以免费或付费获取，高校图书馆也会购买电子书数据库供本校师生使用。本章介绍包括电子书在内的图书相关知识。

3.1 图书概述

作为一种常见的文献，图书有哪些类型和特点？图书上的各种编号又是什么意思？

3.1.1 图书的含义

图书是一种对某一领域的知识进行系统阐述，或对已有研究成果、技术、经验等进行系统归纳、概括的文献类型，是记录和保存知识、表达思想、传播信息的文献信息源。联合国教科文组织对图书的定义是：凡由出版社（商）出版的不包括封面和封底在内 49 页以上的印刷品，具有特定的书名和著者名，编有国际标准书号，有定价并取得版权保护的出版物。《中国大百科全书》将图书定义为：用文字、图画或其他符号手写或印刷于纸张等形式的载体上并具有相当篇幅的文献。

图书以传播知识为目的，是人类社会实践的产物，是一种特定的不断发展的知识传播工具，是综合、积累和传递科技知识的重要信息源。

3.1.2 图书的类型和特点

图书的类型分为多种。按照用途可分为普通图书和工具书。普通图书的功能主要是提供阅读，包括专著、教科书、科普与通俗读物、文艺作品等，工具书的功能主要是提供检索，它是系统汇集某方面的资料，按特定方法加以编排，以供需要时查考用的文献，包括书目、索引、文摘、字典、词典、百科全书、年鉴、手册、类书、表谱、图录等。按照学科可分为社会科学图书和自然科学图书。按照语种可分为中文图书和外文图书。按照制作形式可分为写本书、抄本书、印本书等。按照著作方式可分为专著、编著、译书、汇编、文集等。按照装帧形式可分为蝴蝶装、包背装、线装、简装、精装等。按照出版卷帙可分为单卷书、多卷书等。按照刊行情况可分为单行本图书、丛书、抽印本图书等。按照制版印刷情况可分为刻印本、排印本、照排本、影印本等。按照版次和修订情况可分为初版书、重版书、修订本图书等。

图书主要有以下两个特征。

（1）内容系统、全面、成熟、可靠。图书中论述的问题一般比较系统，提供的知识大多比较全面，相对比较可靠。从图书中既可以获得通用性知识，又可得到某个问题、某一专题或某一学科领域全面而系统的知识，同时也是获得各种数据、事实的重要来源。

（2）出版周期较长，内容更新较慢。由于图书从立项到撰写、审校、出版、发行一般需要一个比较长的时间周期，其中需要经历一系列环节，不可能做到随时更新，所以内容更新一般比较慢。

3.1.3 图书的编号

图书一般涉及多个编号,每个编号都有特定的含义和作用,其中比较重要的有 ISBN、CIP(cataloguing in publication,图书在版编目)数据核字号、分类号、索书号、条形码等。

1. ISBN

ISBN 是专门为识别图书等文献而设计的国际编号,相当于图书的合法身份证。ISBN 的使用,有助于出版业对图书出版、发行、经销、统计等的管理,便于出版物的国际交流,同时也有利于图书馆等图书收藏单位对图书的采购、征集、编目及流通。

图书的 ISBN 一般可以在图书的版权页和封底找到。封底上的条形码,对应的数字就是 ISBN。

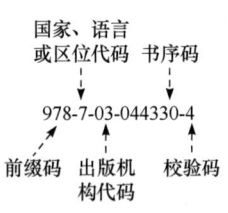

图 3-2 ISBN 示意图

如图 3-2 所示,ISBN 由 13 位数字组成,分为 5 段,每段用"-"连接。

第一段:前缀码。

2007 年 1 月 1 日起,ISBN 升级为 13 位(2007 年以前 ISBN 为 10 位数字)。若是已有的出版机构,在 10 位 ISBN 前加上一个三位数字的前缀"978",若是新成立的出版机构则加上前缀"979",以此与 EAN-UCC 系统(European Article Numbering-Uniform Code Council,图际条形码编码系统)接轨。

第二段:国家、语言或区位代码。这个代码对国家或地区进行了区分。例如,我国的代码是"7",美国的代码是"0",法国等法语国家的代码是"2",日本的代码是"4"。

第三段:出版机构代码。由隶属国家或地区的 ISBN 中心分配。例如,一本我国出版的图书,如果这本书的出版机构代码是"03",表示这是由科学出版社出版的图书。

第四段:书序码。由出版社自己给出,由 1~6 位数字构成,出版社的规模越大,出书越多,书序码就越长。

第五段:校验码。校验码由 1 位数字组成,是根据前几位数字和一定的算法计算得到,用来检验前面数字是否准确,也是辨别盗版书籍,保护知识产权的一种检验方法。

2. CIP 数据核字号

如图 3-3 所示,每本图书的版权页通常有 CIP 在版编目数据,包括书名、责任者、版本项、出版项、分类号、CIP 数据核字号等信息,用于记录包括图书识别特征的检索字段和内容主题的检索字段。

CIP 数据核字号是 CIP 主管部门赋予图书 CIP 数据的标准号码,是 CIP 数据的一个重要组成部分。CIP 数据核字号由 10 位阿拉伯数字组成(2000 年以前是 9 位数字),包括两部分:前 4 位数字为该数据被核准的年份,后 6 位数字为该数据被核准的流水记录号。从核字号的构成来看,CIP 数据核字号是以年为记录单位,与出版社申报 CIP 数据的图书一一对应。

图书在版编目（CIP）数据

信息素养与信息检索/周建芳主编. —3版. —北京：科学出版社，2021.8

国家精品在线开放课程　国家线上一流课程　国家线上线下混合式一流课程

ISBN 978-7-03-069089-0

Ⅰ. ①信… Ⅱ. ①周… Ⅲ. ①信息学－高等学校－教材 ②情报检索－高等学校－教材　Ⅳ. ①G201 ②G252.7

中国版本图书馆 CIP 数据核字（2021）第 108984 号

图 3-3　图书 CIP 数据核字号

3. 分类号

在图 3-3 所示的 CIP 数据中，有一个"G201"的编码，这个编码是这本书在中国图书馆分类法体系中的分类号，由字母和数字组成。

4. 索书号

图书馆中的图书，书脊位置通常会贴有一个标签，上面为一组编码，如"F015/7030"。这个号码称为图书的索书号，用于帮助读者快速定位并找到相应图书。索书号由两部分组成，第一部分通常为图书分类号，用于将图书按学科体系进行归类。第二部分用于区分同一分类号下的不同图书，有书次号（根据图书到馆的先后顺序编号）、著者号（如根据一定规则给作者编一个书号，便于将同一作者的图书归类）等，不同图书馆做法可能不一致。

5. 条形码

正式出版的图书在封底下方都有一个条形码，对应的其实就是 ISBN。图书馆的馆藏图书，在加工的时候一般会另外附加条形码，贴在图书的封面、扉页和书中任意一页的空白处。这是因为图书馆收藏的图书往往不止一本，而是有多本（即复本），图书封底的条形码只能区分同一种书，不能对多个副本进行区分，图书馆附加的条形码与每一本书一一对应，便于对每一本书的借阅流通进行操作。

案例 3-2　辨别图书真伪，去这个网站

我们看到的有些图书，有时候可能是非法出版物。合法出版的图书，应该有自己的 ISBN 和 CIP 数据核字号。一些非法出版物，尽管可能也有 ISBN 和 CIP 数据核字号，但可能是非法冒用或者是胡乱编造的。如何知道图书标注的 ISBN 和 CIP 数据核字号有没有问题呢？可以试试去国家版本数据中心网站（https://pdc.capub.cn）查询。

国家版本数据中心隶属于中国国家版本馆，是我国唯一的国家级出版物数据生产服务机构，具有版本管理的完整数据链，向公众提供免费的出版数据查询服务。

如图 3-4 所示,输入一本书的 ISBN、CIP 数据核字号或者书目,可以看到这本书的 CIP 数据和版权页信息。如果图书上载明的 ISBN、CIP 数据核字号在这个系统中找不到,或者找到的与图书上载明的信息不一致,这本书属于非法出版物的可能性就很大。

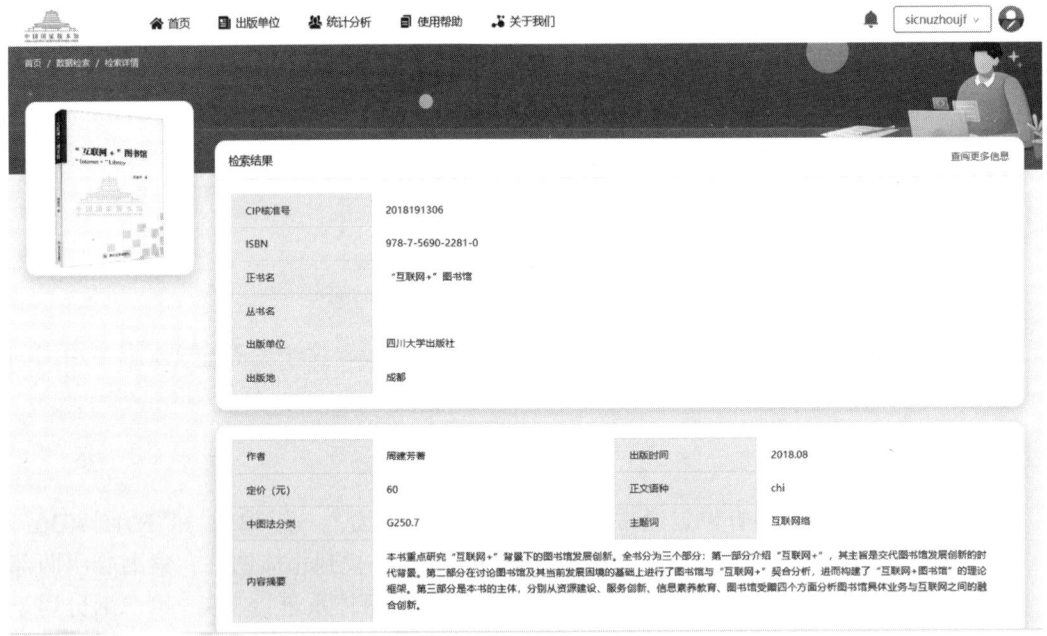

图 3-4 国家版本数据中心 CIP 数据查询结果

3.2 馆藏图书的查询与利用

图书馆是获取图书资源的一个重要渠道。哪些图书馆提供图书的阅览和借阅服务?如何知道图书馆有没有想要的图书?具体的借阅流程是什么?本节主要讨论这三个问题。

3.2.1 我国图书馆的开放现状

向社会开放是图书馆的一个重要发展趋势。一方面,公共图书馆通过各种手段逐渐加大资源开放的范围和程度,如开放更多的文献资源、延长开放的时间、扩大读者的范围、简化读者办证流程等;另一方面,部分高校图书馆也逐渐面向社会开放自己的资源和服务。

目前,我国基本建成了以国家、省、市、县四级图书馆为主体的公共图书馆体系。社会公众不仅可以利用本地区的公共图书馆,还可以跨区享受图书馆提供的各种服务。在不少公共图书馆,读者可以通过互联网免费办理读者借阅证,甚至有些公共图书馆不需要办理借阅证,仅凭身份证或者人脸识别即可享受借阅服务。

如图 3-5 所示，浙江图书馆在其读者注册指南中明确公示了具体的开放措施："凡年满 12 周岁者，可凭本人身份证、户口簿、护照、军人证、港澳居民来往内地通行证、台湾居民来往大陆通行证，外国人永久居留身份证等有效证件免费注册成为本馆读者，享有到馆阅览、使用本馆数字资源、使用无线网等服务权益。"而且有各种免押金借阅规则，如"支付宝芝麻信用积分达到 550 分及以上者，可凭身份证和芝麻信用分免押金借阅"

浙江图书馆读者注册指南

发布时间：2023-09-06　　来源：浙江图书馆　　点击量：166053　　A⁻ A⁺

1.凡年满12周岁者，可凭本人身份证、户口簿、护照、军人证、港澳居民来往内地通行证、台湾居民来往大陆通行证，外国人永久居留身份证等有效证件免费注册成为本馆读者，享有到馆阅览、使用本馆数字资源、使用无线网等服务权益。

2.支付宝芝麻信用积分达到550分及以上者，可凭身份证和芝麻信用分免押金借阅。

3.不同意授权使用芝麻信用积分、芝麻信用积分未达到规定要求者，可凭本人身份证等有效证件缴纳押金100元后，开通文献借阅服务，凭身份证借阅。

4.杭州本地居民可凭市民卡免押金借阅。

5.提供本人各级残联制发的各类残疾证、民政部门制发的城乡居民最低生活保障对象相关证明材料、年满70周岁老年人的有效身份证件者，可享受免押金借阅。

6.12周岁以下少儿读者，须持本人及监护人有效身份证件(包括身份证、户口簿、护照、港澳通行证、台胞证或有身份证号的社保卡)免费注册成为本馆读者，监护人亦可携带本人以及少儿的有效身份证明原件代为办理。

7.企事业单位可凭单位法人有效身份证件、法人证复印件、委托人有效身份证件、单位盖章的委托书，来馆缴纳押金2000元后，注册开通团体读者借阅服务。

8.密码修改。登录浙江图书馆网站（http://www.zjlib.cn）、微信服务号和支付宝生活号（名称：浙江图书馆）修改。

浙江图书馆微信服务号　　　　浙江图书馆支付宝生活号

图 3-5　浙江图书馆读者注册指南

"杭州本地居民可凭市民卡免押金借阅""提供本人各级残联制发的各类残疾证、民政部门制发的城乡居民最低生活保障对象相关证明材料、年满 70 周岁老年人的有效身份证件者,可享受免押金借阅"。

> **探究任务 3-1　使用支付宝注册浙江图书馆的读者账号**
> 　　浙江图书馆向公众提供包括图书借阅、数字资源利用在内的免费信息服务,用户不用去图书馆现场办理,只要支付宝的芝麻信用积分在 550 分及以上,即可通过支付宝免费办理。使用这个读者账号,不仅可以去浙江图书馆现场借阅,还可以免费使用浙江图书馆提供的大量资源数据库中的优质数字资源。
> 　　动手试一下!

3.2.2　馆藏信息查询

尽管很多时候读者在借书之前并没有明确的目的,边看边借。但当有明确借阅目标的时候,就需要了解图书馆的馆藏情况和具体图书的借阅状态。其实,这些信息都是可以在进图书馆之前通过互联网免费查询的。

查询图书馆的馆藏信息,早期是通过图书卡片,之后用 OPAC 系统,也就是联机公共检索目录系统。随着计算机和互联网的发展,图书馆的 OPAC 系统也经历了几个发展阶段,从早期的局域网阶段,到之后的互联网阶段,再到现在的移动互联网阶段,原来的公共联机书目查询系统已经发展为现在的图书馆综合管理平台,面向用户的馆藏书目查询只是其中的一个功能。

目前,国内外绝大多数图书馆都向公众免费提供馆藏书目查询系统,查询入口一般会放在图书馆官方网站。国内大部分图书馆还会在微信公众号、移动图书馆 APP 中提供馆藏书目信息的查询入口。不同图书馆的馆藏书目的查询入口的具体名称可能存在差异,具体名称可能是馆藏目录、书目查询、馆藏查询等。

通过查询馆藏书目,读者可以提前了解具体图书在图书馆的馆藏情况。例如,有没有要借的图书?如果有,在哪个阅览室?在哪个具体的书架?有多少本?能不能借?如果被借出去了,什么时候归还,等等。

案例 3-3　查询图书《伟大梦想与立党兴党强党》在成都市图书馆的馆藏信息

第一步,找馆藏查询系统。百度一下找到成都市图书馆官网地址,在成都市图书馆官网上,馆藏信息查询系统的入口是"本馆书目检索"。

第二步,设置查询条件。选择字段"题名",输入关键词"伟大梦想与立党兴党强党",分馆筛选中勾选"成都图书馆",然后单击"搜索"按钮。

第三步,查看图书馆藏信息。查询结果如图 3-6 所示,可以看到,该馆的馆藏中有《伟大梦想与立党兴党强党》,索书号为"D619/4290",共有两本,存放于中文图书外借室,两本书都在图书馆,没有外借。单击图 3-6 中的"书目信息",可以看到该书的编目数据。

图3-6 成都市图书馆的馆藏查询结果

案例 3-4　查询《白银资本》(贡德·弗兰克著)在美国国会图书馆的馆藏信息

第一步,把图书名称翻译为英文。在国外图书馆馆藏系统中查询图书馆藏信息,首先要把图书名称翻译为英文。尽管《白银资本》的作者来自德国,但这部书有英文版。考虑到图书翻译过程中,书名有时候并不是直译,所以我们要做的是找到这本书的英文版书名。找一部书的原版书名有多种方法,其中一种方法就是在中文版图书的封面找到其外文书名。

在百度图片搜索中输入"白银资本",找到中文版《白银资本》的图书封面,找到这部书的英文原版书名为 *ReOrient:Global Economy in the Asian Age*。

第二步,找馆藏查询系统。通过搜索引擎,查找美国国会图书馆。在图书馆首页选择馆藏查询入口"Library Catalog"。

第三步,设置查询条件。美国国会图书馆的馆藏目录查询提供一站式的查询,也可以在"SEARCH OPTIONS"中选择"Advanced Search"。直接在搜索框中输入《白银资本》的英文书名,然后按回车键。

第四步,查看图书馆藏信息。查询结果如图3-7所示:找到了这本书,可以看到图书的索书号、馆藏地等数据。

探究任务 3-2　国内外哪些图书馆有这部书?

任选一部书,选择四个图书馆(一个国内高校图书馆,一个国内公共图书馆,一个国外高校图书馆,一个国外公共图书馆)进行查询。要求这四个图书馆都收藏有这部书,列出这部书在四个图书馆的索书号和具体馆藏地。

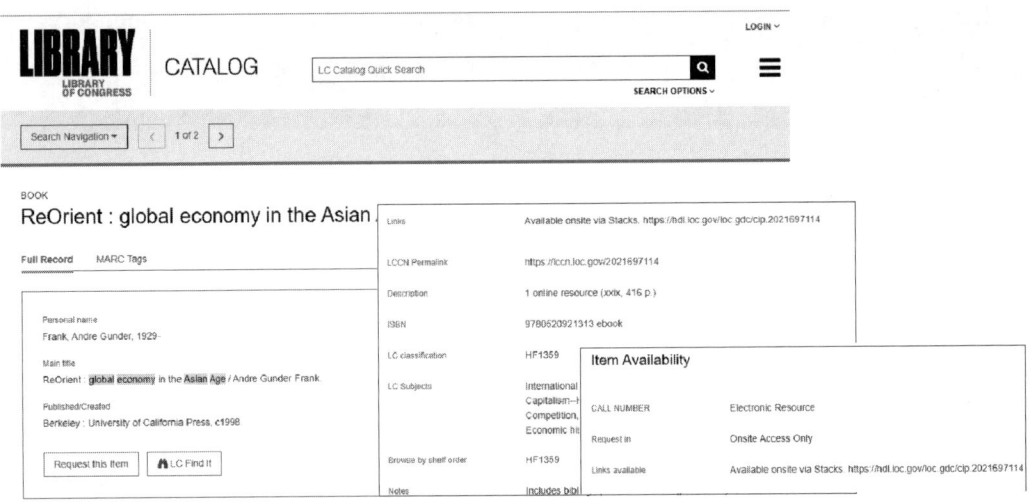

图 3-7　美国国会图书馆的馆藏信息查询

3.2.3　借阅信息查询

目前，大部分图书馆提供读者借阅信息的在线查询服务。如图 3-8 所示，读者通过互联网登录系统，不仅可以查阅包括借阅时间、归（应）还时间在内的在借信息、查阅历史信息，还可以进行在线续借、网络预约、图书荐购等在线操作。

图 3-8　借阅信息查询

探究任务 3-3　查询自己的借阅信息

用自己的借阅账号登录本校图书馆借阅查询系统，查询自己的在借信息和借阅历史信息，如果借阅图书即将到期，可以试试在线续借功能。

3.3　电子书查询

计算机和互联网的发展促使很多信息资源有了数字化的形态，传统的纸质图书数字化的结果是电子书。

3.3.1　电子书概述

电子书是经过数字化处理的图书，可以通过网络进行传播，阅读时需要借助计算机或专用的电子书阅读设备。

与传统纸质图书相比，电子书信息量丰富，便于传播，出版成本低、物理空间占用小、市场风险小。有些电子书随纸质图书同步出版，通过扫描等数字化手段也可以将之前出版的纸质图书数字化。

从形态上划分，电子书主要有以下几种类型。

（1）独立的电子书文件。这种电子书一般是特定格式的计算机文件，阅读这些电子书需要相应的阅读器。可以通过搜索引擎搜索这类电子书文件，也可以通过网盘搜索、电子书搜索等垂直搜索引擎查找。

（2）电子书数据库中的电子书。电子书数据库是一种数字资源系统，一般由商业机构创建，并以商业化的形式进行销售和运营。目前，国内图书馆使用比较多的电子书数据库有超星数字图书馆、京东读书、方正电子书资源库、Springer 电子书等。

（3）电子书应用软件中的电子书。移动互联网的普及推动了移动阅读的发展，用户安装相应 APP 后，可以在移动设备上阅读电子书。常用的阅读应用有微信读书、网易蜗牛读书、QQ 阅读等，这些阅读应用一般需要付费，但也有部分内容可以免费阅读。

（4）阅读设备中的电子书。这类设备将硬件、软件和资源集成在一起，为用户提供便捷、健康、舒适的阅读体验。比较典型的电子书阅读设备有亚马逊的 Kindle。

探究任务 3-4　哪些好用的读书类 APP 值得安装？

你的手机上安装了哪些读书类 APP？哪些读书类的 APP 比较好用？如何找到值得安装的读书类 APP？与身边的同学、朋友交流分享，网上查找别人的分享推荐，亲自安装并体验。

3.3.2　电子书格式及阅读器

电子书有多种文件格式，每一种格式的电子书，都需要使用对应的阅读器才能打开。有些电子书的格式采用了比较通用的格式，如 txt、html、pdf 等。当然也有一些专用的电子书格式，如 epub、mobi、azw3 等。

常见的电子书格式如下。

1. txt

txt 文件，也就是常见的文本格式，用记事本即可打开，支持多种主流的文本阅读器。txt 格式的电子书，格式简单，无须专用阅读器，空间占用少。但 txt 只支持纯文本，无法插入图片，格式也比较简陋。

2. html/mht/chm

一些电子书的在线版其实就是 html 网页。这些文件可以在线阅读，也可以下载到本地。如果 html 文件中有图片等内容，下载到本地后，除了有一个 html 的静态网文件，还有一个存储有图片等内容的同名文件夹。

mht 是将互联网上的 html 版电子书保存为单个文件的文件格式。在这种格式下，html 网页中的文本、图片等内容全部保存到一个文件中，方便存储与传播。

chm 是微软推出的一种帮助文件格式，全称是编译的 html 帮助文件（compiled html help file）。这种文件格式，本质上仍然是 html，只不过经过了编译，相当于内置了浏览器，双击即可打开，不需要其他的浏览器。微软旗下的各种软件、帮助文件一般都是这种格式。chm 的这种特性，实际上很适合用来做电子书，而且有一些专门的 chm 文件制作工具，如 WinCHM、easy CHM 等。

> **探究任务 3-5　做一本 chm 格式的电子书**
> 　　找攻略，下载 chm 格式电子书制作软件，学习软件的应用。选择素材，做一本自己的电子书。

3. pdf

pdf 是一种通用的文档格式，方便阅读，不宜修改，用普通的 pdf 阅读器即可阅读，很适合用来做电子书，所以互联网上有很多 pdf 版电子书，如 Springer 外文数据库中的电子书就有 pdf 版。

4. epub

epub 是一个专门的电子书格式，由国际数字出版论坛提出制定。很多电子书平台，提供 epub 格式电子书下载。阅读 epub 格式的电子书需要阅读器，目前不少手机 APP 内置 epub 阅读器。

5. mobi/azw3

这两个是亚马逊旗下电子书的格式，可以直接在 Kindle 中阅读，也有一些第三方阅读器支持这两种电子书格式。亚马逊旗下的电子书的格式比较特殊，主要有 mobi、azw、azw3 等。要想打开这些格式的电子书，需要用亚马逊自己的阅读器或者 Kindle 之类的阅读设备。

3.3.3 电子书数据库

作为可以在线使用的电子书资源库，主要有以下几个特点。

（1）藏书规模一般比较大。由于有商业机构的参与，电子书数据库一般都收录了大量电子图书，规模大，数量多，种类多样。

（2）提供多种阅读方式。当前，大多数电子书数据库提供多种阅读方式：有网页版，也有APP；有在线阅读，也有全文下载。

（3）访问需要权限。电子书数据库一般由商业机构构建并基于一定的商业模式进行运营。目前，电子书数据库主流的商业模式是把图书馆作为目标客户，图书馆购买这些电子书数据库并以一定方式授权读者后，读者可以通过互联网在计算机端或移动端免费使用，具体授权方式包括基于网络IP（internet protocol，互联网协议）的授权和基于身份的授权。

> **探究任务 3-6 本校图书馆购买的电子书数据库，你用过吗？**
>
> 去本校图书馆官网，看看购买的电子书数据库有哪些，实质性体验一下每一个电子书数据库，找一部电子书，看到这部书的第 X 页（X 为你学号的后两位数字）。
>
> 使用电子书数据库，一般有以下几个步骤。
>
> 第一步，选择电子书数据库。电子书数据库的选择，一般要重点考虑三个问题：一是自己的信息需求；二是电子书数据库的藏书情况；三是访问权限问题。基本的原则是，选择的数据库可能有自己需要的电子书，而且自己有电子书的全文获取权限。例如，找一部英文版的Excel方面的电子书，可以使用Springer电子书数据库，该数据库主要收录的是外文版电子书，超星数字图书馆、京东读书等以中文电子图书为主要收录对象的数据库就难以满足需要。另外，还要考虑本校图书馆有没有购买Springer电子书数据库。
>
> 第二步，取得授权。有些电子书数据库基于IP地址进行使用授权，只要在图书馆指定的网络IP范围内，就自动拥有相应权限。有些电子书数据库使用账号进行授权，需要先绑定账号，具体参见图书馆的使用指南。
>
> 第三步，根据需要下载软件。有些电子书数据库需要安装指定格式的电子书阅读器，有些电子书数据库需要安装APP。但现在也有不少电子书数据库不需要安装软件，可以直接用浏览器在网页内阅读全文。
>
> 第四步，设置查询条件。在电子书数据库中查找电子书，需要设置查询条件，一般都比较简单，选择"书名"之类的检索字段，输入关键词即可。
>
> 第五步，查看全文。找到结果之后，页面上一般有全文获取的链接，要么在线阅读全文，要么下载后用指定的电子书阅读器打开。

案例 3-5 用超星汇雅电子书数据库找电子书

超星汇雅电子书是比较知名的电子书数据库，由超星公司开发，可以通过电脑浏览器使用网页版。网页版提供pdf阅读、epub阅读、图像阅读等多种在线阅读方式，同时也支持全文下载。

以查找"移动互联网"相关电子书为例,使用网页版超星汇雅电子书数据库的步骤如下。

第一步,找网站。超星汇雅电子书的网址是 https://www.sslibrary.com,首页如图3-9所示。如果图书馆已经购买了这个数据库,一般会在图书馆首页或者资源列表页列出,并提供具体的链接。在指定的网络IP范围(一般是校园网)内,个人可以免费使用。

图3-9 超星汇雅电子书首页

第二步,设置检索条件。在超星汇雅电子书首页的快速检索框中输入"移动互联网",点击"搜索",结果如图3-10所示。

第三步,获取全文。如果选择"下载",需要先安装超星阅读器。如果选择"epub阅读""pdf阅读""图像阅读",不需要安装阅读器,直接点击即可在线阅读全文。

案例3-6　用京东读书专业版找电子书

京东读书专业版是一个可以看书和听书的移动阅读平台,支持多设备同时畅读。学校图书馆集中购买后,本校读者注册登录并取得授权即可免费使用。登录账号后在校内校外都可以阅读,不受IP限制。

图 3-10 超星汇雅电子书数据库检索结果

第一步，下载 APP。购买了京东读书专业版的学校图书馆，一般会在其官网中提供京东读书专业版 APP 的安装链接，根据提示操作即可。

第二步，绑定手机号。在京东读书专业版 APP 中，先选择学校，再输入借阅证账号、密码进行验证，验证成功后输入手机号码，接收并填写验证码进行绑定。

第三步，登录。用绑定的手机号和接收的验证码即可登录京东读书专业版。

第四步，查找图书。如图 3-11 所示，京东读书专业版可以分类导航，也可以直接搜索。

第五步，查看全文。单击找到的结果，即可阅读电子书全文。

下载 APP 并成功绑定手机号码后，以后使用京东读书专业版只需后面三个步骤。这个绑定的手机号码同样可以登录网页版。

案例 3-7　用 Springer 查找英文版电子书

Springer 是一个全球知名的学术出版机构，旗下的同名数据库收录了大量期刊论文、电子书等学术文献。

Springer 数据库可以免费访问和检索，其中部分文献可以免费获取全文。如果图书馆等集团用户集中购买了 Springer 数据库，在指定的网络 IP 范围内，用户可以免费获取更多全文内容。

以"查找与'教育改革'相关的电子书"为例，使用 Springer 数据库的步骤如下。

第一步，找网站。Springer 数据库的域名是 https://link.springer.com，如果学校购买了这个数据库，图书馆网站上一般会有访问链接。

图 3-11 京东读书 APP 界面

第二步，设置查询条件。在首页的搜索框中输入关键词 "education reform"，检索结果如图 3-12 所示。

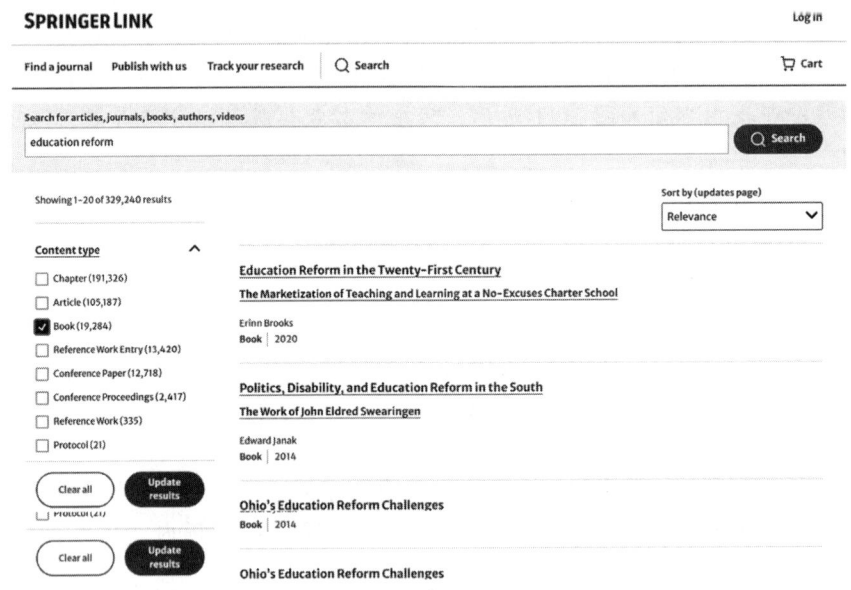

图 3-12 Springer 数据库图书查询结果页面

第三步，筛选结果。由于 Springer 数据库是一个综合类学术数据库，找到的结果除了图书，还有期刊论文等其他文献类型。单击页面左侧的筛选区 "Content type" 中的

"Book"选项，过滤掉其他文献类型，只留下图书。

第四步，下载全文。单击结果中的图书标题，可以进入图书的详情页面。如果有Springer数据库的全文访问权限，或者该电子书是OA资源，系统给出全文获取链接，一般是pdf或（和）epub格式。如果看到的是价格信息，说明没有全文免费获取权限。

3.3.4 免费的电子书资源

除了商业的电子书数据库，互联网上也有不少免费的电子书获取渠道，包括免费电子书网站、电子书搜索系统、电子书社区、阅读类APP等。通过这些渠道获取免费电子书，需要注意版权问题，因为有些电子书可能涉及知识产权问题，获取时一定要注意。

免费电子书网站有多种类型：有些是专门的电子书网站，如古登堡计划；有些是综合性的资源类网站，其中有免费电子书，如世界数字图书馆；还有一些是比较小众而且比较有特色的电子书网站，如古籍影印版网站——书格。

电子书搜索系统也是获取免费电子书的重要渠道。互联网有很多免费的电子书，找到它们的一个重要途径是搜索。能够搜索免费电子书的系统有很多，普通的搜索引擎当然可以，网盘搜索等垂直搜索引擎效率更高。当然，还有一些专搜电子书的搜索系统，更适合查找免费电子书。

视频3-1 网盘搜索：发现资源宝库

案例3-8 用HathiTrust免费获取英文版电子书

HathiTrust是一个全球知名的电子书平台，收录了大量电子书，其中大部分有全文，通过互联网向社会开放，用户可以通过互联网免费检索并获取全文。

以"查找与'数据挖掘'相关的电子书"为例，使用HathiTrust的步骤如下。

第一步，找网站。HathiTrust的域名是：https://www.hathitrust.org。

第二步，设置查询条件。在HathiTrust的搜索框中输入关键词"data mining"，然后按回车键。如果有需要，可以使用高级搜索功能。

第三步，筛选结果。由于HathiTrust收录的既有全文，也有题录。如图3-13所示，单击页面左侧筛选区"Item Viewability"中的"Full View"选项，只显示有全文的结果。

第四步，下载全文。点击结果中的"Full view"按钮，可以看到全文。

探究任务3-7 用HathiTrust数字图书馆，找 *Macroeconomics:Fluctuations, Growth and Stability*

HathiTrust数字图书馆（https://www.hathitrust.org）是美国多个高校图书馆联合创办的一个免费电子书数据库，通过互联网向全球免费提供电子书检索、浏览和下载服务。请回答以下问题。

（1）这个数据库中名为 *Macroeconomics: Fluctuations, Growth and Stability* 的图书共有多少页？

（2）这部书第 443 页（pdf 文档页码 465 页）倒数第二行第一个单词是什么？

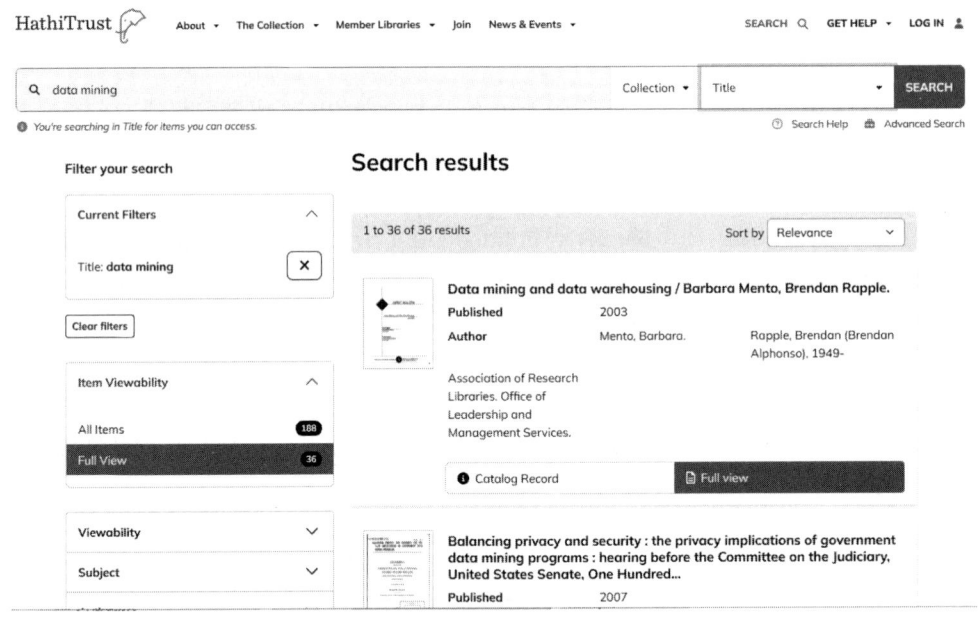

图 3-13　HathiTrust 图书查询结果页面

案例 3-9　在古登堡计划中查找免费电子书

古登堡计划是一个网站，也是一个电子书图书馆，收藏了 60 000 多册电子书。不仅提供 epub、mobi 等格式电子书文件下载，还可以在线阅读全文。古登堡计划的用户面向全球，内容以英文电子书为主。古登堡计划中的电子书，都是已经过了版权保护期的，可以免费使用而不必担心侵权。

在古登堡计划中查找罗素的《政治理想》这部书的电子版，操作步骤如下。

第一步，找网站。古登堡计划的网址是 http://www.gutenberg.org，通过搜索引擎直接搜索，很容易找到。

第二步，输入查询条件。在首页的搜索框中输入《政治理想》这部书的英文名称"Political Ideals"，按回车键后找到结果。

第三步，查看全文。如图 3-14 所示，系统提供了六个下载链接：第一个是在线阅读，也就是可以在网页上进行阅读；第二个和第三个是 epub 格式；第四个和第五个是 Kindle 格式，文件的后缀名是 mobi；最后一个是纯文本格式。

案例 3-10　用 DOAB 找免费英文电子书

DOAB（Directory of Open Access Books，开放存取书籍目录）是一个开放获取电子书搜索平台，是欧洲开放获取出版网络（Open Access Publishing in European Networks，OAPEN）、

第 3 章 图书信息资源检索

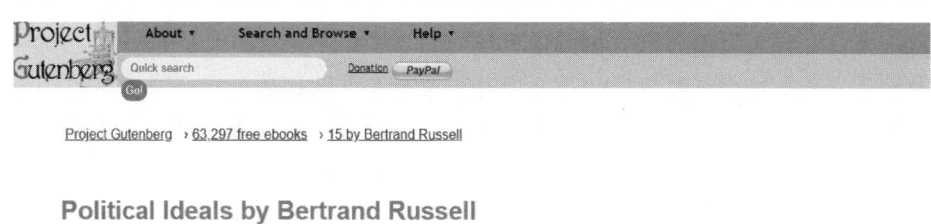

图 3-14 古登堡计划电子书查询结果

法国国家科学研究中心（Centre National de la Recherche Scientifique，CNRS）等学术机构联合推出的网络服务。这个平台整合多家开放获取图书出版商，为大量开放获取图书编制索引并提供免费搜索服务。通过这个平台，可以找到免费外文电子书，并且能够获取全文。

以查找图书 *Designing Data Spaces* 为例，使用 DOAB 检索免费外文电子书的步骤如下。

第一步，登录网站。DOAB 的网址是 https://www.doabooks.org。

第二步，设置检索条件。在 DOAB 网站首页的检索框中输入检索词 "Designing Data Spaces"，然后点击 "Search" 按钮。

第三步，获取全文。点击检索结果中的图书名称，可以进入如图 3-15 所示的图书题录页面，点击图书缩略图下方的链接即可下载 pdf 格式的全文文件。

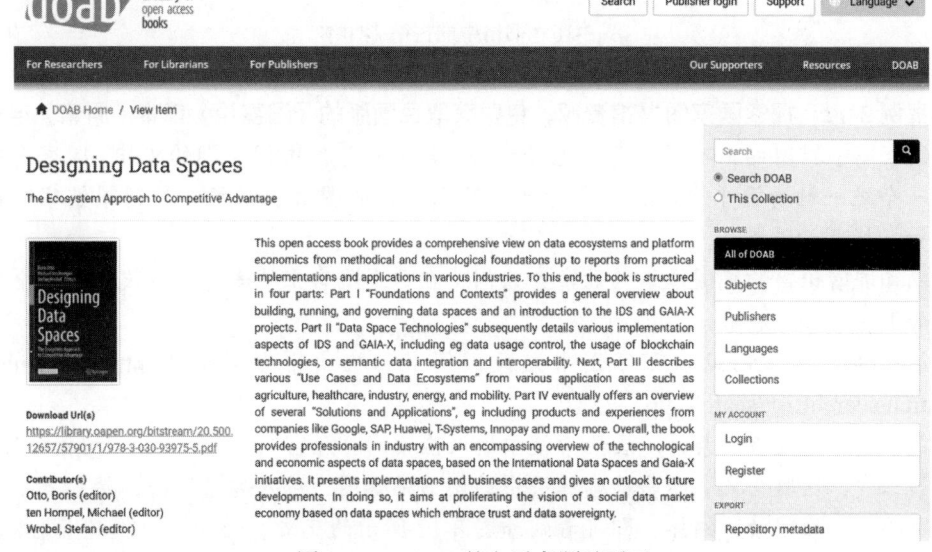

图 3-15 DOAB 的电子书题录页面

案例 3-11　找古籍影印本，可以用书格

书格是一个查找古籍影印本的小众网站，号称是有品格的数字古籍图书馆。书格收录了很多高质量的古籍善本，致力于开放式分享，资源完全免费，可以在线阅览，也可以下载 pdf 文档。站内提供一站式搜索，也可以分类浏览。

以《群芳清玩》为例，使用书格查找古籍影印本的步骤如下。

第一步，找到书格这个网站。书格的网址是 https://new.shuge.org，也可以通过搜索引擎查找。

第二步，搜索。在书格首页的搜索框中输入关键词"群芳清玩"，然后单击"搜索"按钮。

第三步，浏览、下载全文。找到的结果如图 3-16 所示。选择"阅读或参与评论"可以在线阅读，选择"直接下载"可以下载 pdf 全文。

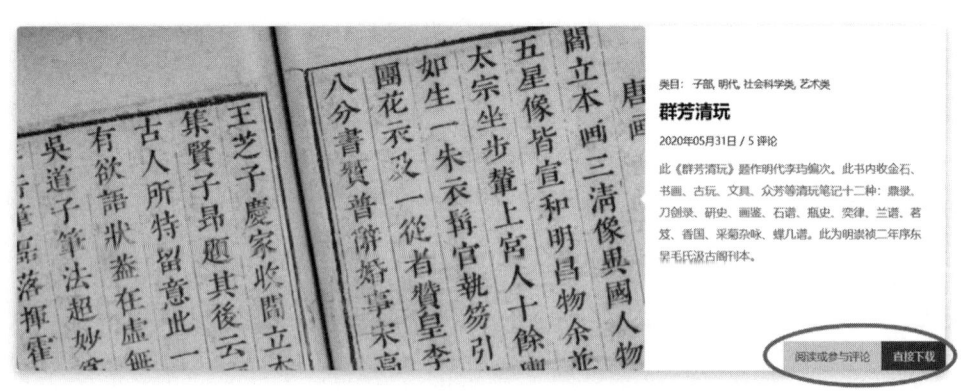

图 3-16　书格中的古籍影印本

案例 3-12　探索国家图书馆资源，免费获取民国版的《国富论》译本《原富》电子书

国家图书馆网站上有很多免费电子资源，其中就包括民国时期的文献。国家图书馆通过一个统一的资源平台向公众免费开放民国时期的图书、报纸、期刊等数字文献的检索和在线阅读服务。

以《国富论》的民国译本《原富》为例，在这个平台上检索并获取民国图书全文的步骤如下。

第一步，登录网站。国家图书馆民国图书的检索平台网址是 http://read.nlc.cn/allSearch/searchList?searchType=24。

第二步，设置检索条件。在检索框中输入检索词"原富"，然后点击"检索"按钮。

第三步，获取全文。点击检索结果中的图书缩略图，进入题录页面，然后点击题录页面中的"在线阅读"链接，即可看到如图 3-17 所示的正文。

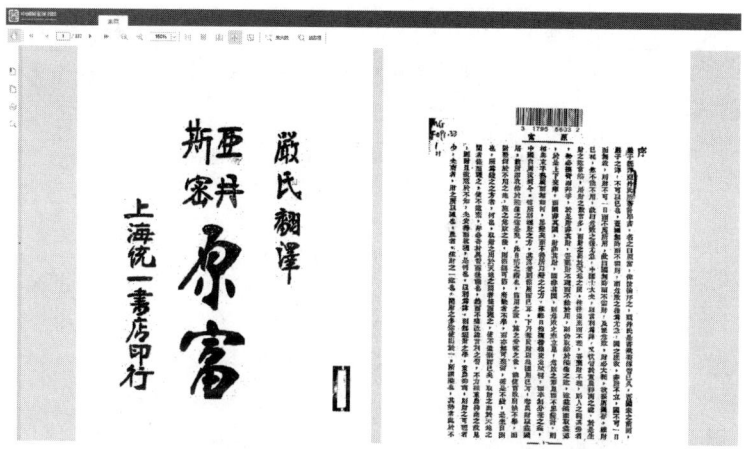

图 3-17　国家图书馆民国文献资源平台中的《原富》正文

探究任务 3-8　《习近平谈治国理政》图书电子版的免费获取

互联网上的电子书有很多,其中不少是可以免费获取的。请通过互联网,查找《习近平谈治国理政》的电子版。要求如下。

(1) 给出全文内容的地址链接。
(2) 获取手段要合法。
(3) 获取渠道要免费。
(4) 找到该书第二卷第 259 页,拍照或者截图。

案例 3-13　阅读经典

多读书,读好书,阅读是大学生的重要学习方式。获取信息,阅读经典,可以通过多种途径查找相关信息和资源。如果你的专业是经济学,或者对经济学感兴趣,可以这样查找。

视频 3-2　电子图书:多读书,读好书,不买书

1. 了解"阅读经典"

了解"阅读经典"有多种方式。

(1) 在搜索引擎中输入如图 3-18 所示的检索表达式,查找高校开展的"阅读经典"相关活动。

(2) 在 CNKI 的期刊数据中,以"篇名"为检索字段,以"阅读经典"为检索词,找到多篇有关"阅读经典"的学术文章。

(3) 在"知乎"中以"阅读经典"为关键词查找"阅读经典"相关的话题、问题和回答,了解网友对"阅读经典"的看法。

图 3-18　查找高校开展的"阅读经典"活动

2. 查找经济学专业的经典书籍

经典书籍有很多种，专业内的经典书籍是必读的。在搜索引擎、知乎、微信中以"经济学 经典书籍"为检索词，可以找到别人推荐的经济学经典书籍书单。下载几份，去除其中重复率比较高的，结合自身情况，确定自己要读的部分。

3. 了解一部书

《国富论》是经济学的经典著作，阅读之前可以通过获取信息来了解这部书。

了解一部书，可以通过网络百科，也可以通过豆瓣读书。

在网络百科中找到《国富论》的词条，可以知道这部书是西方经济学的奠基之作，英文书名为"An Inquiry into the Nature and Causes of the Wealth of Nations"，直译为《国民财富的性质和原因的研究》，通常简称为《国富论》，目前国内有多个译本。

在豆瓣读书（https://book.douban.com）中以"国富论"为检索词进行检索，可以发现《国富论》的众多译本。在每个译本的评论中可以发现读者对该译本的评价。豆瓣读书中不仅有对书籍的评价，还有网友上传的读书笔记和读书心得。

4. 通过 OPAC 系统查询《国富论》的馆藏信息

通过图书馆的 OPAC 系统在线查询一部书的馆藏情况，具体包括有无此书、有几本、馆藏地址、是否外借等信息。使用图书馆的 OPAC 系统有多种渠道，在图书馆官网、图书馆公众号、图书馆 APP 上一般可以找到相应查询入口。

在图书馆官网上找到"馆藏目录"链接，设定检索字段为"题名"，输入检索词"国富论"，在找到的结果中选择一条记录，单击索书号为"F091.33/9800.5021"的书名超链接，可以看到如图 3-19 所示的馆藏信息。

可以看出，该版本的《国富论》在图书馆共有 7 册，其中有 6 册在架可借，并且显示每一册书的馆藏地。

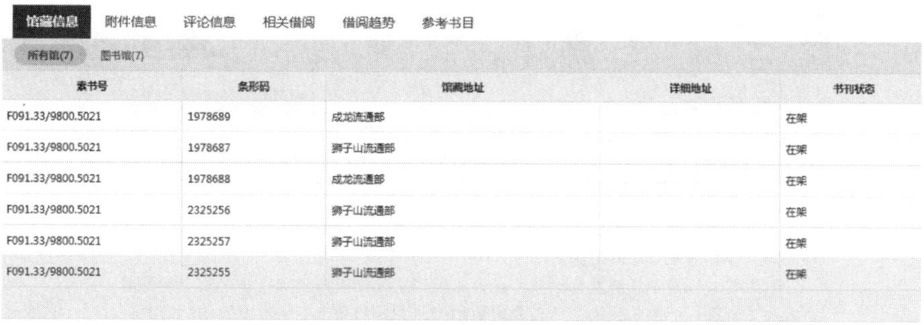

图 3-19　OPAC 的图书馆藏信息

5. 电子书数据库中在线阅读《国富论》

单击图书馆网站上的链接找到超星的电子书数据库"汇雅书世界",输入检索词"国富论",选择"书名"检索字段,确认后找到多条结果,其中包括中文版、英文影印版、英汉对照典藏版等多个版本的《国富论》。选择其中的一种,单击"网页阅读",选择双页阅读模式,可以看到如图 3-20 所示的页面。

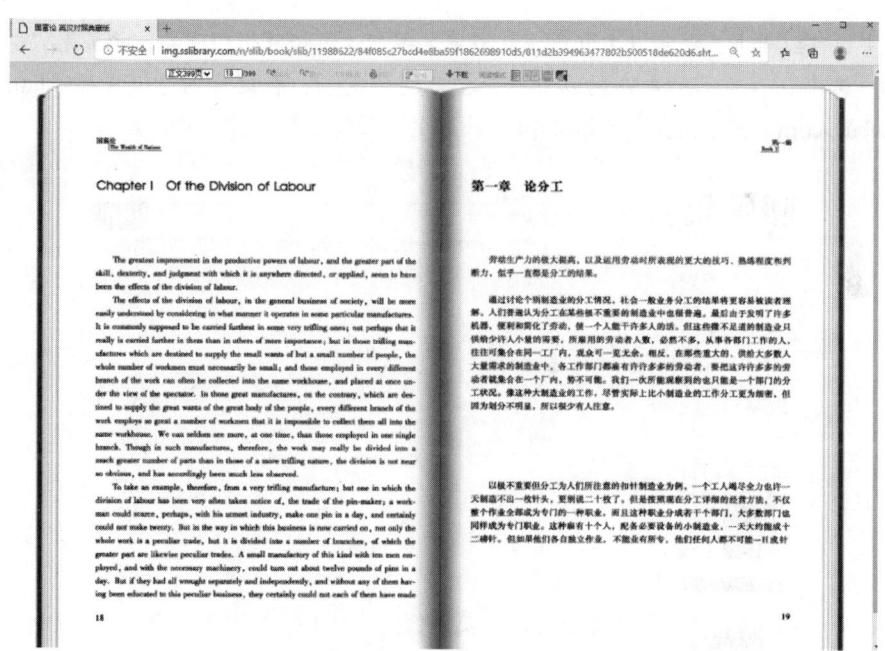

图 3-20　超星汇雅书世界中的电子书

6. 通过搜索引擎查找《国富论》免费电子书

互联网上的电子书形式多样,有的以网页形式存在,可以直接在线阅读网页版;有的以文件形式(如 txt、pdf、exe、chm、epub、mobi 等)存在,需要下载后阅读。以"国富论 下载"为检索词在百度中检索,找到多个版本的《国富论》电子书文件。下载其中的一个 exe 版,打开后的效果如图 3-21 所示。

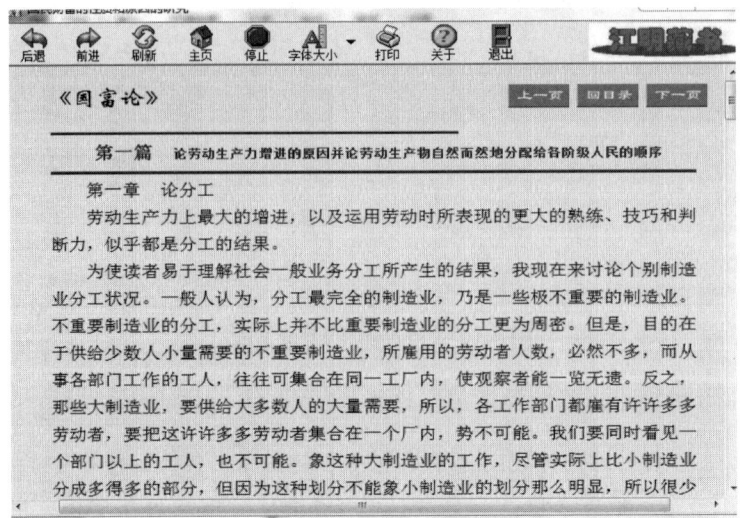

图 3-21　exe 格式的《国富论》电子书

7. 通过比价网站在线购买《国富论》

图书馆可以借书，也可以去电商网站买书。图书这种标准化的商品，购买之前建议先比价。同一部书，在不同的电商网站可能价格不同。例如，在比价网站慢慢买（http://www.manmanbuy.com）搜索商务印书馆 2014 年出版的《国富论》，结果如图 3-22 所示。

图 3-22　比价网站慢慢买的检索结果

视频 3-3　比价搜索：找到同款最低价

习　题

一、单选题

1. 在剑桥数据库中（https://www.cambridge.org/core）可以找到名为 *Intellectual Property Ordering Beyond Borders* 的电子书。该书正文第 11 页最后一个单词是（　　）。

　　A. Law　　　　B. networks　　　C. findings　　　D. Munich

2. 在 HathiTrust 网站上可以找到 1826 年出版的图书 *Letters to Lord John Russell : Upon His Notice of A Motion for A Reform in Parliament*。该书正文第 5 页的第一个单词是（　　）。

　　A. to　　　　B. title　　　　C. of　　　　D. from

3. 在古登堡计划（Project Gutenberg）上可以找到《傲慢与偏见》（简·奥斯汀著）的电子书，这部书的 Kindle 格式文件大小与下列哪个最接近（或者就是）？（　　）

　　A. 834 KB　　B. 23.7 MB　　C. 551 KB　　D. 24.2 MB

4. 在美国国会图书馆网站中可以找到图书《五经文字》全文影印图片，其中中卷有（　　）张图片。

　　A. 48　　　　B. 64　　　　C. 59　　　　D. 33

二、多选题

1. 下列电子书可以在牛津学术数据库（https://academic.oup.com/books）中免费获取全文并且属于开放获取（open access）电子书的有（　　）。

　　A. *Social Factors in the Latinization of the Roman West*

　　B. *Resonant Recoveries: French Music and Trauma Between the World Wars*

　　C. *Information Modeling: The EXPRESS Way*

　　D. *From Perception to Communication: A Theory of Types for Action and Meaning*

2. 下列电子书可以在 PubMed 中找到并且可以免费获取指定章节全文的有（　　）。

　　A. *Data Donations as Exercises of Sovereignty* 第 3 章

　　B. *Data-Driven Disease Progression Modeling* 第 17 章

　　C. *The Personal Data Is Political* 第 8 章

　　D. *Feature Selection in Microarray Data Using Entropy Information* 第 10 章

3. 在国家图书馆的网站上有一个"民国图书"的免费电子书数据库，下列图书可以在该数据库中找到并且能够免费获取全文的有（　　）。

　　A.《谈文学》（朱光潜著，1946 年）

　　B.《中国诗史》（陆侃如，冯沅君著，1935 年）

C. 《飞行原理》(柏实义著,1946 年)

D. 《童年时代》(郭沫若著,1936 年)

三、判断题

1. 在 OA 电子书搜索平台 DOAB 中可以找到名为"*Educating for Peace through Countering Violence*"的电子书,全书正文第 163 页最后一个单词是 to。(　　)

2. Springer 学术数据库不仅可以查学术论文,也可以查电子书。在这个数据库中可以找到名为"*Introduction to Digital Humanism*"的电子书,这部书的总页数为 392。(　　)

3. 商务印书馆 2022 年出版的《浮生六记》在上海图书馆的索书号为 I264.9/3190。(　　)

第 3 章配套资源

第 3 章相关图片

第 4 章 学术论文信息资源检索

案例 4-1 用学术数据库评价科研实力

获取信息，解决问题。评价科研实力，也是一样。

一位学哲学的同学准备考研，喜欢的研究方向是"科学哲学"，打算报考这个学科的研究生，想知道国内哪所高校这个学科的科研实力最强。思考一下，这个问题怎么解决？

可以从学术数据库中找答案。

如图 4-1 所示，在 CNKI 的期刊论文数据库的高级检索界面中，选择检索字段"主题"，输入检索词"科学哲学"，来源类别勾选"北大核心"，然后点击"检索"按钮，找到 2558 篇论文（截图时数据，下同）。在左侧筛选区"机构"字段下，可以看到这些论文的高产机构以及相应的发文量，山西大学高居榜首，而且远超发文量并列第二名的清华大学和南京大学。

从论文高产机构可以看出，山西大学在"科学哲学"领域的科研实力优势非常明显，如果想从事这个方面的研究，山西大学无疑是报考研究生的优先考虑对象。

图 4-1 用学术数据库评价科研实力

本章介绍学术论文的特点、作用和分类，帮助读者熟悉学术论文的各种获取渠道，学会在学习、工作和生活中利用学术论文资源解决具体的问题。

4.1 学术论文概述

学术论文是对科学领域内某些现象或问题进行有针对性的探讨和研究,并通过论述性文字和相关图表展示研究成果的理论性文章。

4.1.1 学术论文的特点

学术论文区别于其他论文,其本身所具有的特点决定了学术论文的价值。

1. 学术性

学术性是学术论文最基本的特点,作为学术研究成果的载体,学术论文是在专业、系统研究的基础上对素材进行加工写作,形成以学术问题为论题的论文。

从前提条件上看,作者必须具备一定的理论知识体系和实践基础,才有可能对实际问题进行透彻的论证分析和逻辑缜密的判断推理;从内容上看,学术论文以学术见解为核心,具有鲜明的知识系统性和专业色彩,作者运用系统的专业知识,结合科学的原理和方法探讨事物的内在联系与客观规律,以解决复杂的社会问题和科学问题;从表达方式上看,运用数据、图表和专业化术语,以精练、准确、规范的语言描述具体的学术研究过程和结果,进一步提出见解、得出结论。

2. 科学性

学术论文的文体特性决定了其具有很强的科学性。要做到科学性,第一,要保证研究态度的科学性。坚持严肃认真的科学态度、严谨规范的学术作风,尊重客观事实和发展规律。第二,要保证研究内容的科学性。客观立论,概念清晰,以充分、确凿的材料和准确的数据作为论据,通过严密的逻辑推理论证得出科学的结论,揭示客观真理。第三,要保证研究方法的科学性。以历史的、唯物的、辩证的方法进行科学研讨,学术论文应做到结构严谨、思路清晰、语言精准、表述规范,对大量的支撑材料进行归纳总结后,再运用演绎法进行深入的分析论证。

3. 理论性

学术论文的理论高度是衡量其价值的重要标志。一篇文章的理论性主要体现在它所呈现的完整程度与理论深度上。学术论文应该有自己的理论认知系统,从论点、论据、论证,再到问题的解决,始终紧密围绕一个核心论点,整个过程环环相扣,对于问题的理论认识由表及里、逐层深入,体现出对理论知识的建构与应用。

4. 创新性

学术研究的目的在于揭示事物的基本原理、内在联系和客观规律,探求客观真理,一篇学术论文的创新性体现在以下几个方面:第一,选题创新。探索人类尚未发现或解决的问题,言他人所未言;或是针对他人的观点进行讨论,提出独到的见解,确立新的理论。第二，论据创新。运用新的数据资料或实验结果进行论证。第三，研究方法创新。在吸收借鉴他人研究成果的基础上，运用新的研究手段和方法进行探索，以新的研究成果继承和发展他人的观点。第四，研究角度创新。选择一个新颖的角度对传统观点进行分析论证，以此丰富传统观点的内涵。

5. 时效性

只有通过一定规格的学术评议会的论文答辩、存档或在正式学术刊物上公开发表的学术论文才是有效的，这样完备的学术论文取得的研究成果才能被人们加以应用，作为知识宝库的一部分。就总体而言，学术研究站在科技和文化发展的前沿，对于某些问题的讨论，即使在当时方法得当、过程规范、结论正确，但是随着社会的发展，一些过时的研究成果可能会被推翻。

4.1.2 学术论文的作用

学术研究的过程和结果通过学术论文的形式展现出来，凝结了作者及其团队的智慧，其价值在于将科研理论和研究成果合理应用于生产生活，以推动科技发展、促进人类社会文明的进步。

（1）科学研究的手段。完整的论文写作过程也是科学研究的过程，它不是整个过程的机械反映，而是科学研究的整理和深化。作者既要以精简的方式揭示事物的本质，又要让读者尽可能据此理解其所要表达的意思，并做出正确的判断。学术论文是衡量科研工作者及其团队学术水平的主要标志，是一个国家或地区综合实力的重要表现。

（2）学界交流的工具。从社会发展的角度来看，以学术论文的方式记录科研成果便于人类知识积累和学术交流。学术交流是同行学者间的交流与相互启迪，也是向社会各界展示科研成果的重要平台，在这个过程中，不仅可以了解到某一专业领域的发展轨迹和前沿动向，为科研成果转化为社会产品提供有效途径，同时，也可以营造一个良性的人才竞争氛围。

（3）人才培养的途径。在一定程度上，通过学术论文可以看出一个人的知识积累与思维能力。一篇完整的学术论文对作者的综合能力有着较高的要求，要有敏锐的洞察力才有可能发现问题，积累一定的专业知识和创新力才能够科学地确定选题，而论据收集与整理完善也离不开作者的计划与执行力，严密的分析论证过程更需要作者的逻辑思维能力和解决问题的能力。通过学术论文的写作，作者需要不断积累知识，不断更新完善，不断寻找新的突破口，不断刷新自己的学术高度，进而不断提高综合能力。同时，学术论文还是对作者进行学业考核、学术评价、职称评定的重要依据。

（4）学术论文还是一些国家、地区和组织制定重要决策的依据及行动指南，是人们解放思想、传播文化的动力源泉，是科技进步与社会发展的助推器。

4.1.3 学术论文的分类

按照写作目的和社会功能不同，期刊论文、学位论文和会议论文是学术论文的三种主要类型。

1. 期刊论文

在各种学术期刊上发表的学术论文称为期刊论文。

期刊，也称杂志，属于连续出版物。期刊一般有固定名称，有统一的版式，有一定的出版规律，有连续的出版时间、卷号、期号，每期由多个作者的多篇文献组成。学术期刊的内容聚焦学术领域，专业性学术期刊一般收录某一具体领域的学术论文。

国际标准连续出版物号（International Standard Serial Number，ISSN）是全球期刊的统一编号，由一组冠有 ISSN 代号的 8 位数字组成，中间用"-"连接。国内正式出版的期刊有国内统一刊号，格式为"CN 两位数字-四位数字/中图分类号"。

探究任务 4-1　查国内统一刊号，判断期刊真伪

论文投稿，要认准期刊，不要掉到假期刊的坑里。判断期刊的真伪，可以查国内统一刊号。查国内统一刊号，去国家新闻出版署官网。在这个网站上，可以查询期刊的注册信息，其中就包括国内统一刊号。

动手查一下，期刊《经济研究》的国内统一刊号。

获取期刊论文的途径主要有三种：纸质期刊、电子期刊和期刊论文数据库。

大部分期刊会以印刷版的形式出版，用户可以订购阅读。图书馆一般会购买大量纸质期刊，最近的期刊一般会放在期刊阅览区供用户使用，早前的期刊一般会定期装订成合订本集中收藏，俗称过刊。

部分期刊在出版印刷版的同时会同步出版数字版的电子期刊，并通过互联网向用户提供阅览服务。有些电子期刊阅览需要付费，而另外一些电子期刊向用户提供免费的阅览和下载服务。大部分电子期刊，可以在官网上找到在线阅览的链接。

视频 4-1　期刊论文：同样的论文，不同的获取渠道

案例 4-2　找期刊论文，可以试试期刊官网

有些期刊会在官网上免费提供期刊论文的全文，《图书情报工作》是其中之一。找《图书情报工作》2023 年第 24 期的论文，具体步骤如下。

第一步，找到《图书情报工作》官网。在搜索引擎中搜索"图书情报工作"，很容易找到官网。

第二步，在过刊中找到对应卷期。单击首页中的"过刊浏览"链接进入过刊列表，选择 2023 年第 24 期，进入如图 4-2 所示的页面。

第三步，下载 pdf 全文。在图 4-2 所示的期刊论文目录页面中，可以看到这一期论文的标题、作者、DOI（digital object identifier，数字对象唯一标识符）、卷号、期号，而且有 pdf 全文的下载链接。单击即可把 pdf 全文下载到本地。

图 4-2 《图书情报工作》的过刊全文下载页面

探究任务 4-2　查找《数据分析与知识发现》2024 年第 5 期

《数据分析与知识发现》是知名的学术期刊，论文电子版可以通过其官网免费获取。请在官网上找到该期刊 2024 年第 5 期的论文下载页面，并分享网址。

2. 学位论文

学位论文是高等院校或科研机构的学生为申请学位而提交的学术论文，是考核申请者能否被授予相应学位的重要评审依据。根据教育层次不同，可分为学士论文、硕士论文和博士论文三个级别。

学位论文一般不公开出版，图书馆通常会收藏硕士和博士的学位论文。我国的博士论文需呈交国家图书馆保存，所以我国博士论文的纸质版一般可以在国家图书馆找到。也有专门收录学位论文的数据库。

视频 4-2　学位论文：这些免费渠道，你知道吗？

探究任务 4-3　查询"吕秀才"的博士论文在国家图书馆的馆藏信息

武林外传中扮演吕秀才的演员喻恩泰，其实是中央戏剧学院的博士。国家图书馆应该收藏有他的博士论文印刷版。请在国家图书馆官网上探索一下，选择合适的查询系统，找到该论文的馆藏信息。

3. 会议论文

会议论文是指在各类学术会议上提交、宣读、交流和评议的论文。会议论文是会议文献的主要内容，狭义的会议文献指的就是会议论文，广义的会议文献除了会议论文，还包括与会议有关的通知、报告、纪要等各种文献。

部分学术会议会出版纸质版的会议论文集，这些论文集是我们获取会议论文的重要途径。大多数会议有官方网站，相关的会议论文有时候会通过这些网站发布，所以会议的官网也是我们获取会议论文的一个途径。另外，还可以通过会议论文数据库获取会议论文。

视频 4-3　会议论文：学术研究的重要参考

4.2　学术论文数据库

获取学术论文有多种途径，学术论文数据库是其中比较重要的一个。与计算机专业中"数据库"的概念不同，学术论文数据库是一个存储学术信息资源的计算机系统。早期的学术论文数据库有光盘版、局域网版、镜像版，现在大多数学术论文数据库是可以通过互联网访问的网站。

4.2.1　学术论文数据库概述

1. 学术论文数据库的含义

学术论文数据库指的是存储学术论文的信息资源系统。在这些系统中，大量期刊论文、会议论文、学位论文等学术类信息资源经过数字化处理、标引、存储，并提供检索、分析、阅览、下载等个性化服务。

2. 学术论文数据库的特点

学术论文数据库具有以下几个特点。

（1）文献规模较大。收录文献的规模是衡量学术论文数据库优劣的一个重要指标，所以各大学术论文数据库都力求收录尽可能多的学术文献。例如，CNKI 基本上收齐了全部中文学术期刊的全文，维普虽然没有把中文学术期刊的全文收齐，但中文期刊的题录数据在上面基本上都能查到，Web of Science 不仅收录了 SCI 的全部题录数据，还收录了很多其他学术资源。

（2）更新及时。学术论文数据库一般密切关注收录范围内信息源的内容变动并及时更新，有些学术论文数据库的文献更新甚至早于纸质文献的出版。例如，在 CNKI 的检索结果中经常看到带有"网络首发""录用定稿"标志的论文，其实就是早于印刷版的文献。

（3）便于检索。现在大多数学术论文数据库都提供丰富且人性化的检索功能。既有简洁易用的一站式检索，又有功能强大的高级检索；既有图形化的检索界面，又支持用表达式实现检索意图的专业检索；既提供各种各样的检索字段，又支持布尔检索、截词检索、精确匹配等检索技术。

（4）提供分析管理功能。对检索结果的分析和管理是学术论文数据库的重要功能，现在越来越多的学术论文数据库提供排序、分组、题录导出、在线阅览、全文下载、检索报告生成、发文量统计、共现分析、聚类分析等各种分析管理功能。

3. 学术论文数据库的种类

学术论文数据库依照不同的标准可以划分为不同的类型。

依据文献类型不同，学术论文数据库可以分为期刊论文数据库、学位论文数据库和会议论文数据库。现在有些数据库属于综合类学术数据库，如 CNKI、万方等，收录的文献除了期刊论文、学位论文、会议论文等学术论文资源，还包括其他一些学术类信息资源。

依据文献的语种不同，学术论文数据库可以分为中文数据库和外文数据库。常见的中文数据库包括 CNKI、维普、万方等；常见的外文数据库包括 Web of Science、Springer、PQDT、ScienceDirect、EBSCO 等。

依据是否收录论文全文，学术论文数据库可以分为全文数据库和题录数据库。有些数据库提供全文阅览和下载服务，如 CNKI、维普、万方等；有些只能提供题录数据和全文链接，如 Web of Science、SCOPUS 等。有些数据库，尽管可以查到很多题录，但只提供部分全文，可能的原因如下：一是该数据库本来就没有把全文收录完整；二是用户只购买了部分文献的全文。

依据是否收费，学术论文数据库可以分为商业数据库和免费数据库。在商业数据库中，有些是完全收费的，有些属于半收费性质。例如，CNKI、维普、万方等数据库，检索功能是完全免费的，获取全文才需要付费；IEEE Xplore、Wiley 等数据库，不仅检索免费，其中的部分论文（open access 等）的全文也免费，只是要获取其他论文的全文需要付费。还有一部分数据库是完全免费的，如预印本系统。

视频 4-4　预印本：几个常用的预印本平台

案例 4-3　了解预印本系统，认识 arXiv

学术论文讲究时效性，而传统的论文出版模式从投稿到发表需要比较长的评审周期。预印本系统无须同行评议，发表速度极快。为了抢先公布自己的研究发现，一些学者会先把文章投稿到预印本系统中。被预印本系统收录的论文，用户可以免费查询与下载，所以预印本系统也是一个免费的学术论文数据库。预印本系统中的学术论文，由于没有经过严格的同行评议，质量可能参差不齐，但由于发表速度快，一般可以体现具体领域最新的研究进展。国内外有不少预印本系统，如 arXiv、bioRxiv、medRxiv、ChemRxiv、SocArXiv、ChinaXiv、中国科技论文在线等，其中影响力比较大的是 arXiv。

arXiv 最初是个人网站，后来被康奈尔大学接管，就成了现在的 arXiv，网站域名为 https://arxiv.org。OA 的兴起，给 arXiv 的发展带来了新的契机，arXiv 的免费分享正好契合了 OA 的开放理念。目前，arXiv 涵盖物理、数学、计算机科学、定量生物学、定量金融、统计学、电气工程与系统科学、经济学等诸多学科。

使用 arXiv 检索文献，有三种方式，既可以在全部文献中检索，也可以指定学科大类，还可以选择学科大类下的具体子学科浏览查询。

如图 4-3 所示，在 arXiv 的检索结果页面中，可以看到每条结果的题目、作者、最近的修改提交时间、最初的发布时间、文献分类码、pdf 全文下载链接等信息。

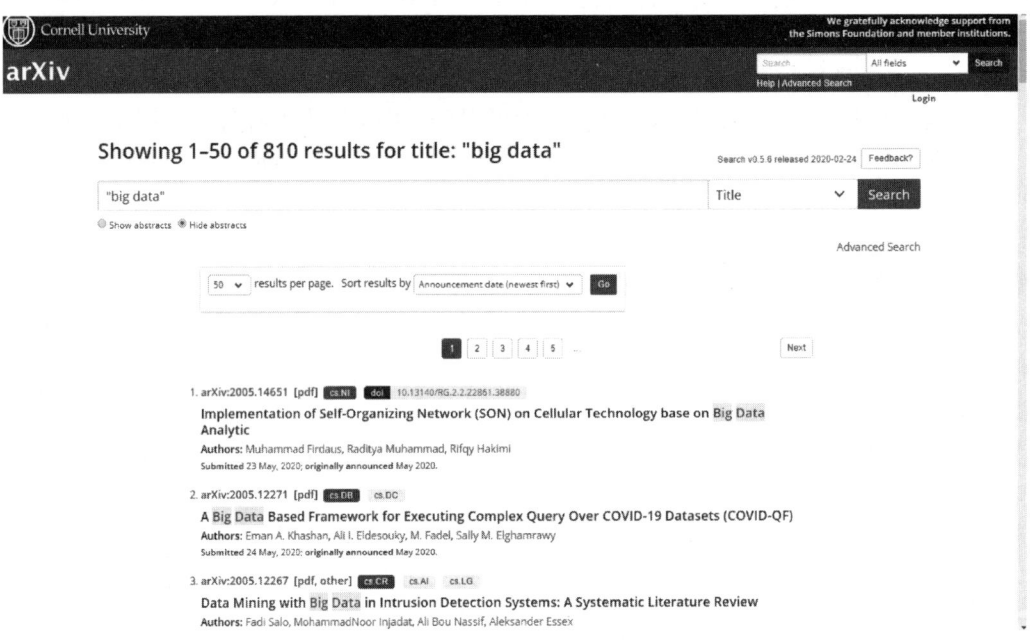

图 4-3　arXiv 检索结果页面

4. 学术论文数据库的访问权限

对于免费数据库以及商业数据库的免费功能，访问基本上没有什么限制，只要能访问互联网即可使用。需要考虑访问权限问题的主要是商业数据库的收费功能。

商业数据库的收费方式主要有两种：一种是直接向个人收费，另一种是向集团用户收费。以 CNKI 为例，用户可以购买 CNKI 的充值卡进行付费下载，不过更多的情形是图书馆集中采购 CNKI 的访问权限，符合条件的图书馆用户可以免费使用图书馆购买的数字资源。

图书馆集中购买后，向用户授权的方式主要有四种：一是指定网络 IP 地址范围，在这个范围（一般是校园网）内，用户可以免费使用；二是身份认证，用学号等信息认证后，通过手机 APP 即可免费使用图书馆购买的资源；三是馆外授权，通过学号绑定的手机 APP 把访问权限授权给校外的个人计算机；四是 VPN（virtual private network，虚拟专用网络），用户在校外登录 VPN 后即可使用。

案例 4-4　搞定馆外授权，校外也能用维普下论文

使用维普，需要权限，否则只能检索不能下载。如果学校图书馆买了维普，校内用没问题，校外使用就有限制。利用馆外授权，可以让你在校外也能随心所欲地使用维普免费下载论文。具体步骤如下。

第一步，下载安装维普 APP。维普首页有下载链接，下载安装即可。

第二步，注册登录。安装维普 APP 后可以注册，也可以直接用手机验证码快速登录。

第三步，馆外授权。如果学校购买了维普数据库，用学校的 WiFi 联网，账号就会自动完成馆外授权。也可以在有权限的校园网内，用手机上安装的维普 APP 扫描计算机上维普中文期刊服务平台首页的馆外授权二维码。授权成功后，维普 APP 上就会绑定你的学校，以后无论是在校内还是校外，都可以在手机上免费下载维普中的论文了。

第四步，授权校外个人计算机登录。有了手机上的馆外授权，还可以把这个授权转移到校外的个人计算机上。在校外计算机上用浏览器进入维普中文期刊服务平台首页，单击登录，然后选择扫码登录。用手机上的经过授权的维普 APP 扫码即可完成这台计算机的馆外授权，操作之后，用这台计算机也可以免费下载维普中的论文全文了。

4.2.2　常用的中文学术论文数据库

CNKI、万方、维普是三个比较常用的中文学术数据库，其中维普是期刊论文数据库，CNKI 和万方属于综合性学术数据库，其中包括期刊论文数据库、学位论文数据库和会议论文数据库。

1. CNKI

CNKI 最早由清华大学和清华同方于 1999 年发起，经过多年的发展，现在已经成为一个综合类的学术数据库，收录的文献涵盖期刊论文、学位论文、会议论文、专利文献、标准文献、科技成果、电子报纸、统计年鉴、工具书等诸多类型。尽管是一个商业数据库，但 CNKI 的检索是完全开放的，通过互联网登录 CNKI 的网站即可免费检索。CNKI 的访问地址是 https://www.cnki.net。

在 CNKI 中，既可以用好学易用的一框式检索，也可以用高级检索、专业检索、作者发文检索、句子检索、知识元检索、引文检索等功能强大的检索方式。

CNKI 的期刊论文和会议论文，既可以在线阅览，也可以下载全文，全文的文件格式有两种，分别是 pdf 和 caj。CNKI 的学位论文没有提供 pdf 格式全文，下载的文件需要用 CNKI 的 caj 阅读器打开。

案例 4-5　在 CNKI 中查找沈建峰指导的学位论文

第一步，找到 CNKI 学位论文数据库。尽管 CNKI 首页提供一框式检索，但这个地方是综合检索入口，查找某一导师指导的学位论文，还是要单击检索框下面的"博硕"按钮，进入 CNKI 的学位论文数据库。

第二步，设置检索条件。查找沈建峰指导的学位论文，沈建峰在学位论文中的位置是导师，所以检索字段选择"导师"，检索词输入"沈建峰"。按回车键后可以找到 CNKI 收录的沈建峰指导的学位论文。这个地方显示的结果，可能不是沈建峰指导的学位论文的全部，因为 CNKI 可能没有收录完整。另外，结果中的沈建峰，也可能不是一个人，因为有重名问题，如果需要，可以根据单位等信息进行进一步判断。

第三步，查看结果详情。单击其中一篇论文的标题，进入如图 4-4 所示的详情页面。在这个页面中，可以看到这篇学位论文的题录信息。

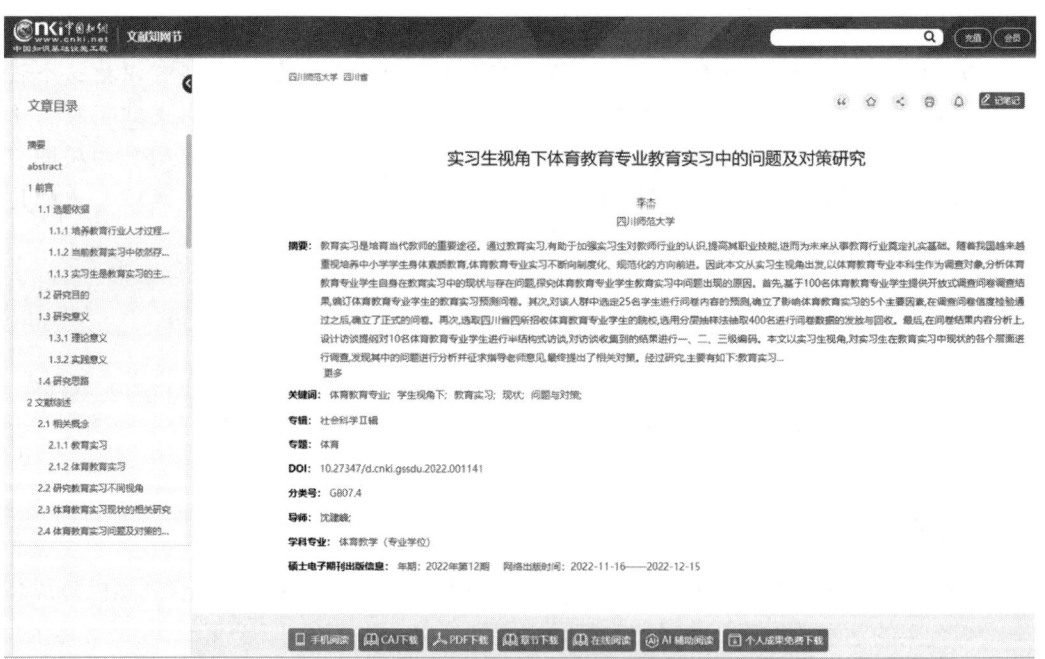

图 4-4　CNKI 学位论文详情页面

第四步，获取全文。如图 4-4 所示，CNKI 的学位论文详情页面中提供手机阅读、整本下载、分页下载、分章下载、在线阅读等多种全文获取方式。需要提醒的是，下载后的学位论文文件需要用 CNKI 的 caj 阅读器打开。

探究任务 4-4　查找一篇会议论文，了解 CNKI 的会议论文数据库

用 CNKI 会议论文数据库的高级检索查找会议论文，要求：①篇名中含有"互联网+"；②会议级别为"全国"；③报告级别为"大会报告"。

请问：①找到了几篇会议论文？②这些论文提供的全文下载文件是什么格式的？

案例 4-6　一图了解 CNKI 的高级检索

在 CNKI 的高级检索页面中做出如图 4-5 所示的设置，请问检索意图是什么？

图 4-5　CNKI 的高级检索页面

要了解检索意图，需要注意图中用数字标识的地方。

位置 1：列出了学术期刊、学位论文、会议、报纸、年鉴、图书、专利、标准、成果多种文献类型，表示 CNKI 收录了这些类型的学术文献资源。目前的选项是学术期刊，说明要找的是期刊论文。

位置 2：列出了高级检索、专业检索、作者发文检索、句子检索等检索方式。目前选定的是高级检索，这说明现在这个界面是 CNKI 期刊论文数据库的高级检索界面。

位置 3：列出了篇名、作者单位、期刊名称三个检索字段。CNKI 根据文献的类型提供了多个检索字段，可以根据需要选择。如果检索条件涉及更多的检索字段，可以单击最后一个检索框后面的加号增加一行。

位置 4：是输入的检索词。检索词对应前面的检索字段。需要注意的是，输入的检索词不仅可以是单个检索词，还可以是用运算符连接的检索表达式。CNKI 用加号、星号、减号和括号进行同一检索字段下多个检索词的组合运算，其中加号、星号、减号分别表示"或""与""非"三种布尔逻辑关系。检索词后面的"精确"和"模糊"表示检索词的匹配方式，不同检索字段下"精确"和"模糊"的含义是有区别的。例如，在作者单位、期刊名称检索字段下，"精确"指的是完全一致，"模糊"指的是包含关系；而在"篇名"检索字段下，"精确"指的是不能拆分检索词，实际上是包含关系，"模糊"也是包含关系，但检索词是可以拆分的。

位置 5：不同检索字段之间的布尔逻辑连接关系，用"AND""OR""NOT"表示"与""或""非"三种布尔逻辑关系。

位置 6：限制结果文献的时间范围。

位置 7：限制期刊论文的来源类别。在 CNKI 中，只有期刊论文数据库才有这个选项。

图 4-5 所示的检索设置，其意图是：用 CNKI 的高级检索功能查找 2000~2020 年出版的题目中包含"共享经济"或者"分享经济"并且包含"互联网"、至少有一个作者来自大学并且不能是《图书馆杂志》期刊上的北大核心或者 CSSCI 期刊论文。

> **探究任务 4-5** 最近 10 年，学院哪位老师发表的北大核心论文最多？
>
> 通过 CNKI 的高级检索，查找最近 10 年本学院发表的北大核心论文，在检索结果页面左侧的筛选区中"作者"字段下查看排名靠前的作者及论文数量。

案例 4-7　CNKI 的专业检索

CNKI 的专业检索可以满足复杂的检索需求。如图 4-6 所示，在 CNKI 期刊论文数据库的专业检索中输入这样一个复杂的检索表达式，能找到什么呢？里面的每一个符号又是什么意思呢？

图 4-6　CNKI 的专业检索

TI='生态 $ 2' AND LY% '环境' AND（AU %（'陈'+'王'）* '刘'）NOT（TI='文明' OR KY='文明'）

在这个检索表达式中，有等号、加号、星号、百分号、括号、单引号，有英文单词"AND""OR""NOT"（说明：在 CNKI 的专业检索中，这三个运算符不区分大小写），有英文符号"TI""LY""AU""KY"，还有一些数字、汉字和中文词语，比较复杂。

其实检索意图是这样的：①篇名中必须含有"生态"但不能出现"文明"，而且"生态"必须出现至少两次；②期刊名称中必须含有"环境"这两个字；③作者中必须出现"刘"，"陈"和"王"至少出现一个；④关键词中不能出现"文明"。

这么苛刻的检索条件，竟然能够找到几十条结果。

这些文章的标题中都有两个"生态"，没看到"文明"，期刊名称中都有"环境"，都有刘姓作者，王姓和陈姓作者至少有一个，完全符合要求。

检索需求很苛刻，检索表达式很复杂，检索结果很完美。

检索表达式中的两个"AND"、一个"NOT"、一个"OR"是布尔逻辑运算符，分别表示"与""非""或"关系。

"TI""LY""AU"是检索字段，在 CNKI 中称为检索字段，分别表示篇名、期刊名称、作者。

第一组条件，TI='生态 $ 2'，表示篇名中必须出现"生态"这个词，而且至少出现两次，货币符号控制检索词出现的频率——至少两次。

第二组条件，LY % '环境'，表示期刊名称中必须含有"环境"这个词，百分号表示"包含"。

第三组条件，（AU %（'陈'+'王'）*'刘'），表示作者中必须含有"刘"，"陈""王"至少出现一个。加号表示"或"关系，星号表示"与"关系，括号控制运算顺序。

第四组条件，（TI='文明' OR KY='文明'），表示篇名或者关键词中含有"文明"，但前面的连接符是"NOT"，所以意思就变成了篇名和关键词中都不能含有"文明"这个词。

CNKI 专业检索中的各种符号还有很多，检索框右边有简要说明。如果想了解更多更详细的语法规则，可以单击图 4-6 右上角的两个大于号图标。

需要说明的是，用表达式进行检索流行于 20 世纪 80 年代末 90 年代初，随着计算机图形化界面逐渐完善，以及互联网的普及，很多功能被图形化的界面替代，用得越来越少。

探究任务 4-6　动手探索，思考检索意图

在 CNKI 的专业检索中，文献类型选择"学术期刊"，输入这样的检索表达式：
TI=（'经济发展'+'可持续发展'）*'转变'-'泡沫' AND AF%'北京大学'
请回答以下问题
(1) 能找到多少篇论文？
(2) 检索意图是什么？

2. 万方

与 CNKI 类似，万方也是一个重要的学术数据库品牌，旗下有多个学术数据库。收录的文献以中文文献为主，包括期刊论文、学位论文、会议论文、专利、科技报告、成果、标准、法规、地方志等，网址是 https://www.wanfangdata.com.cn，首页如图 4-7 所示。

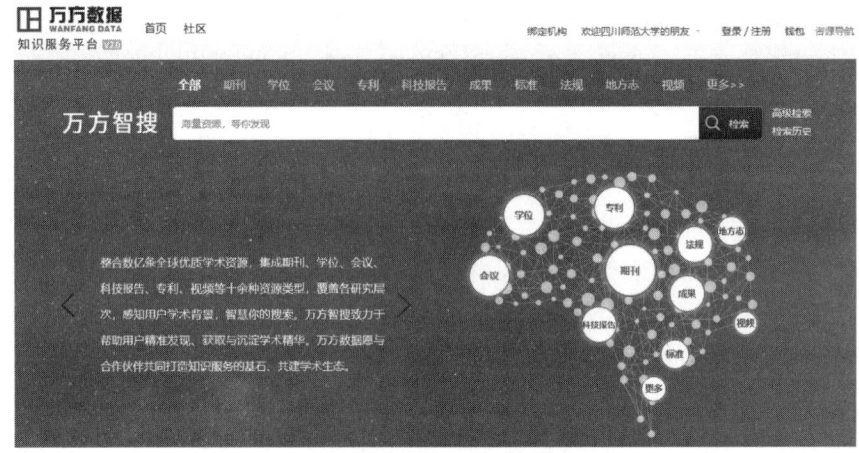

图 4-7　万方数据知识服务平台

万方数据知识服务平台提供一框式检索、高级检索、专业检索、作者发文检索等多种检索方式，检索功能完全开放，获取全文需要购买相应权限。购买后，在学术论文检索结果中可以下载 pdf 全文。

案例 4-8　用万方数据库，找会议论文

找会议论文，可以用万方数据库。

如果要找"2019 中国医学装备大会"、题目中含有"医疗设备"的论文。可以这样操作。

第一步，找到万方会议论文数据库。搜索一下，找到万方数据知识服务平台的首页，在首页上找到链接，进入会议论文数据库。

第二步，进入高级检索页面。因为检索需求涉及两个条件，一框式检索难以满足，所以单击检索框右边的"高级检索"。

第三步，设置检索条件。如图 4-8 所示，在高级检索页面，先在第一行选择检索字段"题名"，输入检索词"医疗设备"，然后在第二行中选择检索字段"会议名称"，输入检索词"2019 中国医学装备大会"，两行中间选择布尔逻辑连接符"与"，表示两个条件都必须满足。

第四步，下载全文。如果有全文下载权限，检索结果中会有在线阅读和 pdf 下载链接。如果没有全文下载权限，可以看到检索结果的题录信息。

探究任务 4-7　找学位论文，对比 CNKI 和万方

任选一个高校，分别在 CNKI 和万方中查找该校的学位论文，对比找到的结果，思考背后的原因。

图 4-8 万方会议论文数据库高级检索页面

3. 维普

作为重庆维普资讯有限公司的学术数据库品牌，维普旗下有多个学术数据库产品，维普的资源平台整合了期刊论文、学位论文、会议论文、专利等多种文献类型，并基于这些文献信息资源提供深度挖掘、数据分析、文献计量等信息服务。

维普旗下有多个检索平台，如中文期刊服务平台、综合检索平台等。维普的综合检索平台如图 4-9 所示。这里不仅提供文献的快速检索入口，还有旗下各种产品和服务的链接，如主题知识脉络、机构知识脉络、人物知识脉络、论文查重、科技查新等。

图 4-9 维普网首页

维普提供快速检索、高级检索等多种检索途径。使用维普检索论文是完全免费的，下载全文需要权限。

探究任务 4-8 用维普，找期刊论文

使用维普的高级检索功能，查找 2010 年之后发表的、题目中包含"信息素养"的 CSSCI 论文。

提醒：①维普的高级检索有多个入口；②维普的检索功能是完全免费的。

案例 4-9 巧用同义词扩展，提升查全率

维普有同义词扩展功能，使用这个功能可以提升查全率。例如，"特殊教育"方面的论文，该如何设置检索条件呢？

因为特殊教育的相关概念比较多，仅仅用"特殊教育"这个检索词，可能查不全。在维普中，可以用同义词扩展功能，提升查全率。

如图 4-10 所示，在维普中文期刊服务平台的高级检索页面，选择检索字段"题名"，输入检索词"特殊教育"，然后单击"同义词扩展"按钮，系统会在弹出的同义词扩展窗口中给出"特殊教育"这个关键词的五个同义词，其中的三个中文词是"特教""特种教育""残疾人教育"。可以根据需要进行勾选。如果还有其他的，可以通过自定义添加。按照默认设置，勾选全部同义词，确认后，"特殊教育"和其他五个同义词都出现在了检索框中，并且中间用了加号连接。这里的加号是"或"的意思，题目中只要出现其中的一个，就是符合检索要求的结果。

图 4-10 维普的同义词扩展功能示例

同一个意思，有不同的表达，自己如果找不全，可以用"同义词扩展"这个功能，这个功能能够帮助我们找到指定检索词的同义词，提升查全率。

同义词扩展，维普有这个功能，CNKI 也可以，建议你去试试。

4.2.3 常用的外文学术论文数据库

外文学术论文数据库有很多种，如 Web of Science、ScienceDirect、ProQuest 等。

1. Web of Science

Web of Science 是全球知名学术出版机构科睿唯安（Clarivate Analytics）旗下的学术资源平台，收录了大量学术信息，并提供各种文献工具和分析服务。作为一个综合类学术资源平台，Web of Science 内置 Web of Science 核心合集、MEDLINE、Inspec、Derwent Innovations Index、Data Citation Index 等多个数据库，其中最为知名的是 Web of Science 核心合集中的 SCIE（Science Citation Index Expanded，科学引文索引扩展版）数据库，这是查询 SCI 论文最常用、最权威的渠道之一。除了 SCIE，Web of Science 核心合集还包括 SSCI、AHCI（Arts & Humanities Citation Index，艺术与人文引文索引）、ESCI（Emerging Sources Citation Index，新兴资源引文索引）、CPCI（Conference Proceedings Citation Index，科技会议文献引文索引）、CCR（Current Chemical Reactions，化学反应数据库）、IC（Index Chemicus，化合物索引）等多个重要学术数据库。Web of Science 主要收录索引资源，但有些资源会给出站外的全文获取链接。

作为一个商业数据库，Web of Science 不能免费使用。一般是单位（如学校图书馆）集中订购后，用户在指定网络 IP 地址范围内使用。由于不同用户单位购买的资源范围不同，同样是 Web of Science，不同单位的用户可以使用的具体数据库一般是有区别的。同样的数据库，可用资源的时间范围也可能不一样。

案例 4-10　体验 Web of Science 的基本检索

在 Web of Science 的基本检索中设置如图 4-11 所示的检索条件，了解 Web of Science 的基本检索。

图 4-11　Web of Science 的基本检索

位置1：选择数据库。图中选择的是Web of Science核心合集下的Science Citation Index Expanded，也就是常说的SCI网络版，数据时间范围是1900年至今。其实，Web of Science有多个子库，但能不能用要看单位的购买情况。

位置2：呈现了其中的一个检索条件，"标题"是检索字段，检索词比较复杂，是一个检索表达式。其中的双引号表示精确匹配，意思是"big data"这两个单词必须作为短语出现，不能拆分；星号是截词检索，可以替代一个或多个字符；"or"以及括号前面的空格是布尔逻辑连接符，分别表示"或"和"与"关系；括号是限定逻辑运算的顺序。

位置3：系统默认只有一行检索框，单击"添加行"可以增加一行。

位置4：第二个检索条件，"主题"是检索字段，"computer"是检索词。

位置5：两个检索条件之间的布尔逻辑连接关系，有AND、OR、NOT三种选择，分别表示"与""或""非"。

位置6：限制文献的时间跨度。

根据以上分析，大致可以看出这个图中检索设置的检索意图：在Web of Science核心合集中查找2000~2021年的文献，主题必须是"computer"，标题中必须含有"big data"，以"mics"结尾的单词和以"physi"开头的单词至少出现一个。

案例4-11　Web of Science的高级检索

案例4-10的检索案例，也可以在Web of Science的高级检索中用一个稍微复杂的检索表达式来实现，如图4-12所示。

图4-12　Web of Science的高级检索

探究任务4-9　查找所在机构的SCI（或SSCI）论文

如果有Web of Science的访问权限：

（1）查找所在机构（如本校）去年发表的SCI（或SSCI）论文数量。

（2）查找所在机构下设二级单位（如院系、研究所）去年发表的SCI（或SSCI）论文数量。

提醒：查机构与查机构下设二级单位的 SCI（或 SSCI）论文，所用的检索字段是有区别的。

2. ScienceDirect

ScienceDirect 是知名学术出版机构爱思唯尔（Elserver）旗下的全文数据库，收录了大量外文电子书和外文期刊论文。ScienceDirect 的网址是 https://www.sciencedirect.com，首页如图 4-13 所示。

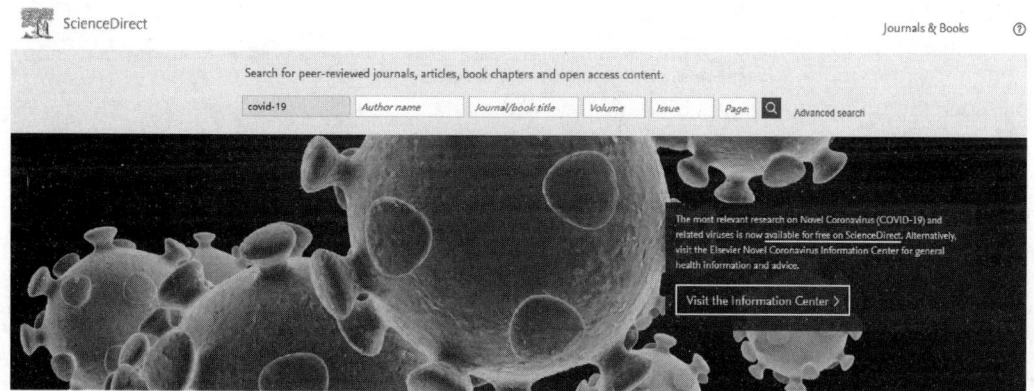

图 4-13　ScienceDirect 首页

ScienceDirect 是一个商业数据库，其中也收录了一些 OA 资源，学校图书馆集中付费购买后，用户在指定的网络 IP 范围内可以检索并获取文献全文。不同机构购买的文献范围可能存在区别，所以用户可以全文获取的资源范围有可能不一样。

案例 4-12　找外文论文，了解 ScienceDirect

用 ScienceDirect 找标题中包含"信息素养"的外文论文，操作步骤如下。

第一步，找 ScienceDirect 官网。搜索一下，很容易找到。网址是 https://www.sciencedirect.com。

第二步，设置检索条件。在 ScienceDirect 首页的检索入口中无法选择"标题"检索字段，需要点击检索框右侧的"Advanced search"进入高级检索。在高级检索界面，先点击"Show all fields"显示所有支持的检索字段，在检索字段"Title"下方的检索框中输入"信息素养"的英文"information literacy"，然后点击"Search"按钮。

第三步，获取全文。在如图 4-14 所示的检索结果中，前两条都有 pdf 文件下载链接，表示这两条结果是可以下载 pdf 全文的。结果中有"Open access"标识，表明这是开放获取资源，没有购买也能获取全文。页面左侧是筛选区，可以根据时间、文献类型等字段对检索结果进行筛选。

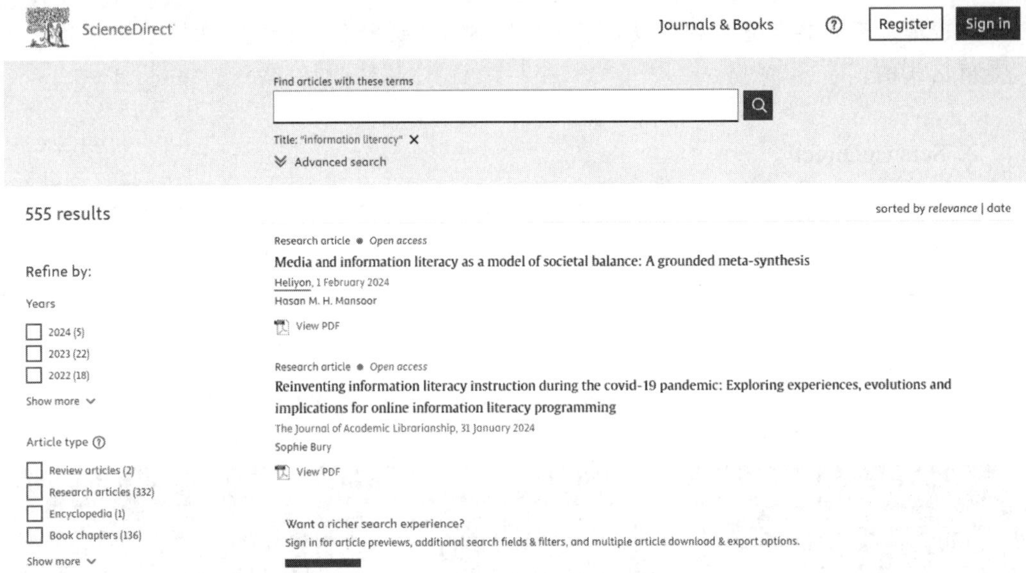

图 4-14 ScienceDirect 的检索结果

3. ProQuest

ProQuest 是全球知名的学术资源提供商,提供多种类型的学术文献检索服务,涉及文学、教育、历史、管理等多个学科,旗下拥有几十个全文数据库,如教育期刊数据库（ProQuest Education Database）、心理学期刊数据库（ProQuest Psychology Database）、学术研究期刊数据库（ProQuest Research Library）、电子书数据库（ProQuest Ebook Central）等。这些数据库可以通过统一的检索入口（http://search.proquest.com）实现跨库检索,有些数据库也有独立的检索平台。

案例 4-13 用 PQDT 查找"手游"相关的博士论文

PQDT 是 ProQuest 公司旗下的学位论文数据库,收录了全球多个高校的学位论文全文资源。以"手游"为例,使用 PQDT 检索学位论文的步骤如下。

第一步,找 PQDT 网站。PQDT 访问入口是 http://www.pqdtcn.com,中文名称为国外学位论文中国集团全文检索平台。

第二步,设置检索条件。找"手游"相关的博士论文,其中关键词是"手游",由于是英文平台,必须翻译成英文"mobile games"。检索条件及检索结果如图 4-15 所示。由于"mobile games"是一个短语,所以选择了"精确检索"这个选项。另外,勾选了"仅博士论文"。

第三步,获取全文。单击结果中的"查看 pdf",可以在线查看 pdf 全文,而且可以下载。

第4章 学术论文信息资源检索

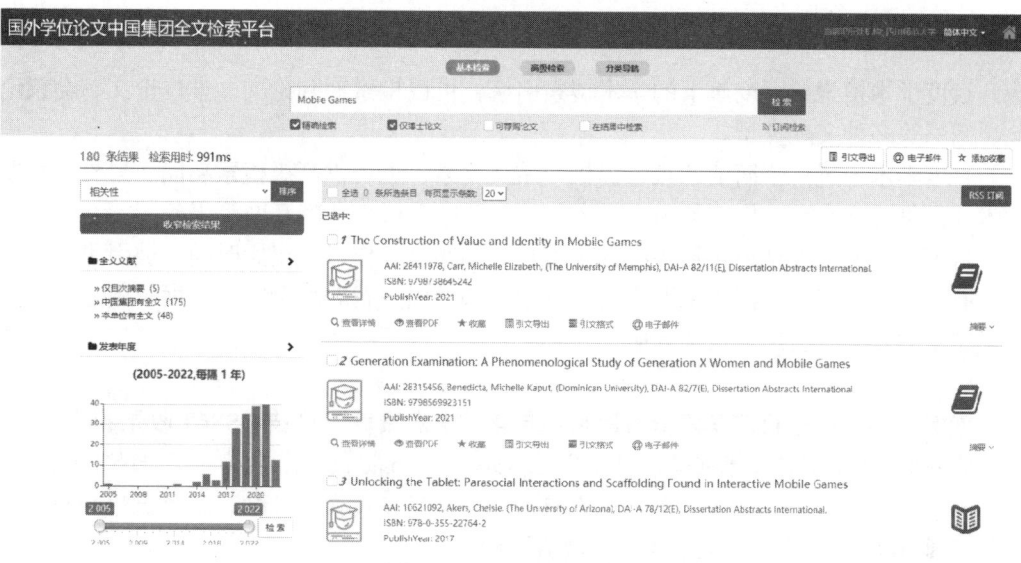

图 4-15 PQDT 检索结果

4.3 学术搜索引擎

4.3.1 学术搜索引擎概述

学术搜索引擎是垂直搜索引擎的一种,专门用来检索学术信息资源。学术搜索引擎在索引大量学术信息资源的基础上通过一个入口向用户提供检索服务。用户可以通过学术搜索引擎检索学术信息并获取全文链接。

常用的学术搜索引擎有百度学术、谷歌学术、必应学术、OALib(Open Access Libracy,开放存取资源图书馆)、DOAJ、PubMed 等。

视频 4-5 学术搜索:一个入口获取多方文献

探究任务 4-10 探索 ScienceDirect 和 OALib,对比学术数据库的站内检索与学术搜索引擎

使用 ScienceDirect 和 OALib 都可以查找学术论文,但两个学术检索系统在结构上并不相同。ScienceDirect 是一个学术数据库,网站上提供的查询系统属于站内检索,找到的全文都来自 ScienceDirect。而 OALib 属于学术搜索引擎,自身不保存全文,只是告诉用户全文获取的具体链接,下载的全文一般来自多个外部网站。

在 ScienceDirect 和 OALib 查找几篇学术文献,注意全文获取的链接,验证一下是不是这样。

4.3.2 百度学术

百度学术搜索是百度旗下的学术搜索引擎，可以检索期刊论文、学位论文、会议论文、图书等多种文献类型。

百度学术通过一个简洁的入口提供一站式检索，也提供高级检索功能。另外，百度学术还提供论文查重、期刊频道、学者主页、开题分析、文献互助等服务。

百度学术的检索结果包括多种题录信息，如题名、作者、出版时间、被引量、摘要等。有些文献还会给出多个来源渠道，其中有些可以免费获取全文。百度学术还提供对检索结果的收藏、引用、筛选等服务。

案例 4-14　通过百度学术查找题目中包含"信息素养"且被 CSSCI 收录的论文

第一步，找到百度学术网站。网址是 https://xueshu.baidu.com，搜索一下，很容易找到。

第二步，在百度学术首页单击检索框左边的"高级搜索"按钮，在弹出的界面中进行如图 4-16 所示的设置。然后单击"搜索"按钮。

图 4-16　在百度学术中设置检索条件

第三步，筛选检索结果。百度学术提供了时间、领域、核心、获取方式、关键词、类型、作者、期刊、机构等多种筛选字段。在图 4-17 所示的检索结果中，单击左侧筛选区"核心"下的"CSSCI 索引"选项，筛选后的结果都是被 CSSCI 收录的论文。

图 4-17　百度学术的检索结果页面

第四步，获取全文。点开其中的一篇，可以看到论文详情。如图 4-17 所示，在这个详情页面，可以看到"文库来源""其他来源""免费下载""求助全文"等选项，在"其他来源"中，百度学术提供了维普、万方、知网等资源平台的下载链接，点击本地有使用权限的数据库链接即可导向相应数据库并获取全文。

4.3.3　PubScholar

PubScholar 是中国科学院推出的公益学术平台，目的是履行学术资源保障"国家队"职责，满足全国科技界和全社会科技创新的学术资源基础保障需求。PubScholar 的主要功能包括学术资源的检索发现、内容获取和交流共享等。

PubScholar 充分利用中国科学院自身的资源，积极整合外部资源，收录范围包括中国科学院的科技成果资源、科技出版资源和学术交流资源；OA 环境下允许集成服务的学术资源；通过协议授权或其他合作共建模式获得授权许可的学术资源。

如图 4-18 所示，PubScholar 收录的资源类型包括期刊论文、学位论文、预印本论文、专利文献、动态快讯、科学数据、图书专著等。

PubScholar 提供基本检索和高级检索功能。检索结果会给出包括标题、作者、来源期刊、摘要、关键词在内的题录数据，部分文献会给出 pdf 全文，没有全文的文献一般也会给出原文下载的外部链接。

图 4-18　公益学术平台 PubScholar

> **探究任务 4-11　PubScholar 提供的全文文献来自哪些渠道？**
>
> 　　在 PubScholar 的检索结果中，有些文献提供 pdf 全文，系统也有 pdf 全文的筛选开关。动手探索一下，看看哪些来源的文献在 PubScholar 中可以免费获取全文。

4.3.4　PubMed

　　PubMed 是美国国立医学图书馆（National Library of Medicine，NLM）下属的国家生物技术信息中心（National Center for Biotechnology Information，NCBI）旗下的生物医学文献检索平台，也是一个学术搜索引擎，可以检索生物医学领域的学术文献。

　　PubMed 收录了美国国立医学图书馆旗下的引文数据库 Medline 和全文数据库 PMC（Pubmed Central），除此之外，还收录了其他的生物医学文献。

　　PubMed 的官网地址是 https://www.pubmed.gov 或者 https://pubmed.ncbi.nlm.nih.gov，首页如图 4-19 所示。在国家生物技术信息中心的官网中也有 PubMed 的检索入口。

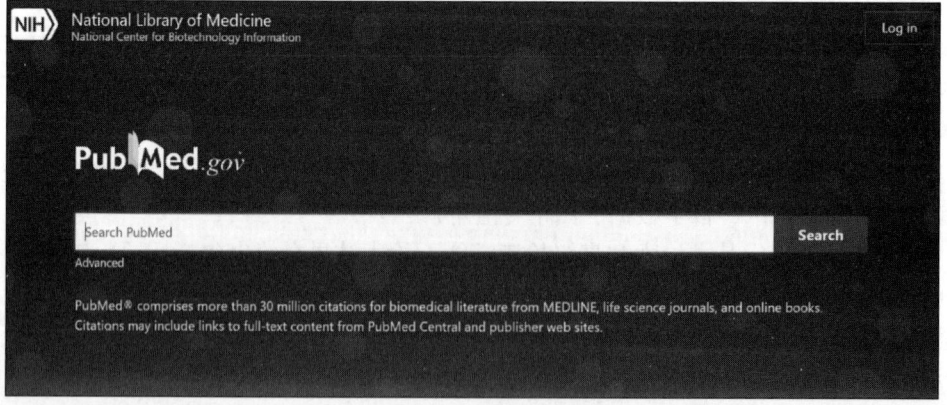

图 4-19　PubMed 首页

案例 4-15　用 PubMed 查找鼻炎方面的文献

第一步，找网站。找到如图 4-19 所示的 PubMed 首页。

第二步，设置检索条件。在首页的检索框中输入检索词"rhinitis"，然后按回车键，找到 4 万多篇文献。

第三步，分析检索结果。从检索结果中可以看到文献的题目、作者、期刊、卷号、期号、DOI、PMID（PubMed unique identifier，PubMed 唯一标识码）等题录信息。有些文献有"Free article"标志，表示这篇文献是可以免费获取全文的。单击文献标题，进入这篇文献的详情页面。

第四步，获取全文。单击文献详情页面的"FULL TEXT LINKS"链接，即可获取全文。如图 4-20 所示，这篇文献提供了两个全文获取渠道，一个是 Wiley，这是一个商业数据库，获取全文需要权限；另一个是帝国理工学院的机构知识库，可以免费下载 pdf 全文。

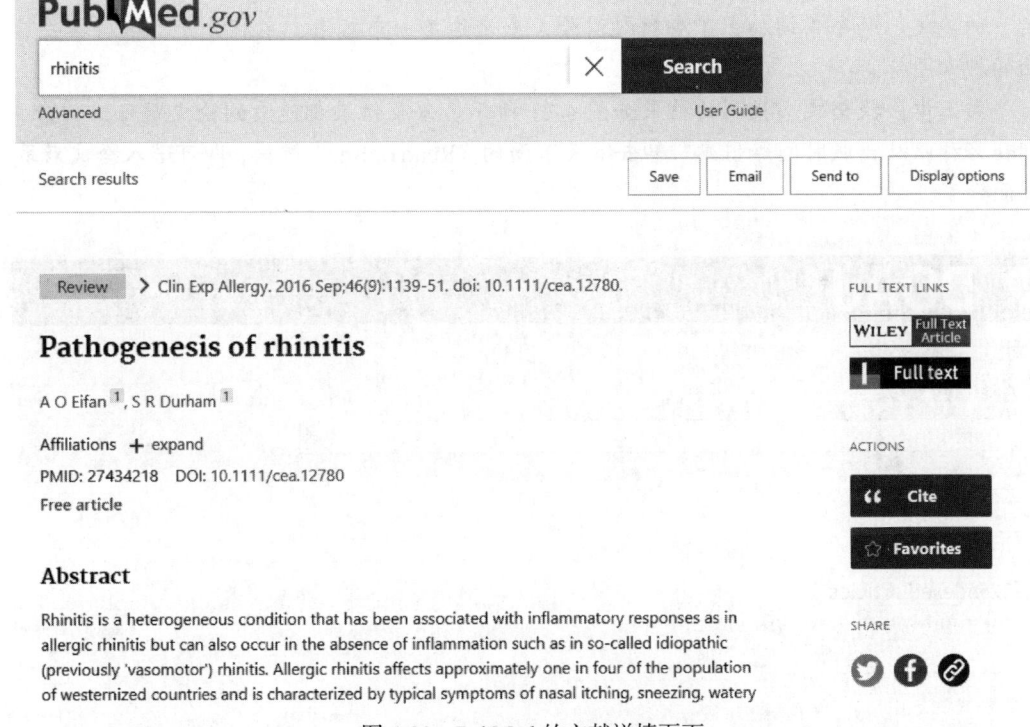

图 4-20　PubMed 的文献详情页面

探究任务 4-12　用 PubMed 查找一部糖尿病方面的电子书

要求：①指定的关键词出现在书名中；②能获取全文。

提示：①探索 PubMed 的高级检索；②探索 PubMed 的结果筛选。

4.3.5 DOAJ

DOAJ 是一个专搜 OA 期刊论文的学术搜索引擎，由瑞典的隆德大学图书馆创建。网址是 https://www.doaj.org。

OA 是一种学术出版模式或者机制，其核心是作者付费、读者免费。随着 OA 运动的兴起，越来越多的期刊加入 OA 的行列，OA 期刊的不断增长为用户提供了大量的免费学术信息资源。整体上处于分布式存储状态的 OA 期刊不利于用户的检索和利用，OA 学术搜索引擎的出现为这一问题提供了解决方案，DOAJ 就是其中一个。

通过 DOAJ，用户可以对大量的 OA 期刊论文进行一站式检索，并能根据系统提供的链接免费下载全文。

案例 4-16　通过 DOAJ 查找"虚拟现实"方面的学术论文

第一步，找网站。搜索一下，很容易找到 DOAJ。

第二步，设置检索条件。在首页的检索框中输入""virtual reality""，也就是"虚拟现实"的英文。两个单词加上了半角双引号，表示这是一个短语，不能分开。然后单击后面的搜索图标。

第三步，找全文。找到的结果如图 4-21 所示。每条结果都能看到论文题目、作者、期刊名称以及出版时间等信息。单击结果下面的"Read online"链接，即可进入全文获取页面。

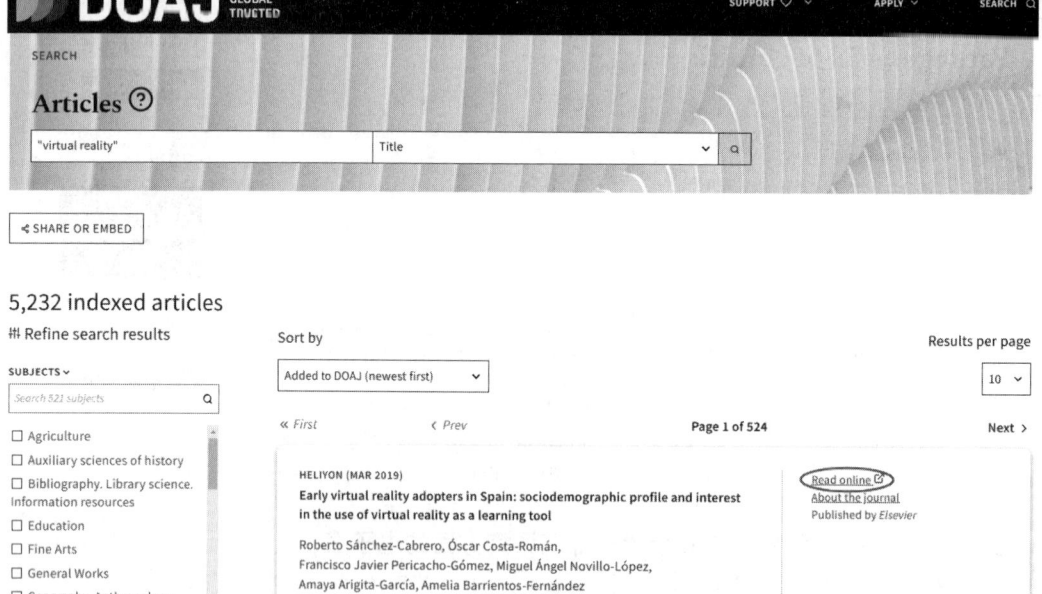

图 4-21　DOAJ 检索结果页面

4.4 学 术 评 价

学术论文是学术评价的重要内容。常见的学术评价方法包括同行评议法、引文文献计量分析法、替代计量法等。这些方法既涉及相关的指标,也包括相关工具。

4.4.1 学术评价指标

随着学术论文规模的不断增大,被引量、影响因子、h 指数等客观评价指标逐渐成为学术评价的重要基础。

1. 被引量

一篇学术文献出现在其他学术文献的参考文献中,表示这篇文献被其他文献引用。指定学术文献被其他文献引用的次数称为被引量。被引量体现了文献的被关注程度和影响力,在一定程度上也体现了论文的质量和水平,在同等条件下被引量越高,这篇文献的影响力越大,文章的质量可能也就越高。被引量是一个总量指标,在使用这个指标时要注意时间、学科、统计工具等方面的差异。

探究任务 4-13　查询同一篇学术论文在不同平台下的被引量

在 CNKI、维普、百度学术等平台分别查询学术论文《互联网金融模式研究》(谢平等著)的被引量,对比不同平台上被引量的差别,思考一下为什么会存在差别。

2. 影响因子

被引量是一个绝对值指标,不同时间发表的文献难以直接进行比较。为了消除时间的影响,推出了影响因子这个指标。与被引量不同,影响因子是一个相对值指标。

影响因子的计算公式如下:

$$影响因子 = \frac{该刊前两年发表论文在统计当年被引用的总次数}{该刊前两年发表的论文总篇数}$$

例如,某期刊 2022~2023 年共发表论文 500 篇,这些论文在 2024 年被引用 2500 次,那么,该期刊 2024 年的影响因子=2500/500=5。

从这个公式可以看出:影响因子不是评价单篇文章的,而是用来评价期刊的,一般说来,一篇文章能发表在影响因子很高的期刊上,说明这篇文章学术水平较高;影响因子不是固定不变的,而是随着时间的推移不断变化的;由于被引量是计算影响因子的基础,不同平台统计的被引量不一致必然导致不同平台计算的影响因子有差别。

案例 4-17　在 CNKI 中查询期刊《管理世界》的影响因子

CNKI 给出了中文学术期刊的影响因子,可以进入期刊主页查看影响因子,具体步骤如下。

第一步，进入查询页面。在 CNKI 首页中单击"出版物查询"链接，进入出版物查询页面。

第二步，查询期刊。在出版物查询页面中选择检索字段"刊名"，输入检索词"管理世界"，然后单击"出版来源检索"按钮。

第三步，进入 CNKI 的期刊主页。单击检索结果，进入如图 4-22 所示的页面，这是 CNKI 的《管理世界》主页。

图 4-22　在 CNKI 中查询《管理世界》的影响因子

第四步，查看影响因子。在如图 4-22 所示的页面中，CNKI 给出了《管理世界》的两个影响因子，一个是综合影响因子，另一个是复合影响因子。同一种期刊，却有两个不同的影响因子，为什么是这样呢？这个问题留给你探索。

影响因子这个指标也有一定的局限性。不同的学科，影响因子不能直接比较。有一些学科影响因子总体较高，而另一些学科，影响因子总体较低。

3. h 指数

h 指数是美国科学家赫希于 2005 年提出的一个文献计量指标。如果一个学者的 h 指数是 10，说明该学者至少有 10 篇论文被引量不低于 10 次。同样的逻辑，这个指标还适用于期刊、科研机构的评价。h 指数兼顾了论文的数量（篇数）和质量（被引量），拓展了学术评价的新视野。

案例 4-18　用 Web of Science，查作者的 h 指数

Web of Science 提供专门的研究人员查询入口，可以查询指定作者的发文情况，而且可以看到作者的 h 指数。以电子科技大学周涛教授（Web of Science Researcher ID: GQA-3572-2022）为例，用 Web of Science 查询作者 h 指数的步骤如下。

第一步，进入 Web of Science 网站。Web of Science 官网地址是 https://www.webofscience.com，在有访问权限的前提下登录网站。

第二步，选择"研究人员"检索。Web of Science 默认是"文献"检索，需要切换到"研究人员"检索，并且确保已经选择了 Web of Science 核心合集数据库。

第三步，设置检索条件。在 Web of Science 的"研究人员"检索中，可以通过姓名检索，也可以通过作者 Web of Science Researcher ID 或 ORCID（open researcher and contributor ID，开放研究者与贡献者身份识别码）进行检索。根据提示，输入相应内容。

第四步，鉴别检索结果。如果以姓名检索，需要考虑重名问题，可根据作者单位、研究领域等线索进行甄别判断。

第五步，查看详情。在如图 4-23 所示的作者详情页面，可以看到周涛教授的 h 指数是 92，这说明，截至目前，在 Web of Science 核心合集中，他至少有 92 篇论文被引次数不低于 92 次。

图 4-23　Web of Science 中查询作者的 h 指数

4.4.2　国内常用的学术评价工具

1. 北大核心

核心期刊是期刊中学术水平较高的刊物，是我国学术评价体系的一个重要组成部分。《中文核心期刊要目总览》（即我们常说的北大核心），是由北京大学图书馆主导的一个研究项目。该项目综合考虑被引、转载、文摘等多种因素对国内学术期刊进行评价，分学科划定中文核心期刊范围，每隔几年更新一次，并以印刷型图书形式出版，即《中文核心期刊要目总览》。尽管北京大学图书馆特别强调《中文核心期刊要目总览》只是一个研究成果，不是学术评价标准，但北大核心得到国内各界的广泛认可，已经成为事实上的重要学术评价标准。

> **探究任务 4-14**　你的专业领域有哪些期刊属于北大核心期刊？
>
> 　　先找最新版的《中文核心期刊要目总览》，然后在其中找到自己所学的专业，看一下本专业的北大核心期刊有哪些。

2. CSSCI

CSSCI 是由南京大学中国社会科学研究评价中心开发的学术评价工具，也是一个中文学术数据库，有时候称为南大核心，主要收录国内人文社科领域的高水平期刊论文。被 CSSCI 收录的期刊有时候称为"C 刊"。

CSSCI 通过一系列评价指标对人文社科领域的期刊进行评价，在量化的基础上确定收录的期刊范围，每隔几年（一般为两年）更新一次。

CSSCI 有正式版和扩展版，扩展版可以理解为 CSSCI 正式版的候选期刊。

> **探究任务 4-15**　CSSCI 与北大核心收录的期刊范围有什么不同？
>
> 　　先找最新版的《中文核心期刊要目总览》和 CSSCI 期刊目录，然后选择一个人文社科领域的专业，分别找出这个专业相关的期刊，对比两者之间的区别。

3. CSCD

CSCD 是由中国科学院文献情报中心创建的期刊评价工具，主要收录我国数学、物理、化学、天文学、地学、生物学、农林科学、医药卫生、工程技术和环境科学等领域的优秀期刊。与其他期刊评价工具类似，CSCD 也是每隔几年更新一次，使用的时候要注意时间因素。

> **探究任务 4-16**　CSCD 期刊与北大核心收录的期刊范围有什么不同？
>
> 　　先找最新版的《中文核心期刊要目总览》和 CSCD 期刊目录，然后选择一个自然科学领域的专业，分别找出这个专业相关的期刊，对比两者之间的区别。

北大核心、CSSCI、CSCD 是常用的国内期刊评价工具。北大核心涵盖全部学科，CSSCI 主要涉及人文社科类学术期刊，CSCD 主要涉及数学、物理、化学、农学、医学等自然科学领域的学术期刊。北大核心与 CSSCI、CSCD 收录的期刊范围有交叉，区别也很明显。在 CNKI 中，在学术期刊的高级检索界面的"来源类别"检索项下，可以限定北大核心、CSSCI、CSCD。

4.4.3　国际常用的学术评价工具

1. SCI

SCI 是美国科学情报研究所（Institute for Scientific Information，ISI）创立的一个引文数据库，目前已经成为事实上的学术评价工具，在学术界占有重要地位。Web of Science

核心合集包括科学引文索引数据库，可以查询 SCI 论文。

SCI 一反其他检索工具通过主题或分类途径检索文献的常规做法，设置了独特的"引文索引"，即通过先期的文献被当前文献引用来说明文献之间的相关性及先前文献对当前文献的影响力。这不仅使得 SCI 成为一部文献检索工具，也使其成为科研评价的一个重要依据。科研机构在一段时间被 SCI 收录的论文总量，可以反映该机构的基础研究水平；个人论文被 SCI 收录及引用，能够反映其研究能力与学术水平。

此外，ISI 每年还出版期刊引证报告（journal citation reports，JCR），对包括 SCI 期刊在内的几千种期刊之间的引用和被引用数据进行统计，计算每种期刊的期刊影响因子（journal impact factor，JIF）、期刊引文指标（journal citation indicator，JCI）等指标数据，并在学科内对相关期刊的 JIF 和 JCI 数据从高到低进行排序，然后按照期刊数量以四等分方式对期刊进行分区，给出基于 JIF 的分区和基于 JCI 的分区。前 25%的期刊为 Q1 区，25%~50%的期刊为 Q2 区，50%~75%的期刊为 Q3 区，75%之后的期刊为 Q4 区。JCR 的分区信息可以通过 JCR 数据库进行查询。

除了 JCR 分区，在我国学术界更为常用的是中国科学院分区。与 JCR 分区类似，中国科学院分区也把相关期刊分为四个区，但两者之间的区别较大，主要体现如下。

第一，分区的数据基础不同。JCR 分区基于影响因子和引证指标，中国科学院分区基于超越指数。

第二，期刊的学科分类不同。JCR 分区和中国科学院分区的学科分类差别较大。学科分类的不同会影响期刊在学科内的位次，进而影响期刊的分区情况。

第三，分区的比例划分不同。JCR 分区是四等分，各占 25%。中国科学院分区采用金字塔形分区结构，从一区到四区，期刊数量递增，每个学科的具体比例并不相同。

订购了 JCR 数据库和中国科学院分区查询系统的高校、科研机构，读者可在 IP 范围内查询期刊分区情况。此外，中国科学院分区查询还提供了免费查询方式，只需在微信中关注"中国科学院文献情报中心分区表"公众号，就可以在"查询"栏目下输入期刊名称，免费查看期刊的分区情况。

案例 4-19　查询期刊的 JCR 分区

查询期刊的 JCR 分区，需要用 JCR 数据库。

以期刊 *New England Journal of Medicine* 为例，查询期刊 JCR 分区的步骤如下。

第一步，在权限范围内打开 Web of Science 平台，选择平台下的 JCR 数据库，进入期刊引证报告查询界面。

第二步，在检索框内输入期刊名称，然后按回车键或点击查询图标。

第三步，查看检索结果。在检索结果页面，可以看到期刊的 ISSN、eISSN（电子期刊 ISSN）、所在的学科、JCR 报告中最近的数据年份等信息。

第四步，参考分区信息。点击检索结果中的期刊名称，进入期刊详情界面。下翻页面，找到图 4-24 所示的位置，可以看到期刊的排名数据和分区信息。

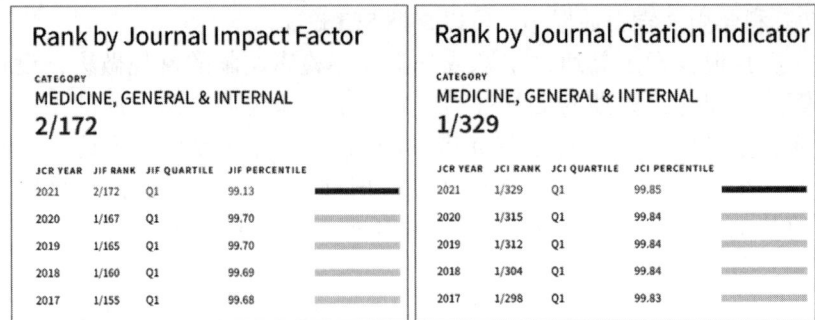

图 4-24　JCR 中的期刊分区信息

案例 4-20　查询 SCI 期刊的中国科学院分区

中国科学院的 SCI 分区，也可以免费查。例如，要查询期刊 *New England Journal of Medicine* 的中国科学院分区信息，操作步骤如下。

第一步，打开微信，搜索"中国科学院文献情报中心分区表"，点击关注，进入官方微信公众平台。

第二步，单击"期刊分区"按钮，选择需要的分区版本进入最新的期刊分区表查询页面，输入期刊名称或期刊的 ISSN 号。

第三步，如图 4-25 所示，快速查找该期刊在中国科学院分区中属于"医学 1 区 Top"，并能看到该期刊在医学大类下的内科小类分区，也是 1 区。

图 4-25　在微信公众平台查找期刊的中国科学院分区信息

探究任务 4-17　查询期刊 *Chemistry and Physics of Lipids* 的 SCI 分区

查询期刊 *Chemistry and Physics of Lipids* 在 JCR、中国科学院分区系统中各是几区，对比一下结果，你发现了什么不同？

2. SSCI

SSCI 是 SCI 的姊妹篇，是社会科学领域重要的期刊文摘索引数据库，收录数据从 1956 年至今，涉及人类学、考古学、经济、妇女运动、民族、通信设备研究等 50 多个社会科学相关学科。它除了能检索文章被引用的情况外，还可以提示原文中所有的参考文献，并据此获得一批相关文献，是人文及社会科学研究领域学者查引的最有效并最具权威性的参考工具之一。

3. EI

美国《工程索引》(Engineering Index，EI) 创刊于 1884 年，由世界上最大的工程信息提供者之一——美国工程信息公司编辑出版。所报道的文献学科覆盖面广，涉及工程技术领域各个方面。经过 100 多年的发展，EI 已经成为全球工程技术领域最著名的检索系统，同时也是世界引文分析和文献评价的三大检索工具之一。

如图 4-26 所示，EI 主要在 Engineering Village 界面下完成检索，其核心数据库 EI Compendex 是目前全球最全面的工程领域二次文献数据库，侧重提供应用科学和工程领域的文摘索引信息，涉及核技术、生物工程、交通运输、化学和工艺工程等领域及领域下的子学科，数据来源于 5000 余种工程类期刊、会议论文集和技术报告，是工程人员及相关研究者最佳、最权威的信息来源之一。

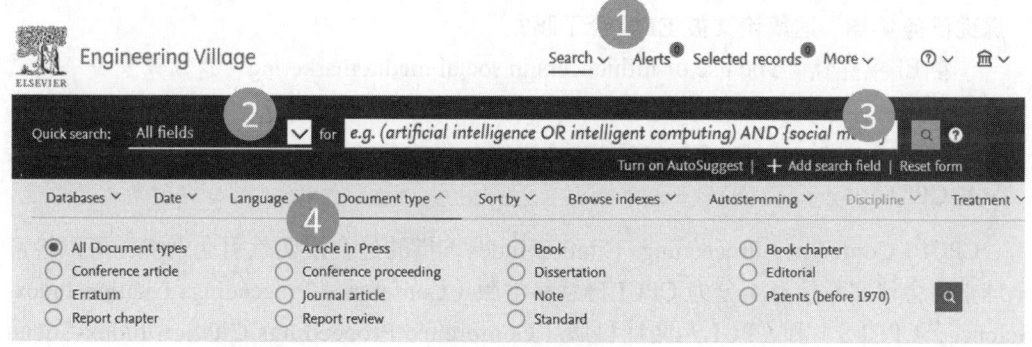

图 4-26　EI 检索界面

图 4-26 是打开 EI Compendex 数据库后的界面，系统自动进入的是快速检索界面。

位置 1：可以看到除了快速检索，系统还提供了高级检索、词表检索、工程研究概况检索等方式。

位置 2：可通过下拉菜单选择检索字段，系统默认为全字段，也可通过摘要、作者、题名等进行检索。

位置 3：可输入相应的检索词，也可根据检索框下的按钮添加检索字段，或转入自动提示界面，根据提示进行检索。

位置 4：选择限制条件，根据语种、文献类型、排序方式等，缩小检索范围，提高查准率。

按回车键后，进入如图 4-27 所示的检索结果界面，选择要查看的文章，单击标题后可查看这篇文章的详细题录信息，EI 中部分文章属于 OA 资源，可以免费获取原文。此外，数据库还提供全文链接，若收录该论文的期刊在本馆的全文数据库中，就可直接链接到该论文的全文。

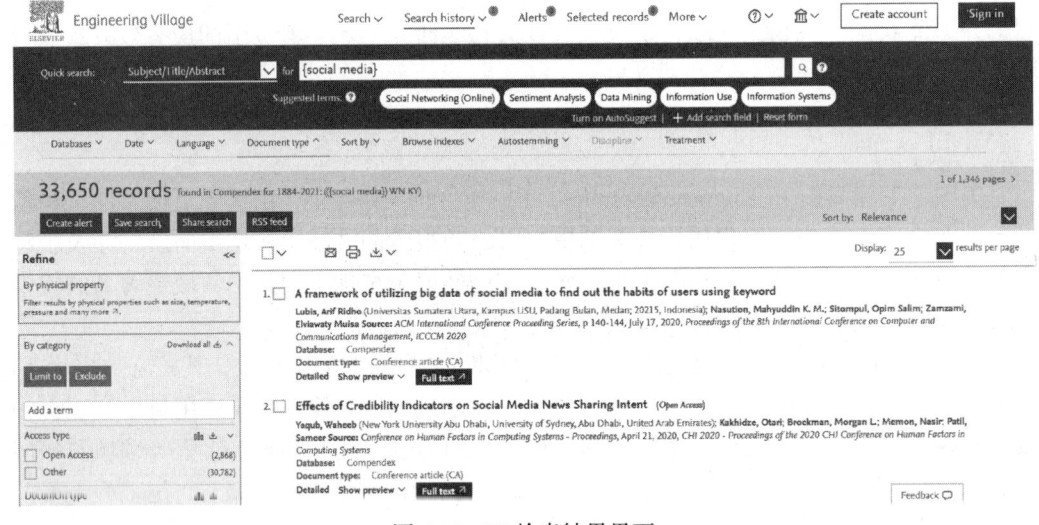

图 4-27　EI 检索结果界面

> **探究任务 4-18　这篇论文被 EI 收录了吗？**
>
> 在 EI 中查找"The use of influencers in social media marketing"这篇论文是否被收录。如果可能，获取它的全文。

4. CPCI

CPCI（Conference Proceedings Citation Index）指的是会议文献引文索引，可以检索全球重要会议文献信息。分为 CPCI 自然科学版（Conference Proceedings Citation Index-Science，CPCI-S）和 CPCI 人文社科版（Conference Proceedings Citation Index-Social Science & Humanities，CPCI-SSH）。

CPCI 的前身是 ISI 推出的 ISTP（Index to Scientific & Technical Proceedings，科学技术会议录索引）和 ISSHP（Index to Social Sciences & Humanities Proceedings，社会科学和人文会议录索引）。ISTP 与 SCI、EI 一起，常被称为国际三大著名检索系统。

目前，CPCI 可以通过 Web of Science 进行检索。

视频 4-6　学术评价：评价期刊、论文、作者都有指标

习　题

一、单选题

1. 在 arXiv 网站上可以找到名为 "The primitive comparison theorem in characteristic p"（作者为 Ben Heuer）的论文，这篇论文 pdf 全文第 6 页最后一个单词是（　　）。

　　A. proof　　　　　B. in　　　　　C. finally　　　　D. as

2. 期刊《科学社会主义》2022 年被 CNKI 收录的文献数量与下列哪个数字最接近（或者就是）？（　　）

　　A. 141　　　　　B. 127　　　　C. 115　　　　D. 135

3. 在万方数据知识服务平台上可以免费检索博士论文并且免费查阅包括章节目录在内的题录数据。在这个平台上检索可知，何永林的博士论文《固体高次谐波的动力学对称性和谷选择效应的理论研究》第二章有（　　）个小节。

　　A. 6　　　　　B. 5　　　　　C. 4　　　　　D. 3

4. 在 PubMed 网站上可以免费获取论文 "Comparing lung cancer screening strategies in a nationally representative US population using transportability methods for the National Lung Cancer Screening Trial" 的全文，其正文最后一个单词为（　　）。

　　A. screening　　　B. events　　　C. population　　D. trial

二、多选题

1. 下列期刊既被 CSSCI 收录也被《中文核心期刊要目总览》（北大核心）收录的有（　　）。

　　A.《大学图书馆学报》　　　　B.《会计之友》
　　C.《管理世界》　　　　　　　D.《经济研究》

2. 在 ChinaXiv 中检索关键词含有 "control models" 的文章，收文量排名前两位的数据库是（　　）。

　　A. arXiv　　　　　　　　　　B. PsyArXiv
　　C. bioRxiv　　　　　　　　　D. ChemRxiv

3. 以下学术会议，在成都市召开的有（　　）。

　　A. PIANC Smart Rivers 2022（国际航运协会第 10 届内河航运国际学术会议）

　　B. The Tenth International Conference on Advances in Steel Structures（第十届钢结构进展国际会议）

　　C. 2022 国际腐蚀防护与应用大会

　　D. 3rd International Conference on Energy Resources and Sustainable Development［第

三届能源资源与可持续发展国际会议（ICERSD 2020）］

4. 论文《图书馆众筹研究》在百度学术中给出的全文获取渠道包括（　　）。

　　A. 万方　　　　　　　　　　　B. 维普期刊专业版
　　C. 《图书馆建设》官网　　　　　D. 百度文库

三、判断题

1. 被万方数据知识服务平台收录的《中国马铃薯大会》会议论文最早发表于 2015 年。（　　）

2. CNKI、维普、万方都提供期刊论文、学位论文、会议论文、标准、专利等文献的免费检索服务。（　　）

3. 名为《"互联网+"视角下图书馆创新的逻辑与行动——以图书馆受赠创新为例》的期刊论文可以在刊发该文的期刊官网上免费下载全文。（　　）

第 4 章配套资源

第 4 章相关图片

第 5 章 专利、标准与数据资源检索

案例 5-1 使用食品添加剂，有国家标准

食品生产很难离开食品添加剂。食品添加剂，加多了肯定有问题，但有些食品，不加食品添加剂，同样不安全。食品添加剂，到底应该怎么加？有国家标准。国家标准《食品添加剂使用标准》于 2024 年 2 月 8 日发布，标准号为 GB 2760—2024，全文有 264 页，详细载明了食品添加剂的使用原则、使用规定，以及每一类食品中各种添加剂的使用剂量规定。为了方便使用，国家食品安全风险评估中心专门针对这个标准做了一个《食品添加剂使用标准》在线查询系统（https://gb2760.cfsa.net.cn）。这个系统提供了多种查询方式，其中包括按食品分类查询、按食品添加剂查询、按食品名称查询、按加工助剂查询、按酶制剂查询、按香精香料查询等多种查询方式。

《食品添加剂使用标准》在线查询系统作为官方推出的检索系统，不仅权威而且完全免费。其实，政府各部门、各国际组织建设并向社会开放的资源平台还有很多，本章主要呈现检索专利、标准、数据等资源的在线平台。

5.1 专利检索

5.1.1 专利和专利文献

1. 专利

从知识产权的角度，专利包含三个方面的含义：一是专利权的简称，指专利权人对发明创造享有的专利权，即国家依法在一定时期内授予发明创造者或者其权利继受者独占使用其发明创造的权利；二是指受到专利法保护的发明创造，即专利技术，是受国家认可并在公开的基础上进行法律保护的专有技术；三是指专利局颁发的确认申请人对其发明创造享有的专利权的专利证书，或指记载发明创造内容的专利文献，指的是具体的物质文件。

一个国家依照其专利法授予的专利权，仅在该国法律的管辖范围内有效，对其他国家没有任何约束力，因此专利具有排他性、区域性和时效性等显著特点。《中华人民共和国专利法》于 1985 年 4 月 1 日起施行，1992 年、2000 年、2008 年、2020 年进行过四次修正，日趋完善。

不同国家专利类型不一。《中华人民共和国专利法》规定，中国专利分为发明专利、实用新型专利和外观设计专利三种类型。美国专利则分为发明专利、外观设计专利与植物专利，没有实用新型专利。欧洲部分国家专利同我国相同，部分国家则只有发明专利

和外观设计专利。

2. 专利文献

专利文献是实行专利制度的国家及国际性专利组织在审批过程中产生的官方文件及其出版物的总称,是一种集技术性、法律性和经济性于一体的重要情报源。广义的专利文献是指各国专利局及国际性专利组织在审批专利过程中产生的官方文件及其出版物的总称,包括专利申请书、专利说明书、专利公报、专利证书、专利文件、专利文摘、专利索引和专利分类表等。狭义的专利文献仅指专利说明书。专利说明书是专利文献的核心组成部分,一般由扉页、说明书正文、权利要求书、附图所组成。需要强调的是,目前我国官方一般把专利说明书称为"专利单行本"。

专利的基本理念是"以公开换保护",各国专利法均规定专利申请人必须详细阐述发明的技术内容,使所在专业领域的普通专业技术人员通过专利说明书的相关技术文件即能进行相应的操作,因此,多数专利是公开的,而且大部分专利文献可以通过互联网找到。

专利是世界科技发展的晴雨表,体现了科技的进步与发展。专利文献已经成为世界上最大的技术信息源,也是我们工作、学习中常用的信息资源。

3. 专利文献检索的作用

专利文献检索应用广泛,主要包括以下几方面。

(1) 查新检索。通过检索专利文献,判断某技术主题是否具有专利法中规定的新颖性和创造性。

(2) 专题检索。针对某技术主题进行世界范围的专利和非专利文献检索,检索出所有相关文献,可以对该技术主题在同领域技术中的水平给出定位,同时对同领域技术的更新速度、竞争程度和发展趋势做出一定的判断。

(3) 同族专利检索。通过检索,可以了解到同一主题的技术在多个国家申请专利的情况,以确定这一专利的区域保护范围。

(4) 法律状态检索。包括专利的侵权检索、有效性检索,可以得知该专利的真实性、合法性和有效性,判断侵权行为或避免侵权行为,了解相关专利的时效性等。

(5) 跟踪检索。对某专利进行定期跟踪检索,了解相关技术的发展方向,掌握最新的专利信息。

除了这些,专利检索还有很多用途,如了解一个公司,可以查一下这个公司的专利,以便对这个公司的技术实力和发展前景做出判断;学习产品设计,专利说明书中大量的产品设计图纸是很好的学习素材。

案例 5-2 找专利,学设计

一位产品设计专业的学生在准备他的毕业作品,他的选题是牙刷,想找一些设计图纸供参考。老师建议他去找找相关专利。

他在国家知识产权局的专利查询与分析系统中,输入检索词"牙刷",选择检索字段

"发明名称",找到 2 万多条数据,也就是说,找到了 2 万多个与牙刷相关的专利。通过系统他不仅可以看到每个专利的题录信息,还能免费获取每个专利说明书的全文,内容包括具体的产品设计图以及设计图的详细说明,如图 5-1 所示。

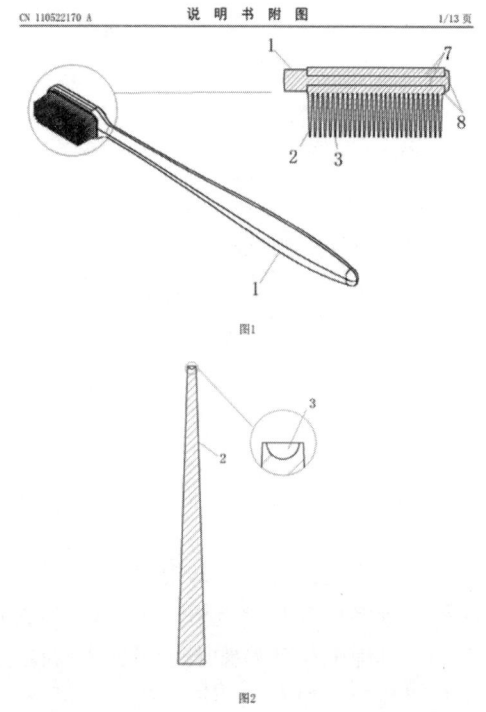

图 5-1 专利说明书示例

5.1.2 专利文献的获取渠道

专利制度"以公开换保护"的核心理念,使得专利文献的获取比较容易,专利文献的获取主要有以下几类渠道。

1. 官方机构的专利检索系统

多数国家都有相应的专利管理机构,国际上也有专门负责专利事务的组织,这些机构和组织一般会通过互联网提供专利文献检索与获取服务,而且大多数是免费的。

1)专利检索及分析系统

国家知识产权局是我国负责专利事务的部门,提供多个与专利相关的检索系统,专利检索及分析系统(https://pss-system.cponline.cnipa.gov.cn)是其中的一个。如图 5-2 所示的国家知识产权局旗下的专利检索及分析系统是集专利检索及专利分析于一体的综合性专利服务系统。该系统依托丰富的专利数据资源,提供了既便捷又专业的专利检索及分析服务,并且提供了丰富的数据接口和多种专利工具。

图 5-2　国家知识产权局旗下的专利检索及分析系统

专利检索系统提供常规检索、高级检索、命令行检索、药物检索、导航检索、专题库检索等多种专利检索模式，可以进行查新检索、侵权检索、药物检索；提供多种检索辅助工具辅助构建检索表达式、完善检索思路，可以提升检索效率；提供多种浏览辅助工具来快速定位专利的核心技术，可以挖掘技术背后的关键信息。

专利分析系统则面向不同层次的用户提供专业化、智能化的分析功能，通过专业的专利数据分析模型，快速、准确、全面地在海量专利数据中发现潜在的信息关系和完整的专利情报链，帮助公众有效地利用专利资源。具体包括申请人分析、发明人分析、区域分析、技术领域分析、中国专项分析、高级分析、管理分析结果等功能。

专利检索及分析系统不仅可以检索与分析我国授权的专利，也能检索及分析包括美国、欧盟、俄罗斯、英国、法国、日本、韩国在内的绝大多数主流国家和地区的专利文献。系统向公众开放，不过使用需要注册登录，注册是免费的。

2）中国专利公布公告系统

中国专利公布公告系统（http://epub.cnipa.gov.cn）是国家知识产权局旗下的另一个专利文献检索平台。与专利检索及分析系统可以检索和分析国内外已授权专利文献不同，中国专利公布公告系统收录的是我国 1985 年以来的专利申请和专利授权文献，提供基本检索、高级查询、IPC（国际专利分类，international patent classification）查询、LOC（Locamo classification，洛迦诺分类）查询、事务数据查询等功能。系统向公众开放，不用注册登录即可免费查询。

如图 5-3 所示，中国专利公布公告系统提供发明专利申请书的全文预览和下载功能。申请书包括专利概要、权利要求书、专利说明书、说明书附图等内容。

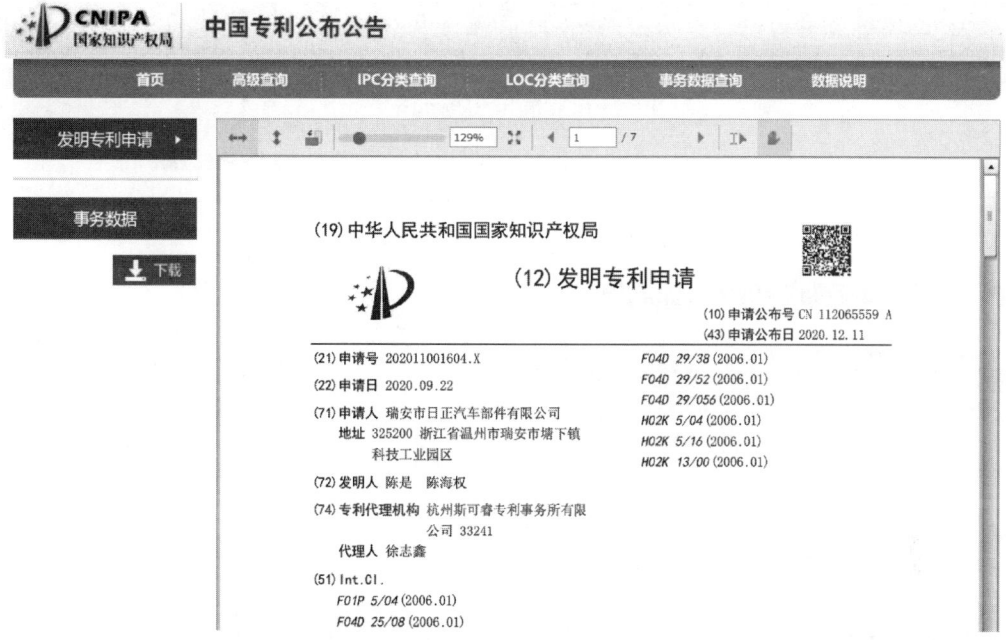

图 5-3　中国专利公布公告系统中的发明专利申请全文预览和下载界面

> **探究任务 5-1　越狱犯专利免死的新闻是真的吗？**
> 　　曾有媒体报道，一个名叫李洪涛的男子两次越狱被判死刑，执行前一天因其发明专利改判死缓。请在国家知识产权局旗下的专利检索系统中探索一下，看能否找到相关的专利文献，以便判断这个新闻的真实性。

3）美国专利商标局网站

美国专利商标局（United States Patent and Trademark Office，USPTO）是美国主管专利事务的官方机构，在其官网（https://www.uspto.gov）上有多个与专利相关的检索系统，其中最适合公众免费检索专利的是 Patent Public Search（https://ppubs.uspto.gov/pubwebapp/static/pages/landing.html）。

2022 年 10 月上线的 Patent Public Search 取代了 USPTO 旗下 PubEast、PubWest、PatFT、AppFT 等专利检索系统。这个系统有基础检索和高级检索两个检索入口，可以检索专利文献，并且能够免费获取全文。系统提供多种布局和功能，可以同时呈现更多专利数据，支持添加注释、添加标签、突出显示等功能。

图 5-4 为 Patent Public Search 的高级检索界面。

4）欧洲专利局网站

欧洲专利局（European Patent Office，EPO）是主管欧盟各国专利事务的机构，通过互联网向全球提供专利检索服务，旗下有多个与专利相关的系统平台，其中比较重要的是 Espacenet（https://worldwide.espacenet.com）。

Espacenet 收录了 1782 年以来全球各国的专利信息，专利文献总量超过 1.4 亿份，免费提供在线检索和全文获取服务。Espacenet 提供智能检索、高级检索、分类检索等多个

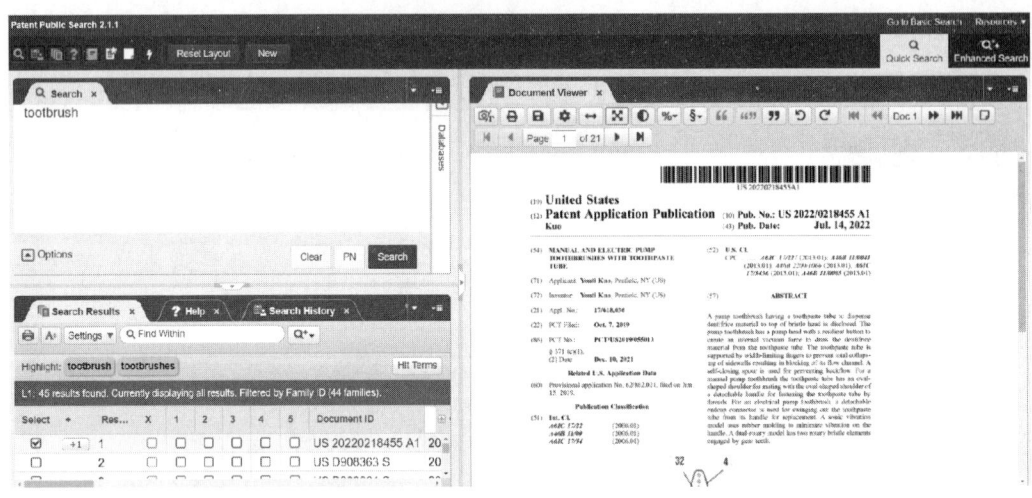

图 5-4　Patent Public Search 的高级检索界面

检索入口，检索结果页面如图 5-5 所示。

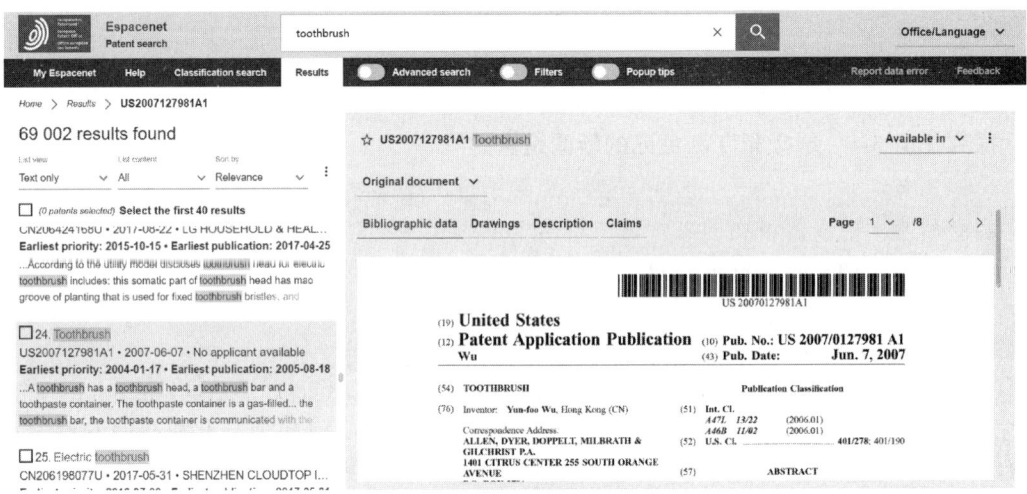

图 5-5　Espacenet 中的专利检索结果及全文

5）世界知识产权组织网站

世界知识产权组织（World Intellectual Property Organization，WIPO）通过专利检索平台 PATENTSCOPE（中文版为 https://patentscope2.wipo.int/search/zh/search.jsf；英文版为 https:// patentscope2.wipo.int/search/en/search.jsf）向公众提供专利检索及全文获取服务。PATENTSCOPE 提供简单检索、高级检索、字段组合检索、跨语言扩展检索、化合物检索等多种检索方式。检索结果如图 5-6 所示。

探究任务 5-2　实质性地获取专利文献的全文

在中国国家知识产权局、美国专利商标局、欧洲专利局、世界知识产权组织提供的专利检索系统中实质性地分别获取至少 1 篇专利文献的全文。

图 5-6 PATENTSCOPE 的检索结果

2. 专利文献商业数据库

除了官方的专利检索系统，一些机构也提供商业化的专利文献数据库。

1）中国知网专利全文数据库

中国知网专利全文数据库收录了 1985 年至今的中国专利和 1970 年以来的国外专利，可以通过申请号、申请日、公开号、公开日、专利名称、摘要、分类号、申请人、发明人、优先权等检索项进行检索。其中，中国专利又分为发明公开、发明授权、实用新型和外观设计四个类型，购买权限后可以下载专利说明书全文；国外专利未分类型，通过数据库提供的欧洲专利局网站链接可直接下载专利说明书全文。

中国知网专利全文数据库面向公众提供免费检索功能，要获取全文需要购买相关权限。

2）万方专利数据库

万方专利数据库收录范围涵盖中国、美国、澳大利亚、加拿大、瑞士、德国、法国、英国、日本、韩国、俄罗斯等十一国和世界知识产权组织、欧洲专利局两个组织。它提供简单检索和高级检索两种检索方式，可以通过专利名称、摘要、申请号、申请日期、公开号、公开日期、主分类号、分类号、申请人、发明人、主申请人地址、代理机构、代理人、优先权、国别省市代码、主权项、专利类型等检索项进行检索，并提供专利全文下载。

万方专利数据库的权限设置与中国知网专利全文数据库类似，检索免费，获取全文收费。

3）德温特专利索引数据库

德温特专利索引（Derwent Innovation Index，DII）数据库包括 Derwent World Patent Index（世界专利索引）和 Patents Citation Index（专利引文索引）两个部分。收录来自全球 50 多个专利授予机构的超过 3600 万条基本发明专利与专利情报，数据可回溯到 1963 年。

德温特专利索引数据库整合在 Web of Science 平台之上，其独有的数据深加工标引字段以及 Web of Science 灵活简洁的检索字段和界面为用户提供了既专业又便捷的检索平台，而且具有强大的分析和引文功能。

作为商业数据库，德温特专利索引数据库需要购买权限，有权限的用户可以获取全文。

视频 5-1　专利文献：学设计，找专利

5.2　标准检索

5.2.1　标准和标准文献

1. 标准

喝的牛奶有标准，用的 U 盘有标准，检验方法有标准，"标准"这个词的定义也有标准。

国家标准《标准化工作指南 第 1 部分：标准化和相关活动的通用术语》（GB/T 20000.1—2014）对标准做出如下定义：标准是通过标准化活动，按照规定的程序经协商一致制定，为各种活动或其结果提供规则、指南或特性，供共同使用和重复使用的文件。国际标准化组织（International Organization for Standardization，ISO）规定：标准是为在一定的范围获得最佳秩序，对活动及其结果规定共同的和重复使用的规则、原则或特性的文件。《中华人民共和国标准化法》总则第二条规定："本法所称标准（含标准样品），是指农业、工业、服务业以及社会事业等领域需要统一的技术要求。"

标准无处不在，种类繁多，根据不同的分类依据，标准可以分为很多类别。

根据适用地域，标准可以分为国际标准、区域标准、国家标准、行业标准、地方标准和企业标准等。

根据是否强制执行，国家标准分为强制性标准和推荐性标准。行业标准、地方标准是推荐性标准。强制性标准必须执行。国家鼓励采用推荐性标准。推荐性标准，在标准编号中有"/T"标识，没有这个标识的国家标准是强制性标准。例如，《消火栓箱》（GB/T 14561—2019）是推荐性标准，《养老机构服务安全基本规范》（GB 38600—2019）是强制性标准。

根据是否采用国际国外标准，国家标准分为采标和非采标。其中，采标指的是在标准制定过程中采用了 ISO、IEC（International Electrotechnical Commission，国际电工委员会）等国际国外组织的标准；非采标指的是在标准制定过程中没有采用国际国外标准。

2. 标准文献

标准文献是指按照规定程序编制并通过一个公认的权威机构批准的技术文件，包括一整套在特定活动领域内必须严格执行的规格、规划和要求的技术文件。标准文献通常称为"标准"，或以规范、规程、建议等名称出现，国外常见的有 Standard（标准）、Specification（规格、规范）、Rules（规则）、Instruction（规则）、Practice（工艺）、Bulletin（公报）等。

标准文献有广义和狭义之分。广义的标准文献是指与标准化工作有关的一切文献，即由技术标准、生产组织标准、管理标准及其他标准性质的类似文件组成的文献体系，含标准形成过程中的各种档案、宣传推广标准的手册及其他出版物、揭示报道标准文献信息的目录、索引等。狭义的标准文献仅指按规定程序制定，经公认权威机构（主管机关）批准的一整套在特定范围（领域）内必须执行的规格、规则、技术要求等规范性文献。

标准文献的编号通常有两种形式：第一种由组织代号、标准序号和发布年号组成。如 GB 38600—2019、ISO9000—2019。第二种由组织代号、类号、标准号和发布年号组成，如 JIS C 4412-2-2019、ASTM B446-2019。

3. 标准的作用

标准在现代社会中发挥着重要作用，主要体现在以下几个方面。

（1）保证产品、过程或服务在具体条件下能够满足规定用途。

（2）保证诸多产品、过程或服务在特定条件下一起使用时彼此兼容，互不干扰，各自满足相应要求。

（3）保证某一产品、过程或服务代替另一产品、过程或服务时，能够满足同样要求。

（4）有利于在满足主导需求的前提下实现品种控制，使得产品、过程或服务的规格或类型拥有最佳数量。

（5）保证安全，使损害风险控制在可以接受的范围内。

（6）有利于保护环境。

（7）有利于产品防护，使之在使用、运输或贮存过程中免受由气候或其他不利条件造成的损害。

5.2.2 标准文献的获取渠道

互联网普及之前，标准文献的检索与获取渠道主要是印刷型检索工具，如《中国国家标准汇编》《中国标准化年鉴》《世界标准信息》等。随着互联网的普及，标准文献检索系统逐渐替代传统印刷型检索工具，成为检索和获取标准文献的主要渠道。目前，检索和获取国内外标准文献，主要有以下几类渠道。

1. 国际组织网站

与标准密切相关的国际组织有不少，ISO 和 IEC 是其中比较重要的两个。

1）ISO

ISO 是世界上最大的非政府性标准化专门机构，负责除电工领域外的一切国际标准化工作。

如图 5-7 所示的在线浏览平台（Online Browsing Platform，OBP）是 ISO 标准的官方检索平台。标准内容涵盖了基础科学、社会科学、自然科学、农业、医学、土木工程、环境工程等多个领域，包括已发布的 ISO 标准、ISO 作废标准和其他 ISO 出版物等。可以通过标准名、标准号、关键词等字段进行检索。ISO 的所有标准每隔 5 年将重新审定，使用时应注意是否为最新版本。

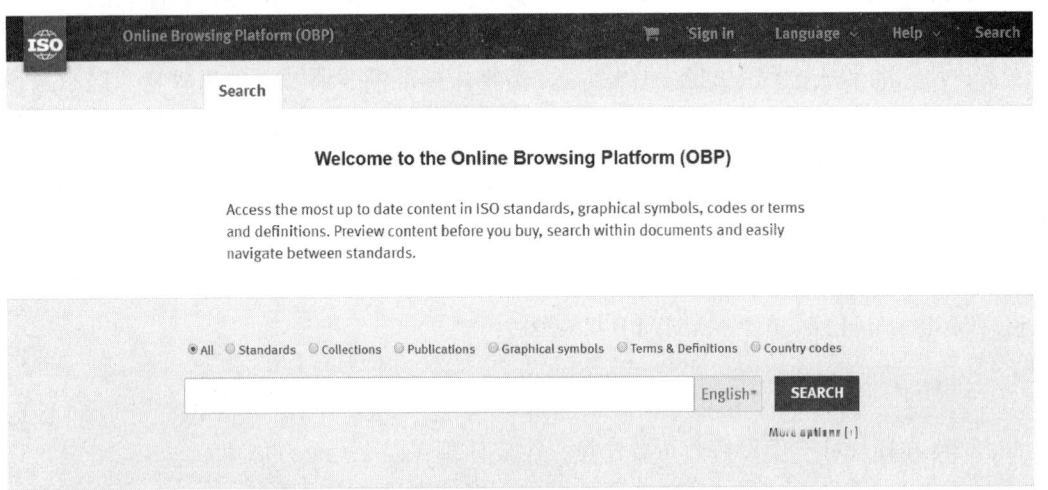

图 5-7　ISO 标准查询平台 OBP

2）IEC

IEC 成立于 1906 年，是世界上成立最早的国际性电工标准化机构，负责有关电气工程和电子工程领域中的国际标准化工作。

在 IEC 的官网上有一个标准查询平台，提供 IEC 标准的检索和全文获取。在这个平台上，可以进行全文检索，也可以通过高级检索界面限制检索字段进行精确检索，检索结果提供标准的题录信息以及相关标准。与 ISO 类似，IEC 的标准全文需要付费获取。

探究任务 5-3　找一个 IEC 标准的官方售价

我们身边有很多设备采用了 USB（universal serial bus，通用串行总线）接口，如 U 盘、鼠标、打印机、充电器等，这些设备不仅需要通过 USB 接口传输数据，还可以通过 USB 接口进行供电。通过 USB 进行电力传输是有规范的，这个规范是 IEC 的一个标准。已知这个标准的名称中包括"USB power delivery specification"这个关键词，出版时间是 2022 年 9 月 5 日，版本是第四版。

请通过IEC的在线商店找到这个标准的题录信息并回答：这个标准的完整名称是什么？标准号是什么？全文有多少页？售价折合成人民币是多少？

2. 国家标准化管理委员会

大部分国家或地区都有专门的标准管理机构，如美国标准学会（American National Standards Institute，ANSI，https://www.ansi.org）、欧洲标准学会（European Committee for Standardization，CEN，https://www.cencenelec.eu）、德国标准学会（Deutsches Institut für Normung，DIN，https://www.din.de/de）等。我国负责标准事务的官方机构是国家标准化管理委员会。

国家标准化管理委员会是统一管理全国标准化工作的主管机构，其机构网站（http://www.sac.gov.cn）链接了两个重要的标准文献检索与获取平台，分别是全国标准信息公共服务平台和国家标准全文公开系统。

1）全国标准信息公共服务平台

图5-8所示的全国标准信息公共服务平台（http://std.samr.gov.cn）是公益类标准信息公共服务平台，提供与标准相关的各类信息的免费查询，包括已经发布的国家标准的题录信息、已备案的地方标准和行业标准的题录信息（部分有全文）、国际标准的题录信息、修订中的国家标准过程信息、国家标准意见反馈信息，另外还提供团体标准、企业标准、国外标准查询的链接。

图5-8 全国标准信息公共服务平台首页

全国标准信息公共服务平台上的标准信息数据全部来自国家标准化工作管理系统所生成的数据信息或国际标准组织（ISO、IEC）、国外标准化机构、国内标准化机构授权使用的标准资源，内容全面，更新及时，而且具有很强的权威性。

探究任务 5-4　查一下"教学用热敏温度计"的标准

教学用热敏温度计是中学教学中比较常用的一个工具,这个工具目前是有标准的,请检索并获取这个标准的全文,并回答这几个问题:这个标准的起草人是谁?标准原文共有几页?

2)国家标准全文公开系统

国家标准全文公开系统(http://openstd.samr.gov.cn)于 2017 年 3 月 16 日正式上线运行,任何企业和社会公众都可以通过这个系统免费查阅或下载国家标准全文,还可以通过关注"中国标准信息服务网"微信公众号在移动端使用。

如图 5-9 所示,国家标准全文公开系统提供普通检索、标准分类和高级检索三种检索模式,可以对标准的类别、状态、发布时间、ICS(International Classification for Standards,国际标准分类)做出限制,从而提高检索的精确性。

图 5-9　国家标准全文公开系统检索界面

需要说明的是,食品安全、环境保护、工程建设方面的国家标准未纳入国家标准全文公开系统,可以分别通过国家卫生健康委员会、生态环境部、住房和城乡建设部官网进行查阅。

案例 5-3　查一下"小麦粉馒头"的国家标准全文

很多东西有标准,我们经常吃的馒头也不例外,如果你想看一下馒头的标准到底是什么样子,可以亲自查一下这个标准的全文,步骤如下。

第一步,找网站。在搜索引擎中搜索"国家标准全文公开系统",找到网址,进入首页。当然,你也可以从国家标准化委员会官网上进去,首页有链接。

第二步,输入检索词。在国家标准全文公开系统首页的检索框中输入"馒头",按回车键后可以找到两条结果,排除误检,名称为"小麦粉馒头"的国家标准只有一个。

第三步,看题录。单击标准名称,可以看到这个标准的题录信息,包括发布日期、实施日期、归口部门、分类号等内容。

第四步，看全文。单击"在线预览"按钮，即可看到标准的全文。如果是第一次使用，需要安装一个pdf阅读器和标准阅读专业客户端插件，相关软件可以在帮助中下载。

3）中国标准信息服务网

中国标准信息服务网（https://www.sacinfo.cn）是由国家标准化管理委员会主管、国家市场监督管理总局国家标准技术审评中心运营的一个商业化的标准信息服务平台，目前主要侧重于国际标准和国外标准全文的购买服务，ISO标准、IEC标准、德国标准、法国标准、西班牙标准等资源都能通过这个平台购买。

3. 商业化标准检索系统

除了国际组织和各国官方提供的标准查询平台，互联网上还有不少商业化的标准检索系统，有时候称为标准数据库。

这些系统一般收集包括国际标准、国外标准、国家标准、地方标准、行业标准、团体标准、企业标准在内的各种标准数据，通过一个检索界面提供灵活、便捷、强大的检索功能，可以免费查阅题录数据，并提供全文的购买服务。比较知名的有中国标准在线服务网（https://www.spc.org.cn）、工标网（http://www.csres.com）、中国标准服务网（http://www.cssn.net.cn）等。

有些综合类的文献数据库，如CNKI、万方等，也有专门的标准检索与全文获取服务，可以免费检索，全文获取需要权限。如果所在单位集体购买了这个数据库，用户可以免费下载全文。

视频5-2　标准文献：免费获取各种标准

探究任务5-5　对比三类不同的标准获取渠道

在国家标准全文公开系统、CNKI标准检索平台和中国标准在线服务网中分别检索并尝试获取与"养老"相关的标准，体会这三类标准检索平台在标准检索与获取方面各自的优缺点。

5.3　数据检索

5.3.1　数据和数据检索

1. 数据

数据，我们都很熟悉，生活、工作、学习都离不开数据。电商网站各种商品的价格、抗疫期间不断变化的确诊数字、城市重点路段上下班高峰时期的车流量、GDP及其增长率、影视明星在社交网络中影响力的对比数、某个城市每一个公共厕所的位置坐标等，这些都是数据。

数据与信息关系密切，数据是信息的一种表现形式，信息是数据的内涵。广义地理解，符号、文字、数字、语音、图像、视频等形式的内容都可以称为数据；狭义的数据，一般指的是以数值为核心的数据。

2. 数据资源

数据资源指的是能够被人们利用的数据。

世界上的数据很多，来源不同，形式多样，用途各异，一般来说，只有能够用于解决问题的数据才称为数据资源。数据资源的价值与使用主体、使用场景密切相关，有些数据资源，对这些人来说可能没有价值，对另外的人来说可能具有很高的价值，这涉及数据的优化配置问题。有些数据资源，现在价值很高，可能过段时间就没价值了，这涉及数据的时效性问题。

3. 数据集

数据集是数据资源的一种重要形式，是近年来逐渐流行的一种数据资源类型。简单地说，数据集就是大量结构化数据的集合。从资源利用的角度来看，数据集可以认为是可以通过互联网获取、具有特定格式、能够进行数据处理的数据资源。有些数据集是能够下载的数据文件，格式一般为 XLS、CSV、ZIP，有些数据集提供数据接口，用户可以根据需要按照一定的规范进行远程调用。

互联网上不少平台以数据集的方式向用户开放数据，也有如 Google 数据集搜索等专门的数据集搜索引擎。另外，在互联网上也有人做数据集的导航，比较知名的有 Github 上的 Awesome Public Datasets（https://github.com/awesomedata/awesome-public-datasets）。

4. 数据的应用

数据的用途很广，主要体现在以下几个方面。

（1）数据是美好生活的助手。我们的日常生活离不开数据，房价、菜价、油价、气温、$PM_{2.5}$ 等数据与我们的生活密切相关。网上购物要学会同款比较发现最低价，出门旅行要了解天气和交通数据，外出吃饭要先查询好评数，等等。善用数据，开启美好生活。

（2）数据是各类决策的依据。决策离不开数据的支撑：高考填志愿，不仅要考虑自己的成绩和排名、当年的提档线、前几年的提档线，还要考虑目标学校的排名、历年招生分数线等多种数据。企业做财务决策，需要考虑的数据更多，宏观经济数据、企业自身的财务指标、预测的销售量、生产量、采购量、存货库存的变化等，这些数据都会影响企业的财务决策。国家的经济政策更离不开数据的支撑，GDP 总量、税收增长率、利率、汇率、物价指数、失业率、进出口额等，都是宏观决策所依据的数据。

（3）数据是科学研究的基础。科学研究离不开数据，无论是描述现状，还是提出问题，都需要数据作为依据来支持研究提出的论点。

5. 获取数据的渠道

互联网普及之前，印刷版的年鉴是传统的数值型信息的主要获取渠道。年鉴是全面、系统、准确地汇集某一年度或多个年度事物发展状况的资料性工具书，其中统计年鉴主要收录具体领域宏观层面的统计数据。随着互联网的普及，为了方便用户的获取与利用，有些统计年鉴开始出现电子版。例如，《中国统计年鉴》不仅有印刷版，也有电子版。但是统计年鉴提供的数据的规模、粒度、更新受到出版节奏的限制，非结构化的数据也不利于用户的检索和处理，这在一定程度上影响了统计数据的推广利用和价值实现。

目前，专业的数据获取渠道包括专业数据库、统计数据开放平台、数据开放平台、网络指数平台等。同时，也有不以提供数据为目的但确实能获取数据的平台，如淘宝、京东、链家网、安居客等非专业的数据检索系统，但这些网站确实能够查询具体商品的价格数据。

5.3.2 政府统计部门数据平台

每个国家都有自己的政府统计数据编撰和发布体系。近年来，国内外的政府统计部门开始通过互联网提供统计数据的查询服务，有些平台还具有数据分析、数据可视化等功能。我国政府的统计数据编撰与发布平台主体主要涉及国家统计局、各省市统计局、政府各部委统计部门等机构。

1. 国家统计局

国家统计局（http://www.stats.gov.cn）是我国统计数据编撰和发布的主要机构，其网站上的"国家数据查询平台"，免费提供各项统计数据的查询、下载、分析服务，可一站式检索或导航查找数据。平台数据包含月度数据、季度数据、年度数据、普查数据、地区数据、部门数据、国际数据等，还可以在线查阅电子版的《中国统计年鉴》《中华人民共和国国民经济和社会发展统计公报》《国际统计年鉴》《金砖国家联合统计手册》。

探究任务 5-6　从国家统计局网站上获取数据并在线作图

图 5-10 所示的数据和图形是直接在国家统计局国家数据查询平台上查询数据并进行可视化后得到的，请亲自动手在国家统计局的网站上找到这些数据并做出图形。

2. 各省市统计局网站

国家统计局负责全国性统计工作，各地统计数据的编撰和发布由各省市统计局负责。各省市统计局网站是获取各地统计数据的重要渠道。

探究任务 5-7　哪些地方的统计年鉴是可以免费下载全文的？

登录各地统计局的网站，看哪些省（自治区、直辖市）统计局提供本地区统计年鉴的免费下载。

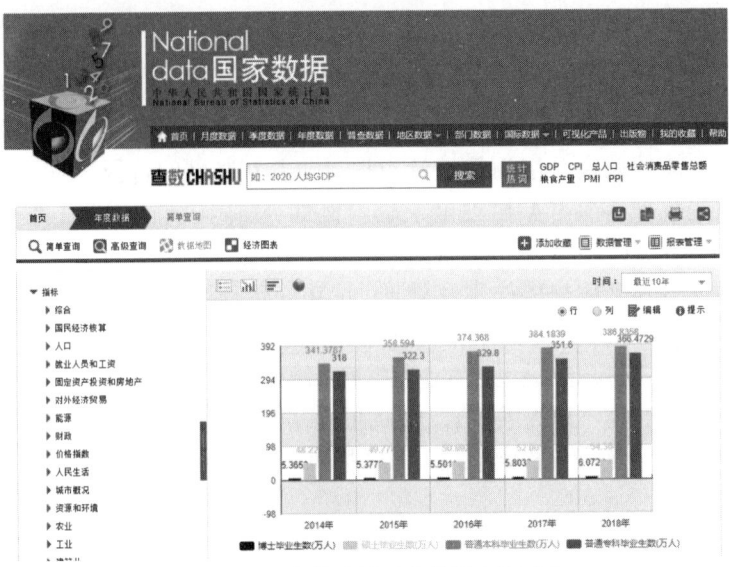

图 5-10　国家统计局国家数据查询平台

3. 政府各部委网站

政府各部委网站也是获取统计数据的重要渠道，这些机构一般会发布本领域统计数据，在其网站上会有专门的统计数据发布栏目。例如，在教育部的网站上有专门的教育统计数据、教育发展统计公报；工业和信息化部网站上有专门的栏目提供各种与工业和信息化相关的统计数据；住房和城乡建设部网站上也有专门的统计数据发布栏目，提供《城乡建设统计年鉴》和各种统计公报的下载服务。

5.3.3　数据开放平台

社会信息化的迅猛发展促进了数据的生产、存储、传输和利用。一方面，整个社会在运行的过程中不断创造并积累了大量的数据，另一方面，大数据时代数据已经成为日常生活中不可或缺的一部分，包括个人在内的社会各主体在参与社会实践的过程中有各种各样的数据需要。在此背景下，数据开放已经成为社会发展的客观需求。互联网的普及为数据在更大范围内的传播和利用提供了条件，使数据开放在操作层面具有可能。

数据开放的对象是开放数据（open data）。开放数据是一类可以被任何人免费使用、再利用、再分发的数据，强调数据的原始完整、及时发布、平等获取、机器可读。所以，开放数据是我们可以利用的优质信息资源，数据开放平台是我们获取数据资源的重要渠道。

目前，各国政府、国际组织、科研机构、行业组织、企业等社会主体在积极参与并推动数据开放运动，通过数据开放平台向公众开放数据。

视频 5-3　数据资源：科研、决策的重要支撑

1. 政府数据开放平台

政府数据开放是推动数据开放的主要力量。自 2009 年美国发布《透明和开放政府备忘录》以来，英国、美国等国家积极推动数据开放运动，并出台了一系列数据开放方面的政策。2015 年我国发布的《促进大数据发展行动纲要》提出"加快政府数据开放共享"，2017 年出台的《政务信息系统整合共享实施方案》强调"促进共享，推进接入统一数据共享交换平台"。

1）我国政府数据开放平台

目前，我国大多数省（自治区、直辖市）、市地方政府通过政府数据开放平台向公众开放数据。数据开放的范围包括财税金融、工农业生产、交通运输、科技创新、医疗卫生、生活服务、生态环境等诸多方面，涉及绝大多数政府部门。在搜索引擎中输入"数据开放"这个关键词，加上具体省（自治区、直辖市）或者城市名，很容易就能找到对应的政府数据开放平台。

地方政府的数据开放平台，一般提供一站式的数据搜索入口，也可以根据数据类型或所属部门进行分类浏览。数据结果一般以数据集的方式提供，格式包括 XLSX、XML、RDF、CSV、JSON（JavaScript object notation，JS 对象简谱）等，有些还提供 API（application programming interface，应用程序接口）供程序调用。

案例 5-4　查找深圳市宝安区每一个公共厕所的数据

做一个"公共服务"方面的课题，需要深圳市的公共厕所数据，数据要具体到每一个公共厕所的位置、大小、蹲坑数量、营业时间。这么具体的微观数据，政府的统计年鉴是不大可能提供的。该怎么找呢？

第一步，找网站。用搜索引擎搜索"深圳 数据开放"，很容易找到深圳市政府数据开放平台，网址是 https://opendata.sz.gov.cn。

第二步，注册登录。和注册其他网站账号差不多，免费的。

第三步，搜索。在首页的搜索框中输入"公共厕所"，按回车键后找到如图 5-11 所示的结果。其中有一个名为"宝安区-公共厕所数据"的数据集。

第四步，下载数据。单击这个结果找到下载按钮，选择 XLSX 格式文件下载。

第五步，查看数据。打开，这个 Excel 文件包含两个数据表，一个是元数据，一个是具体数据。具体数据详细列出了深圳市宝安区 356 个公共厕所的详细地址、管理单位、所属社区、营业时间等详细数据。

2）其他国家政府数据开放平台

如图 5-12 所示的 DATA.GOV（https://data.gov）是美国政府创办的数据开放平台，旨在开放美国政府数据。通过这个平台，数据需求主体可以免费查询、下载数据，还可以利用网站提供的 API 实现第三方应用的调用。另外，这个平台还链接了美国政府其他部门的开放数据平台，如美国健康数据平台（https://healthdata.gov）等。

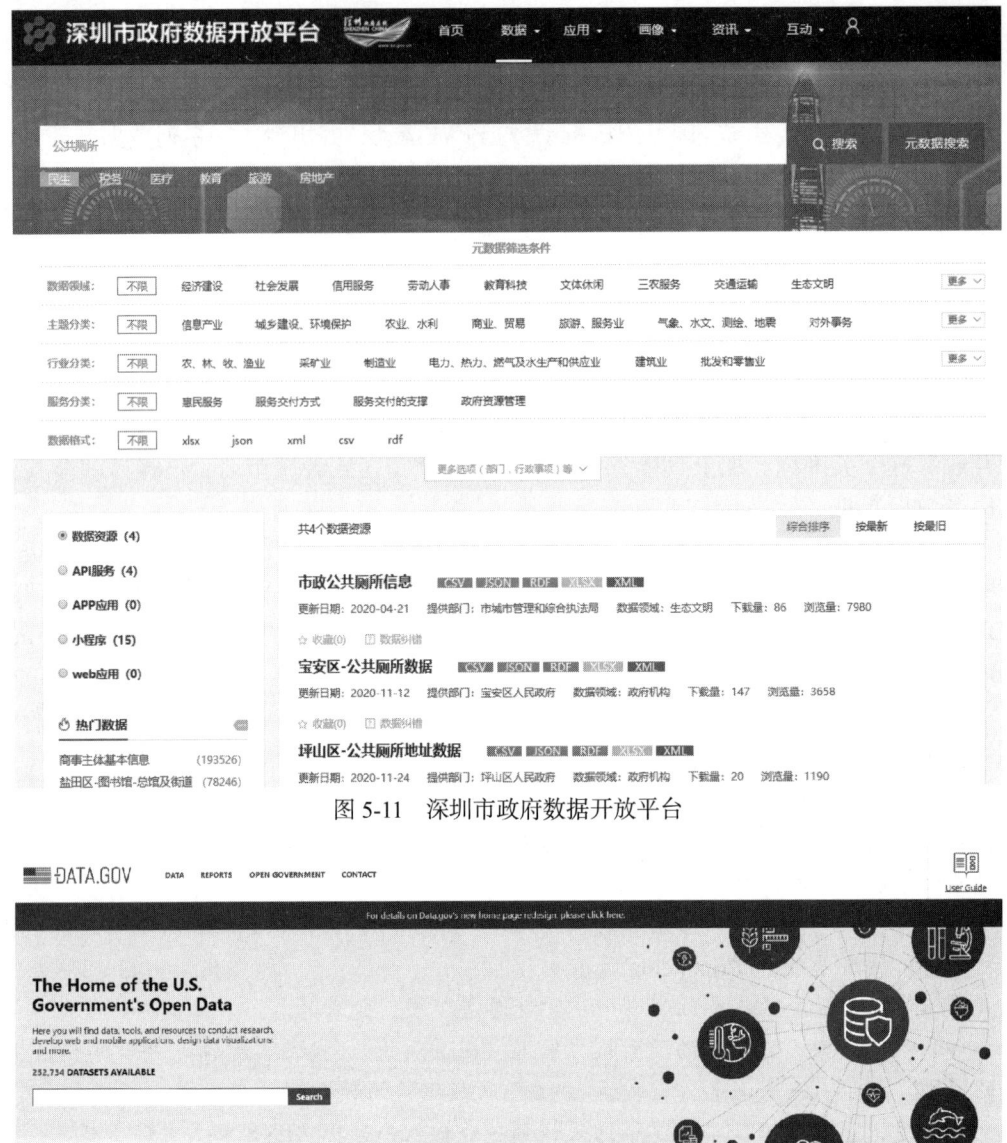

图 5-11　深圳市政府数据开放平台

图 5-12　美国政府的数据开放平台 DATA.GOV

英国（https://data.gov.uk）、加拿大（http://open.canada.ca）、澳大利亚（https://data.gov.au）、爱尔兰（https://data.gov.ie）、新加坡（https://data.gov.sg）等国家也有各自的数据开放平台。

探究任务 5-8　在 DATA.GOV 中查找艾奥瓦州的年度个人消费支出

DATA.GOV 收录了很多美国各级政府的开放数据。在这个平台上找到一个名为《艾奥瓦州的年度个人消费支出》（Annual Personal Consumption Expenditures for State of

Iowa)的数据集并下载 CSV 格式的数据集文件。请问这个 CSV 格式文件中有多少行数据？

2. 国际组织数据开放平台

联合国、世界银行、国际货币基金组织、经济合作与发展组织等国际组织也提供开放数据，有专门的数据开放平台，向全球用户提供免费的数据服务。

1）联合国

如图 5-13 所示的 UNdata（http://data.un.org）是联合国重要的数据开放平台，提供联合国系统内的开放数据资源。除此之外，UNECE（United Nations Economic Commission for Europe，联合国欧洲经济委员会，https://w3.unece.org/PXWeb/en）、UN Comtrade Database（联合国商品贸易数据库，https://comtrade.un.org）、MBS（联合国统计月报，https://unstats.un.org/unsd/mbs/app/DataSearchTable.aspx）、SDG Indicators（可持续发展目标指标数据库，https://unstats.un.org/sdgs/indicators/database）也是联合国数据开放平台的重要组成部分。其中，UNECE 提供欧洲、北美和中亚的可比数据；UN Comtrade Database 提供国际商品贸易数据；MBS 提供各种月度数据；SDG Indicators 提供可持续发展目标的相关指标数据查询。

图 5-13　联合国数据开放平台 UNdata

这些数据开放平台，除了提供数据的交互式查询，还提供各种数据分析、数据集下载等功能。

2）世界银行

世界银行是世界银行集团的简称，国际复兴开发银行的通称，也是联合国的一个专门机构，旨在向成员国提供贷款和投资，推进国际贸易均衡发展。

世界银行提供多个数据开放平台，可免费获取各种数据、数据集和数据工具，包括以下几类。

世界银行公开数据（https://data.worldbank.org.cn）：这是世界银行最主要的数据开放入口，提供一站式数据查询服务，用户能公开获取世界各国的发展数据，也可以基于"国家"和"指标"进行导航式浏览，界面如图 5-14 所示。

图 5-14 世界银行公开数据

数据目录（Open Data Catalog）：提供一系列世界银行数据集，包括数据库、格式化表格、报告和其他资源。

数据银行（DataBank）：一个包含各种主题时间序列数据的分析和可视化工具。

微数据（Microdata Library）：提供对家庭、商业机构或其他机构的抽样调查数据。

世界发展指标（World Development Indicators，WDI）：世界银行通过官方认可的国际机构汇编的一系列主要发展指标，提供 XLS、CSV 等格式文件下载。

开放融资数据（Open Finances）：有关世界银行集团财务的原始数据，包括全球资金的付款和管理。

项目执行数据（Project & Operations）：提供世界银行从 1947 年至今所有贷款项目的基本信息。

开放数据工具包（Open Data Toolkit）：旨在帮助相关人员理解开放数据的基本原则以及如何快速规划和实施一个政府数据开放项目。

生活水平测评研究（Living Standards Measurement Study，LSMS）：旨在支持各国进行多主题的住户调研，以产生高质量的数据、改进调研方法并建立相关能力。

全球消费数据库（Global Consumption Database）：发展中国家居民消费数据的一站式查询平台。

探究任务 5-9　下载并查阅 WDI

WDI 是世界银行提供的重要数据集，提供 Excel 和 CSV 格式的文件下载。请在世界银行的网站上找到这个数据集，下载并找到中国、美国、印度三个国家近五年"单位 GDP 能耗"的指标值。

3）国际货币基金组织

国际货币基金组织是与世界银行同时成立的世界金融机构，其职责是监察货币汇率和各国贸易情况，提供技术和资金协助，确保全球金融制度运作正常。

国际货币基金组织通过如图 5-15 所示的数据开放平台（https://www.imf.org/data），提供世界经济展望（World Economic Outlook）、全球金融稳定报告（Global Financial Stability Report）等多种数据资源，这些数据可以免费下载。

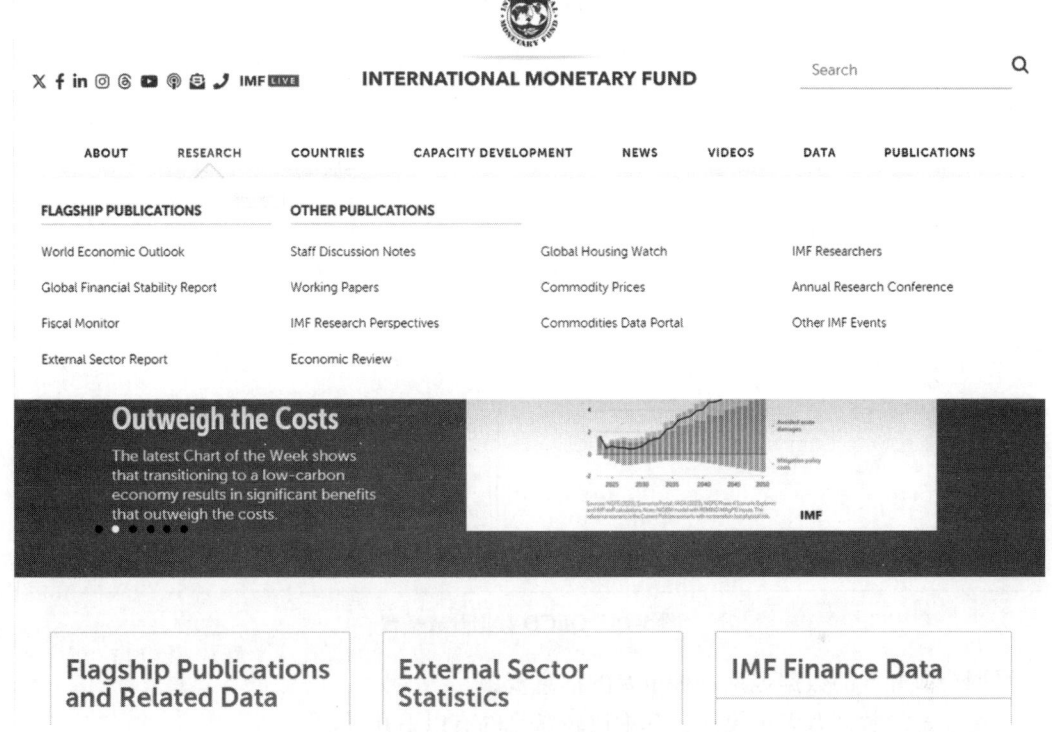

图 5-15　国际货币基金组织数据开放平台

国际货币基金组织还提供专门的数据集工具 IMF Datamapper，提供十几种数据集的下载，可以自定义国家和指标，下载格式除了 Excel 还有图表。

4）经济合作与发展组织

经济合作与发展组织（Organization for Economic Co-operation and Development，OECD）简称经合组织，是由 38 个市场经济国家组成的政府间国际经济组织，旨在共同应对全球化带来的经济、社会和政府治理等方面的挑战，并把握全球化带来的机遇。

经济合作与发展组织通过如图 5-16 所示的数据开放平台（https://data.oecd.org）提供数据服务，用户可以通过搜索框查询具体数据，也可以浏览 OECD 经济展望（OECD Economic Outlook）等下载多种数据资源。

3. 企业数据开放平台

除了政府和国际组织，企业尤其是大型互联网企业也是数据开放的重要力量。这些

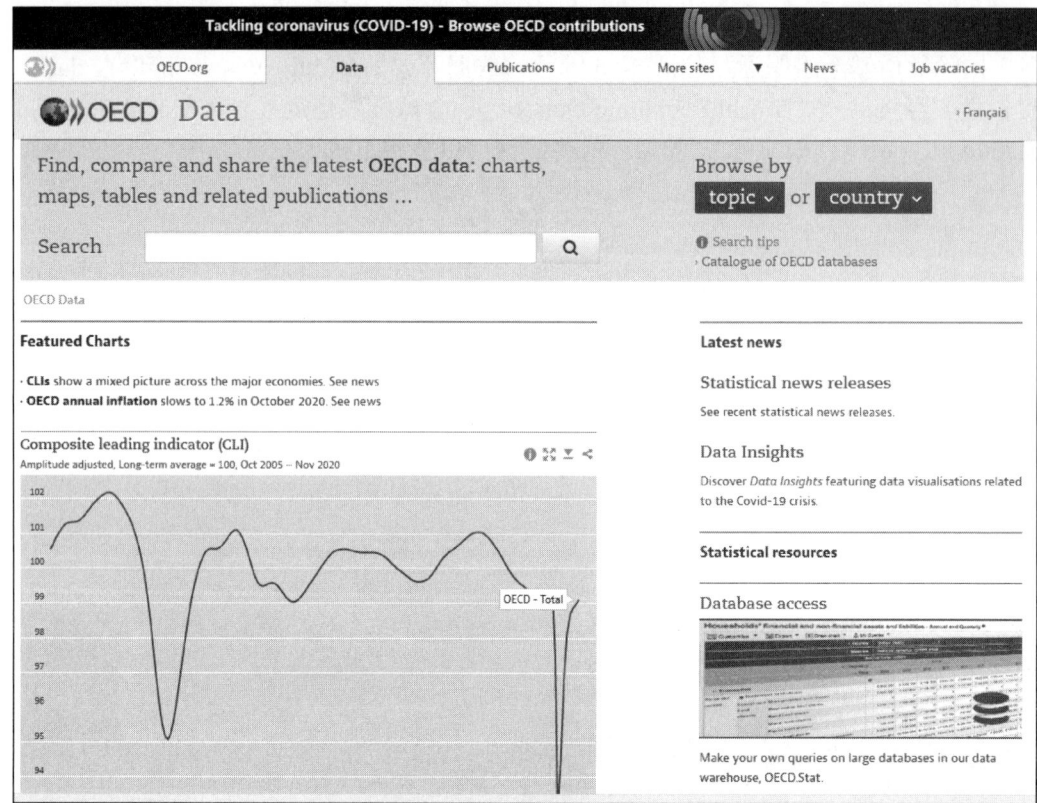

图 5-16　OECD 数据开放平台

互联网企业开放的数据也是一种重要的信息资源。

企业开放数据有多种模式，其中比较常见的有以下几种。

1）提供数据调用的 API

阿里巴巴、腾讯、百度、京东、美团等互联网企业，基于业务需要或者网络安全考虑，主动提供数据调用接口，向外部开放数据。用户通过企业提供的数据调用接口，可以查询企业的相关数据。如果企业提供了 API，通过搜索引擎一般可以找到。

2）直接提供数据集下载链接

有些企业以数据为主要业务内容，提供多种数据集下载。尽管大部分数据的下载需要付费，但也有一些免费的数据集。

3）数据随业务系统开放

有些互联网企业，数据开放是自身业务的一个必要环节或者组成部分，如各种电商网站的商品价格数据、地图导航应用的交通数据、比价应用的价格数据、网络指数网站的指数数据等。这些数据随业务开放，任何人都可以免费获取这些数据，它们自然也就成了一种信息资源。

5.3.4　统计数据库

统计数据库是我们获取数据的重要渠道。作为专业化、商业化的统计数据平台，统计数据库在统计数据的规模、质量、相关工具、用户体验等方面，有着各自的优势和强项。不少高校图书馆购置了统计数据库，在指定的网络 IP 范围可以使用。

目前，比较常见的统计数据库有以下几种。

1. CEIC 数据库

CEIC 数据库（https://www.ceicdata.com）主要提供全球宏观经济以及行业时间序列数据和各主要证券交易所的上市资讯财务数据。它有全球数据库（Global Database）、中国经济数据库（China Premium Database）等多个子库。

2. BvD 数据库

BvD 是欧洲著名的全球金融与企业资讯分析数据库提供商，为各国政府金融监管部门、银行与金融机构、证券投资公司、高校提供国际金融与各国宏观经济走势分析等专业数据。包括全球银行与金融机构分析库（Bank Focus）、全球上市公司分析库（Osiris）、全球并购交易分析库（Zephyr）、全球企业数据库（ORBIS）等多个子库。

3. CSMAR 数据库

CSMAR 数据库（http://www.gtarsc.com）是涵盖中国证券、期货、外汇、宏观、行业等经济金融主要领域数据的高精准研究型数据库，是投资和实证研究的基础工具，服务对象为以研究和量化投资分析为目的的学术高校和金融机构，有多个子库。

4. 中经网统计数据库

中经网统计数据库（http://db.cei.cn）由国家信息中心开发，面向社会各界用户提供全面、权威、及时、准确的经济类统计数据信息，提供时间、指标、地区三个维度的组合搜索，也支持关键词检索，对统计口径和范围的调整变更提供说明，可以导出 Excel 格式数据。

中经网统计数据库包括分省宏观月度库、分省宏观年度库、全国宏观月度库、全国宏观年度库、县域年度库、海关月度库、城市年度库、OECD 月度库、OECD 年度库等多个子库，内容涵盖宏观经济、行业经济、区域经济、世界经济等多个领域。

5. EPS 数据库

EPS 数据库（http://olap.epsnet.com.cn）是集丰富的数值型数据资源和强大的经济计量系统于一体的数据信息服务平台。EPS 数据库集成整合了各类数据资源，形成了国际数据、宏观经济、金融市场、产业运行、区域经济、贸易外经、资源环境、县市数据、人文社科、普查数据等多个数据库集群，包含几十个子库，提供跨库检索、数据处理、统计分析、建模预测和可视化呈现等功能，为用户提供从数据获取、数据处理、分析预测、数据可视化到本地保存的一站式数据服务。

5.3.5 互联网企业指数平台

阿里巴巴、腾讯、百度、新浪等大型互联网企业，在业务运营的过程中，积累了大量数据，这些包括客户参与数据在内的数据形成了大数据资源。基于这些数据，部分企业推出了大数据产品，一般以"某某指数"的名称向公众开放，这些指数平台大部分都是免费的。

1. 百度指数

在使用百度进行搜索时，我们搜索的时间、地点、关键词等行为数据会被百度记录下来，这些数据形成大数据。基于这些用户搜索行为大数据，结合用户注册数据、系统索引数据等其他来源数据，百度推出了百度指数。

百度指数（http://index.baidu.com）是以百度海量网民行为数据为基础的数据分享平台。通过这个平台，可以研究关键词搜索趋势、洞察网民需求变化、监测媒体舆情趋势、定位数字消费者特征；还可以从行业的角度，分析市场特点。

百度指数主要有以下几个功能。

1）趋势研究

指数趋势：根据自定义时间段和自定义地域，查询关键词搜索指数、资讯指数和媒体指数；搜索指数可以按照数据来源分别查看 PC（personal computer，个人计算机）端、移动端、PC 端+移动端数据，资讯指数和媒体指数不作来源区分。

指数概览：提供关键词搜索指数在所选时间段的日平均值及其同比、环比变化趋势；若所选时间段超过 1 年，不显示同比和环比数据。

新闻头条：提供趋势图峰值对应日期的相关新闻，帮助用户了解相关新闻热点。

2）需求图谱

需求图谱提供中心词搜索需求分布信息，帮助用户了解网民对信息的聚焦点和产品服务的关注点。例如，"化妆"的热门需求词包括"方法""产品""眼妆"等，这说明网民在搜索化妆前后的相关关注主要体现在这些方面。

3）人群画像

地域分布：提供关键词访问人群在各省市的分布。帮助用户了解关键词的地域分布，以此根据特定地域用户的偏好进行针对性的决策。

人群属性：提供关键词访问人群的年龄、性别分布情况。

百度指数支持多个平台，有 Web 版，也有移动版和微信小程序。

案例 5-5　雷军和余承东，谁最红？

在网络时代，公司核心人物在互联网上的关注度在一定程度上会影响公司产品的影响力。了解某个人的影响力有多种渠道，百度指数是其中之一。如果要对比小米的雷军和华为的余承东，可以进行以下操作。

第一步，找网站。搜索一下，找到百度指数。

第二步，注册登录。百度指数需登录百度账号后才能使用，百度账号可以免费注册。

第三步，输入关键词。在百度指数的搜索框输入关键词"雷军"，按回车键后可以看到"雷军"的搜索指数，点击"+添加对比"，输入"余承东"，按回车键后结果如图 5-17 所示。

图 5-17 百度指数搜索结果

第四步，查看结果。除了趋势分析，还可以查看"需求图谱""人群画像"。自己也动手探索一下，看看雷军和余承东的粉丝群体有什么不同。

2. 微信指数

微信指数是微信推出的基于微信大数据的移动端指数，目前以微信小程序的形式内嵌在微信中。微信指数的数据基础是微信搜索、公众号文章及朋友圈公开转发的文章。微信指数大小体现了相关关键词在微信这个社交媒体中的活跃度和影响力，微信指数的变化趋势和对比关系也具有一定的实际意义。通过微信指数，用户可以了解关键词搜索热度及其变化，帮助用户更好地掌握舆情变化，做出合理决策。

目前微信指数支持查看 7 天、30 天及最近一年的指数数据和曲线，操作步骤如下。
第一步，找到微信指数入口。在手机微信中搜索"微信指数"，进入微信指数小程序。
第二步，输入关键词，点击搜索。
第三步，添加对比词。如果需要，可以添加对比词。点击添加对比词按钮，即可添加。

3. 微指数

微指数是新浪基于微博用户数据、行为数据、内容数据推出的一款数据产品，是衡量关键词在新浪微博上的传播互动效果、受关注情况的重要指标。用户可以通过微指数洞察网络热点、了解趋势变化、掌握舆情变化，为内容运营、精准营销、舆情分析、学术研究提供重要的数据参考。

习 题

一、多选题

1. 下列哪项不是比亚迪股份有限公司2022年申请的发明专利？（   ）
   A. 电驱动总成、四轮驱动系统及车辆
   B. 发车时间的调整方法、存储介质、车载控制器及轨道车辆
   C. 负极极片及二次电池
   D. 车辆的扭矩控制方法及存储介质、电子设备、车辆

2. 在Espacenet中查询可知，名为"Plasterboard with improved nail pull resistance"的专利优先权号是（   ）。
   A. EP20200000482 20201222　　B. EP2021000158W·2021-12-22
   C. WO2022135734A1·2022-06-30　　D. US202118268739 20211222

3. 行业标准《数字电影巨幕影厅技术要求和测量方法》（标准号：DY/T 3—2020）起草人不包括（   ）。
   A. 李娜　　B. 林民杰　　C. 陈江　　D. 方捷新

4. 查询相关统计数据可知，2023年10月广东省商品住宅销售面积为（   ）万平方米。
   A. 5 967 344　　B. 6525.6　　C. 4435.74　　D. 558.16

5. 根据世界银行的数据，下列几个国家中，2022年0～14岁人口占总人口比重最高的是（   ）。
   A. 中国　　B. 尼日尔　　C. 哈萨克斯坦　　D. 中非

二、多选题

1. 下列标准属于强制性国家标准的有（   ）。
   A. 带电作业用空心绝缘管、泡沫填充绝缘管和实心绝缘棒（实施日期：2010-02-01）
   B. 黑糯玉米（实施日期：2023-07-01）
   C. 玉米（实施日期：2019-02-01）
   D. 电动汽车传导充放电安全要求（实施日期：2023-11-27）

2. 下列哪些城市发布了与毛笔相关的（标准名称中包含"毛笔"）地方标准？（   ）
   A. 扬州　　B. 镇江　　C. 乐山　　D. 宣城

3. 在湖南省统计局的官网上可以找到在线版的《湖南统计年鉴》，查询这个年鉴可知，2022年湖南省地方一般公共预算收入超过200亿元的城市包括（   ）。
   A. 长沙市　　B. 常德市　　C. 湘潭市　　D. 株洲市

三、判断题

1. 在国家标准全文公开系统中可以查询我国目前正在实施的所有国家标准，但其中

部分无法获取全文。(　　)

2. 通过查询百度指数可知,"缅北"这个关键词关注度最高的时间点是2023年11月7日。(　　)

3. 最近一年,"信息素养"的微信指数数据一直低于"数字素养"的微信指数数据。(　　)

第5章配套资源

第5章相关图片

第 6 章 法律、教育、企业、卫健信息资源检索

案例 6-1　网站域名备案，可以这样查

互联网上有很多信息资源，网站是我们获取这些信息资源的主要入口。尽管大部分网站在合法运营，但也有个别网站做一些非法勾当。如何鉴别非法网站呢？

鉴别非法网站的方法有很多，查询网站备案信息是其中的一个。

根据我国相关法规，国内的网站是需要备案的。尽管已经备案的网站也不能绝对保证没有安全风险，但没有备案的网站，安全风险就大多了。

网站备案信息查询，可以使用工业和信息化部旗下的 ICP/IP 地址/域名信息备案管理系统。如图 6-1 所示，在检索框中输入域名，可以查询到对应网站的主办单位名称、ICP 备案/许可证号等信息。

图 6-1　ICP/IP 地址/域名信息备案管理系统

ICP/IP 地址/域名信息备案管理系统是工业和信息化部面向公众提供的查询系统，是我们获取网站备案信息的重要渠道。

其实，政府各部门，特别是国家各部委，大多提供各自领域内的信息查询系统，这些系统基于具体的业务数据，真实可靠，权威性强，而且完全免费。

第 5 章介绍的国家知识产权局的专利查询系统、国家标准委员会的标准查询系统、国家

统计局的统计数据查询系统都是典型的政府信息检索系统。本章结合具体案例,从法律、教育、出版、卫生健康、市场监督等方面介绍政府各部门提供的实用检索系统。

6.1 法律信息检索

无论是工作、学习,还是生活,都离不开法律信息。与法律相关的信息有很多,能够通过互联网获取的也不少。从利用的角度来看,国家的各种法律法规、裁判文书、司法执行信息、庭审直播录播视频都是重要的信息资源。司法部、最高人民法院等部门有法律相关的信息检索系统,可以免费检索。也有一些与法律相关的商业数据库,如果有权限,也可以利用。

6.1.1 法律法规检索

法律法规是社会运行的安全保障,绝大多数国家或地区都有系统的法律法规体系,这些成文的法律法规是一种重要的信息资源。我国也有完整的法律法规体系,具体包括法律、行政法规、司法解释、地方性法规、地方规章、部门规章及其他规范性文件。

由于各种法律法规会不断更改或者修订,所以在利用这些信息资源的时候,要注意时效性。

法律法规都是面向社会公开的文件,所以一般比较容易查找获取。如果知道具体的法律法规的名称,通过搜索引擎一般可以直接获取。如果需要系统检索,可以使用专业的法律法规查询平台。

查询我国法律法规,可以选择全国人民代表大会常务委员会办公厅旗下的国家法律法规数据库(https://flk.npc.gov.cn)、中国法院网旗下的法律文库(https://www.chinacourt.org/law.shtml)等平台。这些资源系统,不但信息权威性强,而且完全免费。另外,一些法律相关的商业数据库也提供法律法规的免费查询,如北大法宝(https://www.pkulaw.com)、法律之星(http://law1.law-star.com)等。

查询国外的法律法规,思路类似。先去具体国家相关部门的网站上查找针对性的查询平台。例如,查美国的法律法规,可以试试美国法典网(https://www.cit.uscourts.gov)、美国国会法律图书馆(http://www.lawreview.org)等。当然,如果有权限,使用国外法律法规相关的商业数据库更方便,如 Westlaw Next(http://westlaw.com)等。

探究任务 6-1　查找《中华人民共和国民法典》,对比数据库

2020 年 5 月 28 日,第十三届全国人民代表大会第三次会议表决通过了《中华人民共和国民法典》,自 2021 年 1 月 1 日起施行。《中华人民共和国民法典》被称为"社会生活的百科全书",是新中国第一部以法典命名的法律,在法律体系中居于基础性地位,也是市场经济的基本法。

请分别通过全国人民代表大会常务委员会办公厅旗下的国家法律法规数据库、中国法院网旗下的法律文库、北大法宝、法律之星等平台查找这部法典的全文,体会不同平台之间的区别。

6.1.2 裁判文书检索

裁判文书是记载人民法院审理过程和结果的文件，是诉讼活动结果的载体，也是人民法院确定和分配当事人实体权利义务的唯一凭证。裁判文书有多种类型，具体包括各级人民法院出具的判决书、裁定书、调解书、决定书、通知书、令、函、答复等。

对于法律从业者而言，裁判文书是工作的重要参考；对科研人员而言，裁判文书是科学研究的资料库；对法律相关专业的学生而言，裁判文书是学习的素材。另外，裁判文书还是尽职调查的信息来源，通过裁判文书，可以了解相关的公司和人员。

如图 6-2 所示的中国裁判文书网（https://wenshu.court.gov.cn）是最高人民法院旗下的信息公开平台，可以查询我国各级人民法院的部分裁判文书，是检索我国裁判文书的重要平台。

图 6-2　中国裁判文书网

中国裁判文书网首页提供检索入口，可以在检索框中输入案由、关键词、法院、当事人、律师等信息进行一站式检索。另外，中国裁判文书网也有高级检索功能。高级检索提供案件名称、法院名称、案件类型、文书类型、案例等级、审判人员、律所、案由、案号、法院层级、审判程序、裁判日期、公开类型、当事人、律师、法律依据等多个检索字段，而且可以限定检索词在全文中出现的具体位置。

中国裁判文书网的检索结果界面提供基于关键字、案由、法院层级、地域及法院、裁判年份、审判程序、文书类型、案例等级等字段的筛选功能。检索到的文书结果可以在线查阅全文，也可以下载 Word 版的全文，而且提供批量下载功能。

案例 6-2　巧用中国裁判文书网，找靠谱的律师

一家公司招聘法律顾问时收到了很多简历，经过筛选，留下 10 位有律师从业经验的求职者做进一步考核。在考核业务水平时，其中一个环节就是查看应聘者之前代理过的案件。

在中国裁判文书网中选择检索字段"律师"，输入求职者姓名，在检索结果中结合其他信息根据地域进行进一步筛选，找出求职者之前作为律师代理过的案件的裁判文书。

根据裁判文书的关键字、案由、内容、判决结果等信息对求职者做进一步了解，并根据他们之前代理的这些案件设计针对性的面试内容。

探究任务 6-2　裁判文书中，有你所在的学校吗？

在中国裁判文书网中查询你所在的学校，看看出现在哪些判决书中。要找到全文哦。

如果要查你的学校作为当事人的裁判文书，该怎么查呢？

6.1.3　司法执行信息检索

司法执行信息一般是指各级法院依法向社会公开的与司法执行相关的信息，主要包括被执行人信息、限制消费信息、失信被执行人信息、终结本次执行案件信息等。司法执行信息可以帮助我们了解具体人和组织机构的信用状况，是尽职调查的重要信息来源。查询我国的司法执行信息，可以用如图 6-3 所示的中国执行信息公开网。

图 6-3　中国执行信息公开网

1. 被执行人信息

通过法院判决，需要承担对应执行义务的人员，进入执行程序时，都可以称为被执行人。被执行人可以是个人，也可以是组织机构。被执行人信息一般包括被执行人姓名（或名称）、身份证号码（或组织机构代码）、执行法院、立案时间、案号、执行标的等信息。

2. 限制消费信息

限制消费是指被执行人未按执行通知书指定的期间履行生效法律文书确定的给付义务的，人民法院可以采取限制消费措施，限制其高消费及非生活或者经营必需的有关消费。如果未按执行通知书指定的期间履行生效法律文书确定的给付义务的被执行人是单位的，限制消费的具体对象除被执行人外，还包括其法定代表人、主要负责人、影响债务履行的直接责任人员、实际控制人。限制消费信息包括姓名、身份证号码、限制消费令等。

3. 失信被执行人信息

被执行人未履行生效法律文书确定的义务，并具有《最高人民法院关于公布失信被执行人名单信息的若干规定》第一条规定的情形之一的，执行法院将根据申请执行人的申请或依职权决定将该被执行人纳入失信被执行人名单。纳入失信被执行人名单的被执行人，人民法院应当对其采取限制消费措施。失信被执行人信息一般包括被执行人姓名（或名称）、身份证号码（或组织机构代码）、执行法院、省份、执行依据文号、立案时间、案号、做出执行依据单位、生效法律文书确定的义务、被执行人的履行情况、失信被执行人行为具体情形、发布时间等。

4. 终结本次执行案件信息

终结本次执行案件（终本案件），是指法院的执行案件，由于被执行人没有可供执行的财产，而裁定终止本次执行程序。终本不撤回执行申请，也不是已经执行完毕，而是暂时中止执行。如果以后发现被执行人有财产，申请人随时可以申请恢复执行。终本案件信息一般包括案号、被执行人姓名（或名称）、身份证号码（或组织机构代码）、执行法院、立案时间、终本日期、执行标的、未履行金额等。

案例6-3 用中国执行信息公开网调查乐视

调查一家公司，中国执行信息公开网是一个重要的渠道。中国执行信息公开网是最高人民法院旗下的综合查询平台，可以查询失信被执行人、限制消费人员、被执行人信息、财产处置、终结本次执行案件、执行法律文书、公告等信息。可以分项目查询，为了提升查询效率，可以使用"综合查询被执行人"这个功能。

乐视曾经是一个庞大的企业集团，旗下有多家公司，这些公司的名称中一般都有"乐视"这两个字。中国执行信息公开网相关查询中，一般支持模糊查询，涉及被执行人姓名或名称的，只需输入两个汉字即可。所以，查询乐视旗下企业的被执行信息，在综合查询被执行人界面下选择检索字段"被执行人姓名/名称"，输入检索词"乐视"，"执行法院范围"选择"全国法院（包含地方各级法院）"，不填组织机构代码，输入验证码即可查询。

如图 6-4 所示，找到了 1000 多条结果，单击"查看"链接，可以看到详情信息。

图 6-4　综合查询被执行人

> **探究任务 6-3**　你熟悉的哪些人、哪些机构可以在中国执行信息公开网上查到？
>
> 　　任选一个你熟悉的人或者组织机构，在中国执行信息公开网中查询，看能否找到相关的执行信息。
>
> 　　提醒：如果查的是一个人，要注意重名问题。

6.1.4　庭审直播、录播视频检索

庭审直播、录播视频是一种面向社会大众的司法公开，有利于确保司法公正、提升司法能力、树立司法公信。近年来，各级法院开始通过网站、微博、微信等互联网平台向社会开放庭审直播和录播视频。这些庭审视频作为一类重要的信息资源，不仅是法律专业相关学生和从业者的学习资料，而且有利于向普通民众宣传法律知识。

庭审直播、录播视频，一般可以在各级人民法院的网站、微博、微信公众号等平台上获取。如图 6-5 所示的最高人民法院旗下的中国庭审公开网是获取全国庭审直播、录播视频的权威平台，国内大多数法院接入了这个平台，每天直播案件数以万计，累计直播案件近千万件。

图 6-5　中国庭审公开网

中国庭审公开网提供一站式检索，也可以通过分类导航查找相关内容。系统提供了庭审直播、庭审预告、直播回顾、庭审录播、重大案件、热点排行等多个分类栏目，部分栏目提供结果筛选功能。

探究任务 6-4　设置筛选条件，查找庭审直播
在中国庭审公开网的"直播回顾"中筛选本省最近三个月有关"人格权纠纷"的民事案件庭审直播视频。

6.2　教育信息检索

与教育相关的信息有很多，本节主要介绍政府教育部门及其所属相关单位提供的信息检索系统，主要涉及学籍、学历、学位、出国留学、考试成绩等信息的检索。

6.2.1　学籍、学历、学位信息检索

学籍、学历、学位是评价个人教育程度的重要信息，是尽职调查的重要内容。这类信息的查询广泛用于单位招聘、学校招生、职场进阶、人员评价等场景。学信网是查询学籍、学历、学位信息的权威渠道。

学信网，全称是中国高等教育学生信息网，由全国高等学校学生信息咨询与就业指导中心主办。学信网可以查学籍，也可以查学历。另外还有阳光高考、中国研究生招生信息网等栏目，可以查全国高校名录、专业详情、考研调剂等信息。

实名注册学信网，可以查本人学籍。国家承认的各类高等教育在籍学生的学籍注册信息（自考除外），以及 2001 年以来的学籍档案都可查询。

用学信网查询学历、学位更为灵活，可以查本人的，也可以查他人的，可以零散查询也可以批量查询。学历信息的查询范围是 2001 年以来国家承认的各类高等教育学

历，包括研究生、普通本专科、成人本专科、网络教育、开放教育、高等教育自学考试以及高等级教育学历文凭考试等。学位信息的查询范围是 2008 年 9 月 1 日以来我国各学位授予单位按照有关规定程序颁发的各级各类学位证书相关信息。查询学历、学位，需要提供证书编号和姓名两项信息。

案例 6-4　毕业证是不是真的？可以这样查！

某公司最近正在招聘新员工，经过多轮考核，最后确定其中的 5 人进入尽职调查环节，其中一项内容是调查求职者的学历。具体步骤如下。

第一步，打开学信网。在首页的"学历查询"中选择"零散查询"，进入如图 6-6 所示的学历查询界面。

图 6-6　学信网学历查询

第二步，输入查询条件。根据提示输入证书编号、姓名和图片验证码，然后单击"免费查询"，进入手机验证界面。

第三步，验证。系统提供两种验证方式，微信扫码验证和手机短信验证。任选一种，按提示操作即可。

第四步，校对信息。如果找不到，系统会给出提示。如果找到，系统会返回如图 6-7 所示的证书信息，其中包括姓名、性别、出生日期、入学日期、毕（结）业日期、学校名称、专业、学历类别、学制、学习形式、层次、证书编号等信息，而且有照片。将这些信息与求职者提供的学历信息进行核对，即可判断学历证书的真伪。

图 6-7　学信网学历证书查询结果

6.2.2　全国性资格考试成绩与证书信息检索

各种资格考试和资格认证是评价个人某方面知识与技能的重要因素，其中包括全国计算机等级考试（National Computer Rank Examination，NCRE）、大学英语四六级考试（College English Test，CET）、全国英语等级考试（Public English Test System，PETS）、全国会计专业技术资格、银行从业资格、证券从业资格等。这些资格考试的成绩和从业资格信息大多可以通过官方的平台进行查询。主要涉及以下几种渠道。

1. 中国教育考试网

中国教育考试网（http://www.neea.edu.cn）是教育部考试中心的官网，提供全国大学英语四六级考试、全国英语等级考试、全国计算机考试、全国外语水平考试、中小学教师资格考试等多种考试成绩和相关证书的查询。考试成绩查询一般需要提供准考证号和姓名，证书查询需要提供考试时间、考试科目、证件号码、姓名等信息。全国计算机等级考试证书查询如图 6-8 所示。

2. 主管部委资格考试或资格管理部门

有些资格考试和认证由政府各部委负责组织与管理，相关信息查询可以在其官方网站上找到线索。例如，技能人员职业资格证书可以通过人力资源和社会保障部旗下的技能人才评价证书全国联网查询系统（http://zscx.osta.org.cn）查询；初级会计师、中级会计

图 6-8　全国计算机等级考试证书查询

师等会计从业技术资格成绩及资格查询可以通过财政部旗下的会计财务评价中心（http://kzp.mof.gov.cn）进行查询。

> **探究任务 6-5　你身边的哪些人通过了会计从业考试？**
> 　　只要知道姓名和身份证号码，就可以知道这个人是否通过了初级会计师或中级会计师的资格考试。你身边的同学和朋友，有没有通过的呢？查一下！

3. 各行业协会

包括注册会计师、证券从业资格、银行从业资格在内的一些资格考试由各行业协会负责组织和认证，而这些行业协会一般具有半官方背景，相对比较权威可靠，我们可以通过这些行业协会网站查询资格证书信息。

案例 6-5　证券从业人员经历可以这样查

朋友最近忙着相亲找对象，隔壁的热心阿姨为他介绍了一位，有姓名，有照片，说是在证券行业工作。他想先查一下。

第一步，找网站。搜索一下，找到中国证券业协会官网，在官网上找到如图 6-9 所示的从业人员基本信息公示页面。

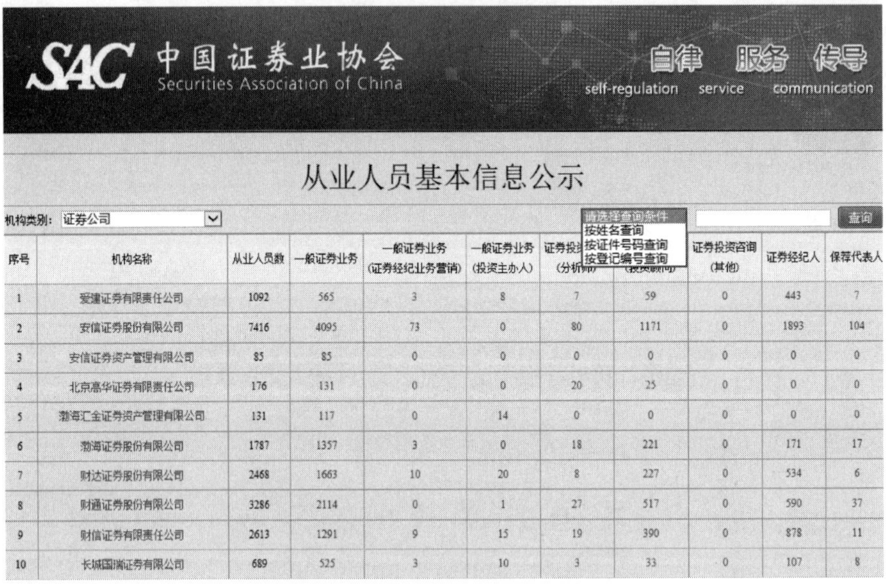

序号	机构名称	从业人员数	一般证券业务	一般证券业务（证券经纪业务营销）	一般证券业务（投资主办人）	证券投（分析师）	（投资顾问）	证券投资咨询（其他）	证券经纪人	保荐代表人
1	爱建证券有限责任公司	1092	565	3	8	7	59	0	443	7
2	安信证券股份有限公司	7416	4095	73	0	80	1171	0	1893	104
3	安信证券资产管理有限公司	85	85	0	0	0	0	0	0	0
4	北京高华证券有限责任公司	176	131	0	0	20	25	0	0	0
5	渤海汇金证券资产管理有限公司	131	117	0	14	0	0	0	0	0
6	渤海证券股份有限公司	1787	1357	3	0	18	221	0	171	17
7	财达证券股份有限公司	2468	1663	10	20	8	227	0	534	6
8	财通证券股份有限公司	3286	2114	0	1	27	517	0	590	37
9	财信证券有限责任公司	2613	1291	9	15	19	390	0	878	11
10	长城国瑞证券有限公司	689	525	3	10	3	33	0	107	8

图 6-9　证券从业人员基本信息公示页面

第二步，设置查询条件。选择“按姓名查询”，输入姓名，然后单击“查询”。

第三步，查看信息。在找到的三条同名信息中逐条查看详情，对比照片确定目标。在详情页面，不仅可以看到姓名、性别、执业机构、执业岗位、学历等详细信息，而且可以看到清晰的彩色照片，还能看到登记变更记录。通过登记变更记录信息，可以看到取得证券从业资格的开始时间、每一次的跳槽时间和离职单位以及目前所在的证券公司。

从这个案例可以看出，通过中国证券业协会提供的从业人员基本信息公示系统，我们不仅可以根据姓名、证件号码或登记编号查询一个人的证券从业登记信息，而且可以了解这个人在证券行业的工作变动信息。

中国证券业协会提供的从业人员基本信息公示系统，除了查询个人从业登记信息，还可以查询或者浏览具体公司的从业人员，可以看到一个公司拥有的各执业资格的从业人员数量，而且可以具体看到每一个从业人员的详细信息。

探究任务 6-6　查询证券行业从业人员在证券行业的从业经历

通过互联网找一位全国知名的证券行业人士，通过中国证券业协会提供的从业人员基本信息公示系统查找这位证券从业人士的从业资格登记编号、学历、执业机构、执业岗位等信息。

6.2.3　公派出国留学信息检索

查公派出国留学信息，可以去国家留学网。国家留学网是国家留学基金管理委员会旗下的网站，而国家留学基金管理委员会是教育部直属的一个机构。

通过国家留学网可以查询当年公派留学资助计划详情，其中包括资助的总人数、资助类别、具体项目、资助期限、资助内容、申请条件、选拔流程、申请受理单位及联系方式等信息。

案例 6-6　查询留学资助项目

通过国家留学网中的国家公派出国留学项目检索系统（图 6-10）可以查询指定留学国别和留学类型的留学项目。

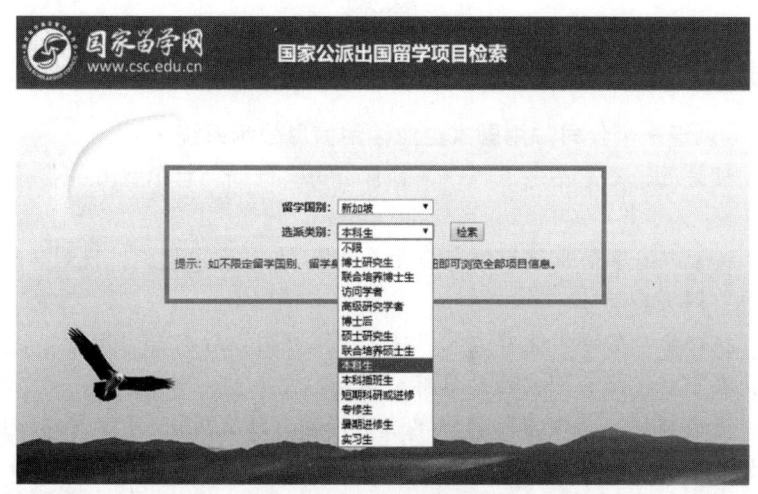

图 6-10　国家公派出国留学项目检索系统

系统提供"留学国别"和"选派类别"两个检索条件入口，其中"选派类别"涵盖了全部的留学项目类型，其中包括本科生、硕士研究生、博士研究生、访问学者、高级研究学者等十几个类别。

根据设定的条件，如果能找到结果，可以看到留学选派项目的详情，其中包括项目名称、派出渠道、选派类别、留学国别/地区、申报时间、受理单位、评审时间、录取时间、主管部门、项目主管、联系电话等信息。

6.3　企业信息检索

了解一家企业是工作、学习、生活中的常见场景，而获取企业信息是了解一家企业的基本前提。企业信息多种多样，具体包括工商登记信息、信用信息、经营信息、商标信息、招聘信息等。企业信息的来源有很多，互联网是一个重要的获取渠道。企业官网、政府相关部门和商业机构提供的信息查询系统都可以查询、获取企业相关信息。

6.3.1　企业工商登记及信用信息检索

为了保障公平竞争、促进企业诚信自律、规范企业信息公示、强化企业信用约束、维护交易安全、提高政府监管效能、扩大社会监督，国务院于 2014 年 7 月 23 日通过了《企业信息公示暂行条例》，并于 2024 年 3 月 10 日修订，自 2024 年 5 月 1 日起施行。该条例规定市场监督管理部门应当通过国家企业信用信息公示系统公示企业信息。

国家企业信用信息公示系统是国家市场监督管理总局旗下的一个面向公众开放的网络服务系统，有网站，也有APP、微信小程序、支付宝小程序。这个系统于2014年2月上线运行，无须注册登录即可查询我国各种市场主体的营业执照信息、行政许可信息、行政处罚信息等，更详细的信息则需要登录后查看。

视频6-1 调查公司：做好尽职调查，找工作，不踩坑

案例6-7 调查一个公司，用国家企业信用信息公示系统

找工作，投简历，还是要先了解一下目标公司。例如，想了解"抖音有限公司"，可以这样查询。

第一步，搜索"国家企业信用信息公示系统"。在百度中搜索，找到"国家企业信用信息公示系统"网页。

第二步，找企业。在检索框中输入"抖音有限公司"后点击"查询"，系统会返回多个检索结果，其中就包括我们要找的目标公司。

第三步，查看详情。在搜索结果中单击"抖音有限公司"，可以看到如图6-11所示

图6-11 国家企业信用信息公示系统

的企业详情。可以看到多项公示信息。其中包括统一社会信用代码、注册资本、法定代表人、成立日期、登记状态、住所、经营范围等。更详细的信息登录后即可查看。

6.3.2 上市公司经营信息检索

相对一般公司，上市公司的经营信息更容易获取。《中华人民共和国公司法》《中华人民共和国证券法》《上市公司信息披露管理办法》等法律法规对上市公司的信息披露都有具体的规定。特别是《上市公司信息披露管理办法》，对上市公司的信息披露有详细的要求。例如，第七条规定"信息披露文件包括定期报告、临时报告、招股说明书、募集说明书、上市公告书、收购报告书等"；第十二条规定"上市公司应当披露的定期报告包括年度报告、中期报告"；第十四条、第十五条分别对年度报告、中期报告的内容做了详细的规定。因此，我们可以通过公开的渠道找到上市公司的经营信息。

获取上市公司的经营信息的渠道有很多，其中包括信息披露指定媒体、证券交易所网站、上市公司官网、财经类网站等。

案例 6-8　查找上市公司财务数据，撰写分析报告

财务管理老师布置了这样一个作业：任选一个上市公司，获取过去 8 年的年报数据，然后用杜邦分析法进行财务分析。

完成这个作业的前提是要获取上市公司过去 8 年的财务数据。由于杜邦分析法涉及营业净利润率净率、总资产周转率、权益乘数这些指标，而这些指标所用的数据均来自资产负债表和利润表，所以首先要找指定上市公司过去 8 年的资产负债表和利润表数据。

以上市公司宏达股份（上海证券交易所交易代码：600331）为例。

方法一：上海证券交易所网站查询。如图 6-12 所示，在这个网站上可以找到在上海

图 6-12　上海证券交易所中的上市公司年报下载页面

证券交易所上市的每一家上市公司最近三年的年度报告，格式是pdf。因为只有最近三年年报数据，不符合要求。

方法二：公司官网查询。在宏达股份的官网上可以找到该公司2002年以来的所有的年报，格式为pdf。尽管年报数据很全，但格式都是pdf文件，数据没有结构化，不方便处理。

方法三：财经网站查询。在搜索引擎中输入"宏达股份"，找到不少在线证券行情网站，如新浪财经、网易财经、同花顺财经、东方财富网等。选择东方财富网，在宏达股份的主页上选择"财务分析"页面，可以看到1998年以来包括资产负债表和利润表在内的财务报表年报数据，并且这些数据都是存储在一个数据表中的结构化数据，非常适合进行数据分析和对比。更为重要的是，其直接给出了如图6-13所示的多年杜邦分析数据。

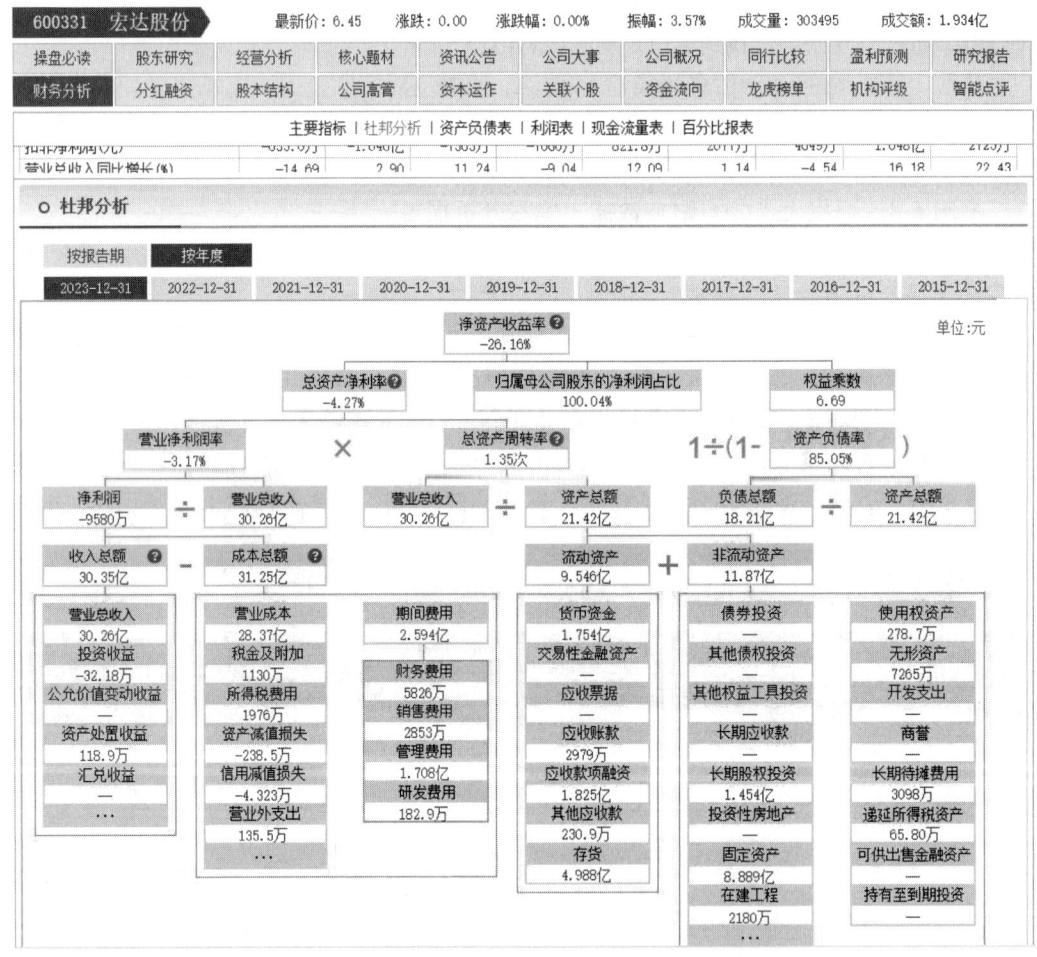

图6-13　东方财富网上的上市公司财务报表数据

6.3.3　企业商标检索

商标是企业的重要资产，在申请商标之前要先进行类似商标查询操作。查询商标，可以使用中国商标网提供的商标查询系统。中国商标网是国家知识产权局旗下专门负责商标事务的网站，公众可以登录这个网站，免费查询商标信息。

中国商标网提供了多种商标查询方式，具体如下。

1. 商标近似查询

在这种查询方式下，可以按照图形、文字等商标组成要素查询。例如，查找商标图案中含有一个月亮和五个星星的商标。通过商标近似查询，用户可以了解是否存在相同或者类似商标。

探究任务 6-7　估计一下，这个商标能申请成功吗

图 6-14 所示的图形是一个乐器公司设计的商标图案，想去申请注册。请在中国商标网上查询一下，看能否找到近似的注册商标。

图 6-14　一个拟申请商标图案

2. 商标综合查询

在这种查询方式下，用户可以按照商标号、商标名称、申请人名称、国际分类等字段查询某一商标的具体信息。

案例 6-9　老干妈的"商标护城河"，可以这样查

干妈，老于妈，光干妈，这些貌似山寨的商标到底是谁家的？正牌的老干妈，注册了哪些商标？

获取信息，解决问题，去中国商标网搜索一下。

找到商标综合查询，在"商标名称"后面的搜索框中输入关键词"老干妈"，然后单击"查询"按钮，找到如图 6-15 所示的 199 件商标。可以看到申请/注册号、国际分类、申请日期、商标名称、申请人名称等信息。点开可以看到商标的详情。

3. 商标状态查询

商标在注册申请和存续过程中有多种状态。用户在商标状态查询中可以通过商标的申请号或注册号查询商标在业务流程中的状态信息。对商标申请者来说，通过这个查询可以了解所申请的商标在注册申请流程每一个时间节点上的状态；对公众来说，可以查询每一个商标的当前状态。

序号	申请/注册号	国际分类	申请日期	商标名称	申请人名称
1	48238187	35	2020年07月20日	光干妈	贵阳南明老干妈风味食品有限责任公司
2	48230897	43	2020年07月20日	光干妈	贵阳南明老干妈风味食品有限责任公司
3	48217026	33	2020年07月20日	光干妈	贵阳南明老干妈风味食品有限责任公司
4	48217019	32	2020年07月20日	光干妈	贵阳南明老干妈风味食品有限责任公司
5	48215694	30	2020年07月20日	光干妈	贵阳南明老干妈风味食品有限责任公司
6	48210946	31	2020年07月20日	光干妈	贵阳南明老干妈风味食品有限责任公司
7	48210931	29	2020年07月20日	光干妈	贵阳南明老干妈风味食品有限责任公司
8	39730835	35	2019年07月17日	干妈	贵阳南明老干妈风味食品有限责任公司
9	39729499	33	2019年07月17日	干妈	贵阳南明老干妈风味食品有限责任公司
10	39724178	31	2019年07月17日	干妈	贵阳南明老干妈风味食品有限责任公司
11	39715139	29	2019年07月17日	干妈	贵阳南明老干妈风味食品有限责任公司
12	39714905	32	2019年07月17日	干妈	贵阳南明老干妈风味食品有限责任公司
13	39714886	30	2019年07月17日	干妈	贵阳南明老干妈风味食品有限责任公司
14	39713050	43	2019年07月17日	干妈	贵阳南明老干妈风味食品有限责任公司
15	34318287	30	2018年10月29日	好妈妈	贵阳南明老干妈风味食品有限责任公司
16	33720179	29	2018年09月26日	老于妈	贵阳南明老干妈风味食品有限责任公司

图 6-15　老干妈商标查询结果

> **探究任务 6-8　这个是注册商标吗？**
> 请问：申请号为"21063357"的商标申请，名称是什么？注册成功了吗？请在商标状态查询中找到这个商标的状态详情。

4．商标公告查询

根据《中华人民共和国商标法实施条例》第九十六条规定：商标局发布《商标公告》，刊发商标注册及其他有关事项；《商标公告》采用纸质或者电子形式发布。《商标公告》的电子版，可以通过"商标公告"入口查询。

6.4　医卫健康信息检索

常去的医院，看病的医生，护理的护士，到底有没有资质？吃的药品，戴的口罩，用的化妆品，到底有没有问题？充斥电视、广播、报纸、互联网等媒体的"三品一械"（药品、保健食品、特殊医学用途配方食品、医疗器械）广告，到底可不可信？其实，可以通过查询得到答案。去哪儿查呢？本节会告诉你几个权威的官方查询平台。也许不能彻底解决问题，但可以帮我们做出判断。

视频 6-2　医卫查询：医院、医生、药品皆可查

6.4.1 医卫资质信息检索

查医卫资质信息，可以去国家卫生健康委员会的官网。如图 6-16 所示，在国家卫生健康委员会官网"服务"栏目下可以查询很多医卫项目、名单、资质等信息，其中包括器官移植机构、辅助生殖机构、爱婴医院名单、医院执业登记、产前诊断技术医疗机构等。

图 6-16 国家卫生健康委员会信息查询列表

案例 6-10 医生资质可以这样查

第一步，查找国家卫生健康委员会官网。搜索一下，很容易找到，域名是 http://www.nhc.gov.cn。

第二步，寻找查询入口。在国家卫生健康委员会官网左边的导航栏，选择"服务"菜单，出现"名单查询"和"信息查询"两个栏目。国家卫生健康委员会提供的查询服务，大多集中在这两个栏目下面。单击"信息查询"，有医卫机构、医卫人员、药物、食卫标准、其他等五种查询类别。

第三步，设置查询条件。鼠标指针移动到"医卫人员"上，出现"执业医师"和"执业护士"两个选项。选择"执业医师"，在弹出的界面中选择所在省份，填入医师姓名、所在医疗机构和验证码，然后点击查询。如果能找到结果，可以看到执业地点、姓名、医师级别等信息，这说明这个医生在这个医疗机构是有行医资质的。单击"浏览"按钮，可以看到如图 6-17 所示的详细信息。

如果找不到结果，至少说明这个医生在这家医疗机构是没有行医资格的。

探究任务 6-9 查一下这家医院

听说有这么一家医院，名称是邯郸肝病医院。请通过国家卫生健康委员会网站上的查询系统调查一下这家医院是否为正规医院。如果是，这家医院的级别是什么？这家医院有没有肝脏移植资格？

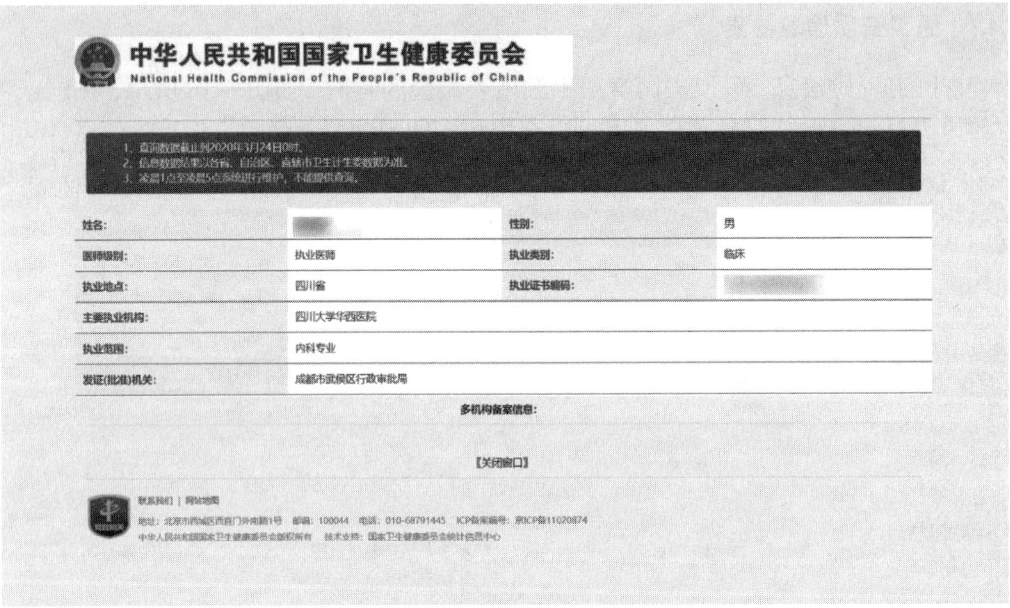

图 6-17 国家卫生健康委员会医生资质查询详情

6.4.2 药品、医疗器械、化妆品信息检索

根据《药品注册管理办法》规定，"药品注册按照中药、化学药和生物制品等进行分类注册管理"。根据《化妆品监督管理条例》规定，"化妆品分为特殊化妆品和普通化妆品。国家对特殊化妆品实行注册管理，对普通化妆品实行备案管理"。根据《医疗器械监督管理条例》规定，"第一类医疗器械实行产品备案管理，第二类、第三类医疗器械实行产品注册管理"。这些注册和备案信息，由国家药品监督管理局负责向公众免费开放，公众可以通过国家药品监督管理局的官网免费查询，查询页面如图 6-18 所示。

案例 6-11　口罩的注册信息，可以这样查

口罩属于医疗器械，注册信息可以在国家药品监督管理局网站上查询，具体步骤如下。

第一步，找查询系统。通过搜索引擎找到并打开国家药品监督管理局官网，点击"医疗器械"栏目下的"医疗器械查询"，或在"查询"模块直接点击"医疗器械"。

第二步，设置查询条件。在如图 6-18 所示查询界面检索框中输入注册证编号，然后点击"查询"。

第三步，查看详情。点击查询结果，可以看到详情。核对一下，看包装上面的信息与这个注册信息是否相符。

探究任务 6-10　查一下这款药品最新的批准日期

一款产品名称为"喷昔洛韦乳膏"的药品，国药准字是 H20000170。请在国家药品监督管理局网站的查询系统中找到这款药品的注册详情，给出截图。

图 6-18 国家药品监督管理局查询页面

6.4.3 "三品一械"广告审查信息查询

广播、电视、报纸、互联网等媒体中经常会出现各种保健食品、药品和医疗器械的广告,如果你想知道这些广告有没有问题,可以查一下审查信息。根据我国《药品、医疗器械、保健食品、特殊医学用途配方食品广告审查管理暂行办法》规定,"未经审查不得发布药品、医疗器械、保健食品和特殊医学用途配方食品广告"。尽管经过审查的"三品一械"广告也不见得百分之百真实,但对没有审查过的"三品一械"广告,就更要小心了。

国家市场监督管理总局提供如图 6-19 所示的"三品一械"广告审查结果信息查询平

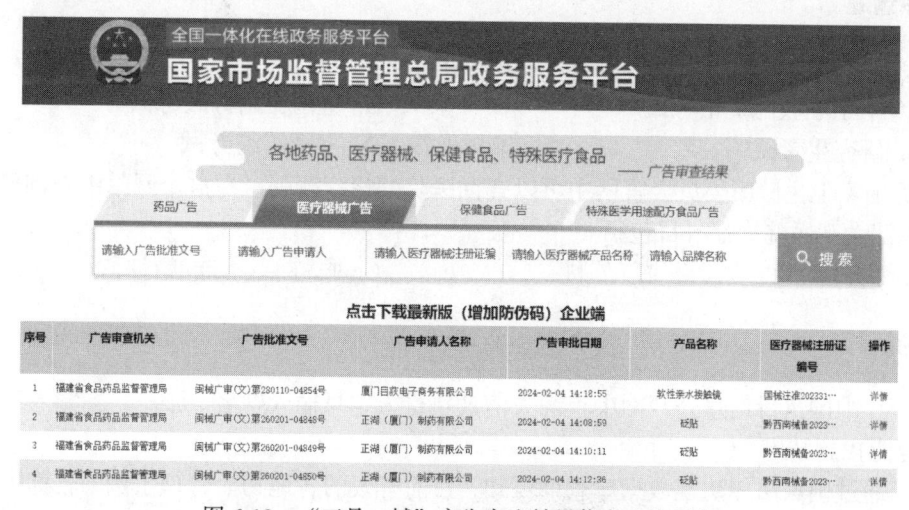

图 6-19 "三品一械"广告审查结果信息查询平台

习 题

一、单选题

1. 在学信网中,学籍查询范围不包含下列哪项?(   )
   A. 普通本专科   B. 成人本专科   C. 研究生   D. 高等教育自学考试

2. 通过查询国家企业信用信息公示系统可知,四川科伦药业股份有限公司经营范围中的许可项目不包含哪个项目(   )
   A. 药品生产   B. 药品批发
   C. 医学研究和试验发展   D. 检验检测服务

3. 通过查询中国商标网可知,重庆大学出版社有限公司申请的商标中没有出现的文字是(   )。
   A. 远方旅游   B. 成长英语
   C. 好奇心书系   D. 远行漫步

4. 在国家卫生健康委员会官网中可以查询医卫人员的执业信息。在这个网站中查询可知,华中科技大学同济医学院附属协和医院的陈江海医生执业证书编码是(   )。
   A. 110320000701224   B. 110420000701224
   C. 110420000701235   D. 110420000803224

5. 通过国家药品监督管理局网站的医疗器械查询可知,注册证编号为"苏械注准20222191930"的医疗器械的型号规格有(   )个。
   A. 2   B. 3   C. 5   D. 4

二、多选题

1. 以下哪些考试可以在中国教育考试网上报名?(   )
   A. 中小学教师资格考试   B. 全国英语等级考试
   C. 研究生考试   D. 书画等级考试

2. 国家卫生健康委员会官网中可以查询医院的诊疗范围。在这个网站中查询可知,成都锦江大观医院诊疗科目包括(   )。
   A. 内科   B. 外科   C. 眼科   D. 精神科

三、判断题

1. 在中国执行信息公开网中查询失信被执行人,只输入姓名"张三"不输入身份证号码也能找到结果。(   )

2. 通过国家法律法规数据库查询可知,目前有效的各地物业管理条例(名称中包含"物业管理条例")数量超过 600 个。(   )

3. 通过国家药品监督管理局网站的数据查询可知,《中国中医基础医学杂志》可发布处方药广告。(　　)

第 6 章配套资源

第 6 章相关图片

第 7 章　实用学习资源与效率工具

案例 7-1　慕课学习达人：主动学习受益终身

有了慕课，大学的优质课程变得触手可及，只要愿意，国内外的慕课都可以免费学习。图 7-1 是一位慕课学习者的个人主页。这位学习者在中国大学 MOOC 中累计选课 979 门，参与讨论 10 725 次，获得证书 251 个，其中优秀证书占据了相当大的比例。经过了解发现，他选修的 900 多门课程尽管没有全部完成学习，但大部分成绩还不错，只不过中国大学 MOOC 后期不再提供电子证书，否则，他取得的证书会更多。

图 7-1　慕课学习达人个人主页

这位学习达人向我们展示了一个很好的学习状态：主动学习与终身学习，这也是令人终身受益的好习惯。慕课正是为我们提供主动学习的平台，在这里，我们可以学到哈佛、耶鲁、清华、北大等世界名校的免费课程，跟着明星教授学图像处理、学编程、学英语……

慕课只是常用学习信息资源中的一种，前几章我们介绍的图书、学术论文、专利、标准、数据也可以作为学习资源，除此之外，互联网上的实用信息资源还有很多，另外还有不少实用的效率工具，本章将介绍这些资源和工具。

7.1 实用学习资源

随着互联网尤其是移动互联网的发展，社会信息环境和学习方式已经发生了深刻变化，互联网上出现了各种各样的实用学习资源。准确获取并充分利用这些资源不仅有助于知识积累，也是一种对信息素养的训练。

7.1.1 在线开放课程平台

在线开放课程是一种重要的免费学习资源，公开课和慕课是其中比较重要的形式。对于中文课程而言，爱课程旗下的精品资源共享课也是一类实用的在线开放课程。随着互联网的发展，很多高校开始建设自己的在线开放课程。

1. 公开课

公开课是面向社会公众免费开放的在线视频课程或讲座类视频。视频公开课起源于麻省理工学院2001年提出并率先实施的公开课（Open Course Ware，OCW）项目，其基本思路是把该校所有课程都放在互联网上，供世界上所有人免费学习。随着网速的加快，以视频为主要形式的公开课更能得到受众的欢迎，视频公开课所占比重也逐步提高。

公开课平台有很多，其中比较有代表性的有：麻省理工学院（https://ocw.mit.edu）、耶鲁大学（http://oyc.yale.edu）等高校的公开课平台；以可汗学院（英文版为https://en.khanacademy.org；中文版为https://zh.khanacademy.org）为代表的非营利组织课程平台；以网易公开课为代表的综合类公开课平台。

案例7-2　用可汗学院找英文版小学数学课程

可汗学院是由孟加拉国裔美国人萨尔曼·可汗创立的一家教育性非营利组织，也是一个在线开放课程平台，主旨是利用网络视频进行免费授课，内容涉及数学、历史、金融、物理、化学、生物、天文学等多个学科科目，涵盖大学和中小学多个学习阶段。可汗学院有多种语言版本，其中就包括中文版。

找英文版小学数学课程，首先登录英文版可汗学院官网，首页如图7-2所示。在页面下方的课程导航中找到具体年级，点击可以看到包括视频、习题在内的课程内容。

案例7-3　用网易公开课找知名高校经济学课程

网易公开课是门户网站网易于2010年11月1日推出的"全球名校视频公开课"项目。起初主要是引进哈佛大学、牛津大学、耶鲁大学等国际名校的公开课，并组织翻译力量对课程视频配以中英文字幕供学习者使用。之后该平台相继引入了可汗学院、Coursera等国际知名课程项目，平台内容得到了极大的丰富与提升。网易公开课还组织国内高校名师制作中国大学视频公开课。目前，该平台内容涵盖文学、数学、哲学、语言、社会、历史、教育等诸多领域，并提供站内检索，其公开课资源完全免费，不用注册登录即可播放，开放程度较高。网易公开课既有如图7-3所示的网页版，也有手机APP，能够满足多种学习场景。

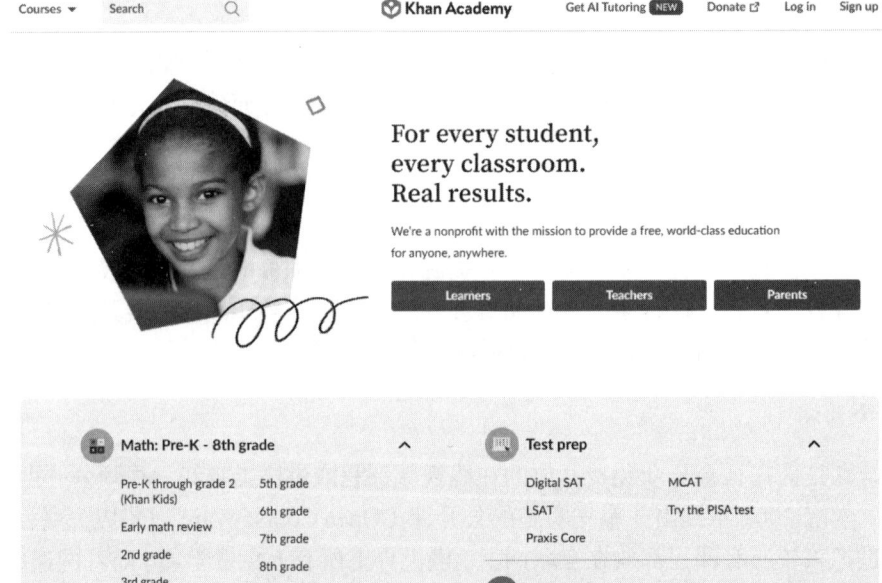

图 7-2　可汗学院官网

图 7-3　网易公开课官网

用网易公开课找知名高校经济学课程,既可以通过学科、学校进行导航查找,也可以直接搜索。

2. 慕课

慕课也称为 MOOC，秉承开放、平等、协作、分享的互联网精神，一般由大学老师面向大众学习者开设，具有确定的开课计划和考核体系，通过网络平台免费发布。慕课突破了传统课堂教学对人数的限制，学习者即使没有学籍，也可以通过慕课平台自由选择并获取自己想要学习的课程。大部分慕课具有明确的开课计划，学习的时间和进度由开课老师提前确定，学习者必须在规定的时间内进行相应内容的学习并按时完成作业，如果要取得证书还需要参加相应的考核。

慕课每节课程通常由几个小视频组成，每个小视频时长一般只有几分钟，其中还穿插一些小测验，不仅使课程学习松弛有度，增强学习效果，还能提高学习者的参与度，提升学习体验。更符合在职学习者利用碎片化时间学习的需要。

与传统的课堂教学相比，慕课的交互性、课堂反馈更及时有效。通过慕课中的相关程序，教师可以及时跟踪获取学习者的学习进度和学习效果，师生可通过慕课中的讨论区、QQ 群等进行互动交流，一方面可以拉近师生之间、学习者之间的时空距离，另一方面有利于教师发现课程内容和设计方面的问题并及时调整修正，学生也能根据数据发现、分析自己的知识欠缺并进行针对性的强化学习。

目前，国内主流的慕课平台有中国大学 MOOC（https://www.icourse163.org）、学堂在线（https://www.xuetangx.com）、智慧树（https://www.zhihuishu.com）、学银在线（http://www.xueyinonline.com）、人卫慕课（http://www.pmphmooc.com）、中国高校外语慕课平台（http://moocs.unipus.cn）、优课联盟（http://www.uooc.net.cn）等。国外的慕课平台有 Udacity（https://www.udacity.com）、Coursera（https://www.coursera.org）、edX（https://www.edx.org）等。

2017~2018 年，教育部对包括慕课在内的在线开放课程进行了认定，共有 1200 多门课程被认定为国家级精品在线开放课程。2020 年起，教育部开始进行一流课程认定，越来越多的慕课被认定为国家线上一流课程。教育部对在线课程的认定，有助于学习者找到更权威更精品的在线课程。这些课程在慕课平台上一般有"国家精品""一流课程"等标志。

视频 7-1　在线课程：终身学习的加油站

探究任务 7-1　查找优质慕课

在中国大学 MOOC、学堂在线、智慧树等慕课平台上查找本学年自己专业开设的一门课程，对比一下慕课教学与传统课堂教学有什么不同，你更喜欢哪一种授课方式？

3. 精品资源共享课

精品资源共享课是教育部评选的优质课程项目，2012～2016 年共评选出 2882 门高校课程。这些课程有统一的在线平台供学习者免费使用。

精品资源共享课是以高校教师和学生为服务主体，同时面向社会学习者的各类网络共享课程。课程建设以课程资源的系统性、完整性为基本要求，以基本覆盖各专业的核心课程为目标，通过共享系统向高校师生和社会学习者提供优质教育资源服务，促进现代信息技术在教学中的应用，实现优质课程教学资源共享。

2017 年开始，随着慕课的兴起，教育部已经不再进行精品资源共享课的评选，取而代之的是国家级精品在线开放课程认定。但是，已经评选的 2882 门精品资源共享课仍然面向社会开放，是一种重要的优质课程学习资源。

爱课程平台是获取精品资源共享课的主要渠道。精品资源共享课是爱课程平台的一个栏目。这个平台提供了检索入口，学习者可以通过课程名称、学校名称或教师名称来检索课程。

4. 虚拟仿真实验教学课程

虚拟仿真实验教学是教育信息化建设的重要内容，是学科专业与信息技术深度融合的结果。虚拟仿真实验教学基于虚拟现实、多媒体、人机交互、人工智能、数据库和网络通信等现代信息技术，构建高度仿真的虚拟实验场景，实现真实实验不具备或难以完成的教学功能，在涉及高危或极端的环境、不可及或不可逆的操作，高成本、高消耗、大型或综合训练等情况时，提供可靠、安全和经济的实验项目。

2013 年教育部开始推动我国高校探索虚拟仿真实验教学资源建设，2018 年上线了"实验空间"国家虚拟仿真实验教学课程共享平台（https://www.ilab-x.com），为全国高校提供了虚拟仿真课程开放共享服务；2020 年，教育部将虚拟仿真作为五类国家级一流本科课程之一纳入认定范围。

"实验空间"国家虚拟仿真实验教学课程共享平台是我国目前重要的虚拟仿真课程平台，收录了大量虚拟仿真课程，通过互联网向社会免费开放。如图 7-4 所示，这个平台提供搜索、导航等多种信息服务，用户注册登录后可以使用平台上的虚拟仿真课程。

案例 7-4　国家高等教育智慧教育平台：一站搜索全网好课

国家高等教育智慧教育平台（https://higher.smartedu.cn）是教育部主办的全国性、综合性高等教育教学资源服务平台，是国家智慧教育公共服务平台（https://www.smartedu.cn）的重要组成部分。这个平台整合了多个资源平台的优质教育资源，其中包括慕课、虚拟仿真课程、教材等。

在国家高等教育智慧教育平台首页的搜索框中输入课程名称"信息素养"，可以找到如图 7-5 所示的多门相关课程，这些课程来自多个在线开放课程平台。系统提供课程类

图 7-4 "实验空间"国家虚拟仿真实验教学课程共享平台

图 7-5 国家高等教育智慧教育平台

别和开课平台两个筛选项，点击课程类别后面的"一流课程"可以把搜索结果中的一流课程筛选出来。点击结果中的链接，可以进入课程平台中这门课的具体页面。虽然国家高等教育智慧教育平台并不实质性存储这些课程的全部资源，但提供一站式搜索服务并提供在线开放课程的具体链接，这其实是一种垂直搜索引擎。

视频 7-2　课程搜索：一键搜索全网好课

7.1.2　在线视频讲座平台

听讲座是大学生学习的一种重要方式。随着互联网的发展，讲座的形式已经不再局限于传统的线下形式，在线视频讲座逐渐成为一种重要的讲座形式。与线下讲座相比，在线视频讲座传播范围更广、成本更低、学习更灵活、更适应碎片化学习。

在线视频讲座，既有商业化的资源系统，又有免费的在线视频讲座平台。不少高校图书馆会购买视频讲座数据库，在学校指定的网络范围内或者经过指定的认证方式本校师生可以免费学习。免费的在线视频讲座平台有 TED、一席、全民信息素养教育公益大讲堂等。

TED 是美国的一家私有非营利机构，每年组织 TED 大会，召集各领域的杰出人物，分享他们的探索、思考和思想。"传播有价值的思想"（ideas worth spreading）是 TED 大会的宗旨。这些各领域尖端人才的分享，以演讲的形式呈现出来，积累到 TED 这个平台上，形成了优质的公开课资源。TED 有网页版（https://www.ted.com），也有手机 APP。

一席是一个中文演讲平台。一席中的演讲选题比较有吸引力，演讲者大多是某一个具体领域的先达者或者开拓者，在这些领域内有自己独特的经历。一席的内容比较接地气，不追求理论性和学术性，比较有故事性。一席演讲的质量比较高，虽然通过网络平台在线发布，但演讲是在线下现场，这种"现场演讲+网络发布"的模式，有助于保证演讲的质量。"有现场"的演讲，演讲者更有激情；网络发布，可以通过后期剪辑，保证视频的节奏和质量。一席有网页版（https://yixi.tv），也有手机 APP 和微信小程序。网页版首页如图 7-6 所示。

全民信息素养公益大讲堂（https://suyang.zxhnzq.com/lectureList.aspx）是中国图书馆学会主办的信息素养类讲座项目，每年会邀请多位信息素养教育领域的知名专家做专题讲座。讲座不仅通过互联网进行直播，而且在直播后通过网络平台免费开放。

探究任务 7-2　实质性查找，选择合适答案

请问下列哪个视频的时长最接近 23 分钟？
A. 一席中的演讲视频《脑机接口热知识》
B. TED 中的演讲视频"A Theory of Everything"
C. 中国大学 MOOC 中《信息素养：效率提升与终身学习的新引擎》的课程宣传片
D. 网易公开课中牛津大学《哲学概论》第二节"现代哲学诞生"

图 7-6　一席中文演讲平台界面

7.1.3　综合视频网站

除了专业的在线课程资源平台，互联网上的一些综合视频网站也有不少可供学习的在线资源，如 B 站、抖音、西瓜视频、腾讯视频、搜狐视频等。尽管这些视频平台上的资源质量参差不齐，但确实也有很多有价值的内容，而且大部分可以免费学习。

视频 7-3　网络视频：知识微视，值得拥有

> **探究任务 7-3　查找学习类视频资源**
>
> 思考一下 B 站和抖音中的学习资源有什么区别。分别在这两个平台上查找 Excel 函数 VLOOKUP 的相关学习视频，并根据视频在 Excel 中动手操作，学会这个函数的用法。

7.1.4　问答社区

随着用户对互联网的深度参与，以知乎为代表的问答社区不仅满足了网络用户的知识社交需求，而且为整个互联网积累了海量、优质、免费、问题导向的信息资源。

1. 问答社区的信息资源的特点

（1）内容既有广度，又有深度。问题五花八门，回答没有边际。从历史典故到现实热点，从系统知识到亲身体验，不分学科，没有壁垒，任何人都可以提问题，任何人都能参与回答。各领域大神云集，他们通过回答来展示自己的知识深度。很多答案不仅是一个具体的解决方案，还连同思考的过程一并呈现，这些回答能激发思考，让我们学到更多的东西。系统的顶踩机制也保证了优质答案更容易被发现。

（2）碎片化知识，彰显个体的智慧。每个人都有自己擅长的东西，之前可能没有机会和平台来表现，问答社区中的一个问题可能正好切中了他的闪光点，个体的智慧得以彰显。这些碎片化的干货知识，通过这个平台得以让更多人知道，个体的价值得以实现。

（3）问题导向，体现群体的力量。同样一个问题，有很多人回答。每个回答，有很多人评论。每个人的角度不同，观点各异，但正是这些讨论甚至争辩，一方面体现了群体的力量和智慧，另一方面可以对问题做出更深入、更全面的分析。

（4）知识社交，良性聚合。遇到自己擅长的问题，可以参与回答。知道哪位大神擅长这个问题，可以邀请。遇到高质量的回答，可以点赞，可以评论，可以回复别人的评论。遇到有兴趣的问题，可以关注。不仅可以关注问题，还可以关注话题，关注优秀答主。有人通过高质量的问题吸引优秀答主，有人通过高质量的回答吸引关注。如果有需求，可以发私信。平台通过这些机制，实现了知识社交、良性聚合。

2. 使用问答社区的信息资源的注意事项

（1）要善于主动搜索。知乎等问答社区都有搜索功能，也有一些第三方提供的垂直搜索（如搜狗搜索知乎）。可以根据自己的需要，选择合适的关键词进行搜索。

（2）要知道被动接收。被动接收的前提是关注。根据自己的兴趣和需要，关注合适的话题、问题和优秀答主。一旦关注，相关内容会进行个性化的推送。例如，你关注了某一位优秀答主，他的新问题、新回答、新点赞、新评论、新关注、新收藏等行为，可能会影响你的内容推送。

（3）要能够判断选择。问答社区的信息资源，主要来自网友，质量差异大，使用时要能够对相关内容进行判断。查找问题时，最好找回答数量比较多的，可以找那种有几百人甚至几千人回答的问题。看回答，最好选择点赞量比较高的，另外还要参考网友的评论、答主的知识背景及其回答的其他问题。

（4）要学会收藏整理。遇到以后可能需要的回答，可以先收藏。如果需要，可以建立多个收藏夹。不仅要收藏，还要学会整理，可以借助思维导图等工具整理自己收藏的内容。

视频 7-4　问答社区：彰显个体智慧，体现群体力量

案例 7-5　搜索知乎，查找多方观点

2020 年，在中美贸易摩擦和新冠疫情双重背景下，全球经济受到重挫，我国的经济发展也遇到了诸多困难。2020 年 7 月，中央提出了"逐步形成以国内大循环为主体、国内国际双循环相互促进的新发展格局"的经济发展新思路。

如何理解这个政策新动向，张老师组织学生举办了一个小型研讨会。小李是主要讨论参与者。他怎么准备这次研讨会呢？

由于当时这个政策刚提出不久，图书、期刊论文基本没有针对性的研究，报纸、新闻网站倒是有一些报道，但分析都不是很深入。小李想到了知乎。

在知乎中，他找到了图 7-7 所示的问题。这个问题当时就有近 700 个回答、5000 多个关注者、200 多万条的浏览量，高票回答有 1000 多人点赞。

图 7-7　知乎中的问题

这些回答，从不同的角度，对这个经济发展思路做出了分析，其中不乏高质量的深入研究。尽管观点各异，但确实能开阔视野，提升对问题的认识。

探究任务 7-4　在知乎中查找干货学习资源，实现 Excel 的入门与精通

在知乎中查找 Excel 学习资源。与 Excel 相关的问题、回答、优秀答主，至少各找一个。要求：

知乎中的问题，回答数要超过 1000；

知乎中的回答，点赞数要超过 50 000；

知乎中的优秀答主，粉丝量要超过 80 000。

思考一下如何对知乎中的回答做出评价。

7.1.5 论坛社区

论坛社区指的是互联网用户基于内容交流的一种模式，也是互联网用户围绕某一主题进行讨论的平台。从早期的 BBS，到后来的天涯、凯迪，再到贴吧，社区论坛随着互联网的发展逐渐兴起。随着移动互联网的普及，用户参与网络交流的渠道逐渐增多，论坛社区逐渐式微。即便是这样，论坛社区还是有不少高质量的信息资源或者获取资源的线索，这些网络信息资源值得挖掘与探索。

互联网上的论坛社区有很多，简单介绍几个典型代表。

1. 小木虫

小木虫（http://muchong.com）是学术科研领域的论坛社区（图 7-8）。内容涵盖化学化工、生物医药、物理、材料、地理、食品、信息、经管等学科，除此之外还有基金申请、专利标准、留学出国、考研考博、论文投稿、学术求助等实用内容。小木虫平台汇聚了各高校、科研机构的博硕士研究生、年轻科研人员，相关讨论涉及学习、科研、日常生活等多个方面，是获取学术科研信息的重要渠道。

图 7-8 小木虫首页

案例 7-6 征婚交友，用小木虫？

小木虫，是典型的网络论坛社区，聚焦学术科研，里面有很多实用的信息资源。其实，除了查找和交流学术信息，小木虫还有一些另类的用法，如征婚交友。

一位大龄单身青年，对另一半的要求很简单，年龄合适，必须博士，最好是高校的年轻教师。有人给她出招，去小木虫试试。

小木虫可以征婚交友，可能很多人没有意识到。

小木虫中专门有一个"虫友互识"的版块，里面有很多交友的帖子，你也可以自己发帖交友。因为小木虫的用户，大多数是博硕士研究生、研究机构的年轻科研人员、高校青年教师，一般学历比较高。如果你是单身，并且对这类人群感兴趣，可以考虑在小木虫这个论坛社区中找机会。

2. 丁香园论坛

丁香园是中国领先的医疗领域连接者以及数字化领域专业服务提供商，丁香园论坛是其旗下的论坛社区。

如图 7-9 所示，丁香园论坛中有近百个讨论区，基本涵盖了医学领域大部分主题。用户既可以在讨论区内提出自己的话题，也可以在别人提出的话题下参与讨论。

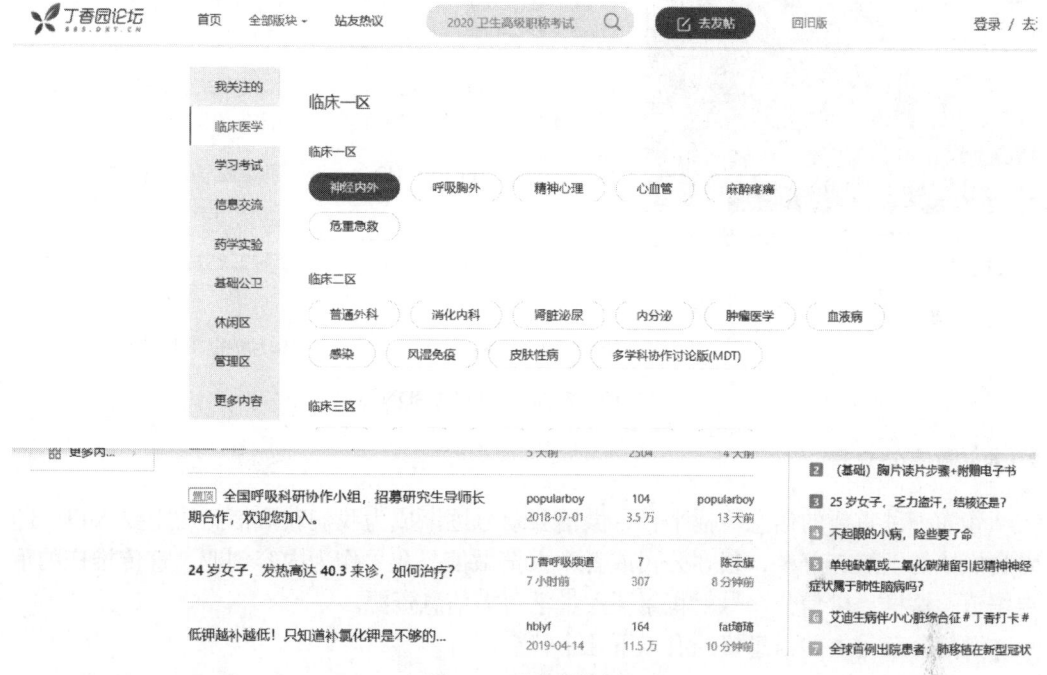

图 7-9　丁香园论坛

丁香园论坛中的讨论内容多种多样，其中病例讨论是比较常见的话题。这些基于实际病例的讨论，不仅有利于医学工作者的业务交流和医学生的技能学习，也方便普通公众了解更多的健康知识。

3. CSDN

CSDN（https://www.csdn.net），创立于 1999 年，是知名的中国专业 IT 社区，致力于为中国软件开发者提供知识传播、在线学习、职业发展等服务。CSDN 汇聚了大量开发者，开发者在这个网络社区的技术分享和交流形成了海量的信息资源。

如图 7-10 所示，CSDN 内置前端、后端、移动开发等几十个栏目，同时提供全站搜索，用户可以根据栏目导航浏览内容，也可以直接输入关键词进行搜索。

视频 7-5　论坛社区：找到属于你的圈子，发现属于你的资源

图 7-10　专业 IT 社区 CSDN

7.1.6　微信公众号

作为一种重要的信息传播平台，微信公众号逐渐成为我们获取信息的重要入口。随着自媒体的发展与普及，很多公司或者个人把微信公众号作为内容创业、宣传推广的重要渠道，这样，微信公众号就积累了大量学习类信息资源。

微信公众号上的信息资源有以下几个特点。

1）主题明确

每个微信公众号一般有一个明确的主题，里面分享的资源一般与这个主题密切相关。例如，"泽平宏观"聚焦宏观经济，里面有很多宏观经济领域的深度分析报告；"高效率工具搜罗"主要分享好玩有趣的 APP 和能提升效率的小工具；"实用教育技术"呈现教育领域的新技术，为学习和教学服务。我们可以根据自己的兴趣和需要，关注合适的公众号。

2）内容实用

为了吸引并留住用户，不少公众号会分享很多干货内容。尽管这些内容往往比较碎片化，知识点比较小，但一般比较实用。

3）互动性强

有些公众号，把资源分享与网友互动结合起来，通过内容吸引用户参与，进而提升微信公众号订阅用户的活跃度。例如，有些公众号会有互动提示，回复指定的文字可以得到针对性内容推送。

案例 7-7　微信公众号上的干货

互联网上的信息资源多种多样，微信公众号是一个重要的资源平台。

尽管微信公众号的功能各异，但有相当一部分微信公众号经常推送干货信息资源。我先在这里分享几个资源类微信公众号（图7-11）。

 数据小魔方　微信号：datamofang　月发文12篇
功能介绍：专注于数据可视化及商务智能的原创技能分享平台！

 三节课　微信号：sanjieke01　月发文33篇
功能介绍：三节课(www.sanjieke.cn),给你看得见的职业成长！

 泽平宏观　微信号：zepinghongguan　月发文48篇
功能介绍：预判经济形势,解读公共政策,提供及时信息,推送专业报告.

 实用教育技术　微信号：syjyjs　月发文75篇
功能介绍：技术改善学习,技术促进教师专业发展

 高效率工具搜罗　微信号：gongju006　月发文6篇
功能介绍：分享好玩有趣的App和高效率工具

 Word技巧　微信号：WordSkill　月发文60篇
功能介绍：Word技巧精选,助您成为Word全能多面手！

图7-11　微信公众号上的信息资源

这些公众号，有的是机构运营，有的是个人运营，有的是公益性质，有的带有商业因素，但都有一个共同的特点，就是不断推送实用的信息资源，而且多数是免费的。

对于这些公众号，你可以通过月发文量判断活跃程度，也可以先关注试用一段时间，然后再决定取舍。

7.1.7 电商网站

尽管电商网站的初衷并不是提供网络信息资源，但如淘宝、京东、当当之类的电商网站事实上已经成为免费、开放的信息资源系统，里面积累了商品数据、消费行为数据等大量高质量的信息资源。

电商网站的信息资源，有如下几个特点。

1）种类多，范围广

电商网站的信息资源主要为商品交易服务，有什么样的商品，就有相应的信息资源。随着电子商务的发展，适用于电商交易的商品越来越多，同一类商品的网店日益增长，相应的商品信息资源也越来越丰富。

2）贴近市场

电商网站上信息资源大多数是对在售商品的描述与评价，价格、规格、用途、使用说明等信息与市场非常接近。而且，电商网站会基于大数据给出商品多维度的分类信息，从总体上把握具体商品的市场概况。

3）重视用户体验

为了吸引用户，提升转化率，商家会尽可能地满足用户对具体商品的信息需求。在内容方面，提供用户最需要的东西；在形式方面，通过文字、图片、视频等多种方式满

足用户需求。

电商网站上的信息资源，关键是要知道使用场景，要学会创造性地使用。例如，找某个地方的特产，淘宝可能比百度更合适；学习灯具知识，京东可能比书本更有效；学习化妆，可以去网店中找教学视频；相机的说明书丢了也无所谓，电商网站上可以找到详细的使用说明。

视频 7-6　电商网站：除了剁手，还是学习宝库

案例 7-8　学灯具知识，用京东

一位同学要去一家灯具公司上班，想尽快了解灯具以及灯具市场的相关信息，该怎么搜索信息呢？

找书？针对性的图书很少，即使有，和目前市场的差距也比较远！

找期刊论文？学术性太强，不合适！

直接百度？找到的信息不系统，质量参差不齐！

后来，有人给他推荐了电商网站。

在京东的网站上，输入"灯"这个关键词，找到了大量结果，如图 7-12 所示。

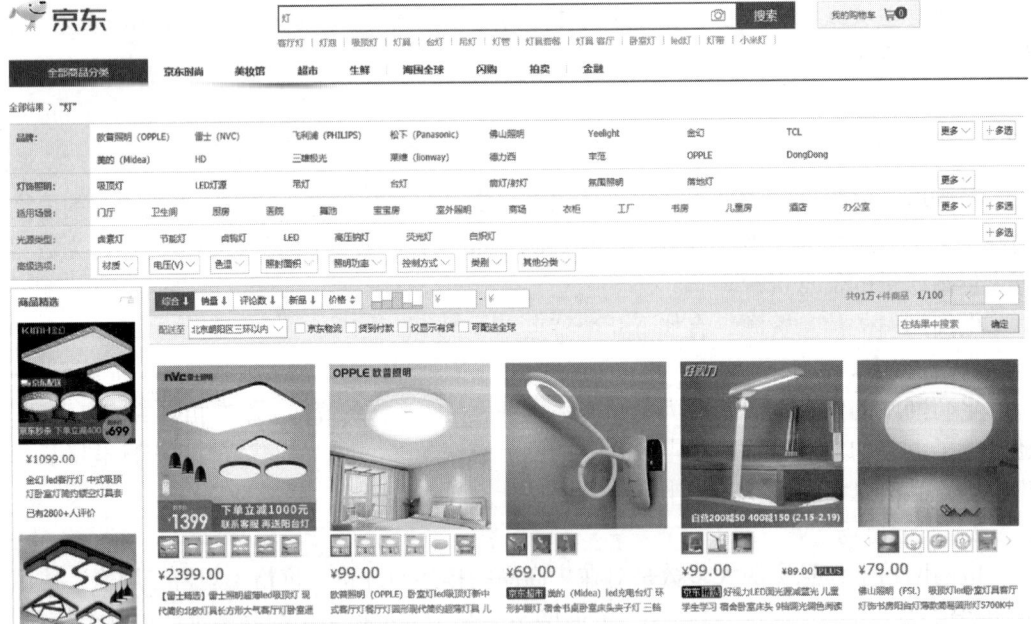

图 7-12　京东中关于"灯"的信息资源

特别是在结果筛选区，可以看到灯的各种知名品牌以及基于适用场景、光源类型、材质、控制方式、色温、电压等维度的分类。

遇到感兴趣的，直接筛选，查看具体产品。每一款产品，不仅有具体的价格、详细

的安装和使用说明,还有不少高清的图片,有不清楚的地方,可以直接咨询客服,客服的回复态度大部分是比较好的。

只用两天时间就基本了解了这个市场。

京东,虽然是一个电商网站,但事实上积累了大量信息资源,而且是完全免费的,就看你怎么用!

探究任务 7-5　如何查近三年国内信息素养相关图书的目录?
　　一位老师打算写一部信息素养方面的教材,想了解最近三年国内出版的同类教材的内容框架,只要能看到目录就行。用什么方法比较好呢?

7.1.8　网络经验

在工作、学习、生活的过程中,每个人都有经过时间积累下来的一些知识和技能,也就是经验。如果把这些经验分享出来,可能会帮到很多人。当然我们也可以通过学习别人的经验,提升自己解决问题的效率和质量。网络经验平台是经验分享与经验获取之间的桥梁,其中的典型代表是百度经验(https://jingyan.baidu.com)、wikiHow(https://www.wikihow.com)、小红书(http://www.xiaohongshu.com)。

百度经验是百度于 2010 年 10 月推出的一款网络经验平台。它主要用于解决用户"具体怎样做",重在解决实际问题,虽然自我定位为"实用生活指南",实际上百度经验的内容远远超出了生活指南的范畴,涉及多个领域。

百度经验主要面向中文用户,国外也有类似的网络经验类平台,比较知名的是wikiHow。wikiHow 以"how to"问句组织内容,基于问题导向的技能分享更具有操作性,全站手绘风格的配图是 wikiHow 的重要特色。尽管是一个国外的网络经验平台,但wikiHow 有中文版,如图 7-13 所示。

小红书是一个网络社区,尽管近年来开始涉足电商、社交等领域,但经验分享是其中比较重要的内容。在小红书中,用户可以通过短视频或者图文分享自己的经验和见解,也可以浏览别人分享的内容。早期的小红书,内容聚焦生活领域,现在也逐渐扩展到工作、生活、学习的各个方面。

网络经验平台的内容有以下几个特点。

(1)内容多样。高手在民间,网络经验大多来自网友的经验分享,平台一般也不会对经验的内容范围做出明确的限定,所以网络经验可能会涉及工作、学习、生活等各个方面,甚至同样一个点会有多种经验。

(2)实用性强。网络经验是具体实践的经验总结,分享是为了帮助别人。很多是工作、学习、生活中经常遇到的场景和问题,给出的解决方案一般有清晰的步骤,具有较强的操作性。

(3)通俗易懂。由于来自网友的分享,网络经验一般比较接地气。口语化的文字,而且配有图片,有些还有视频,简单易懂,容易学会。

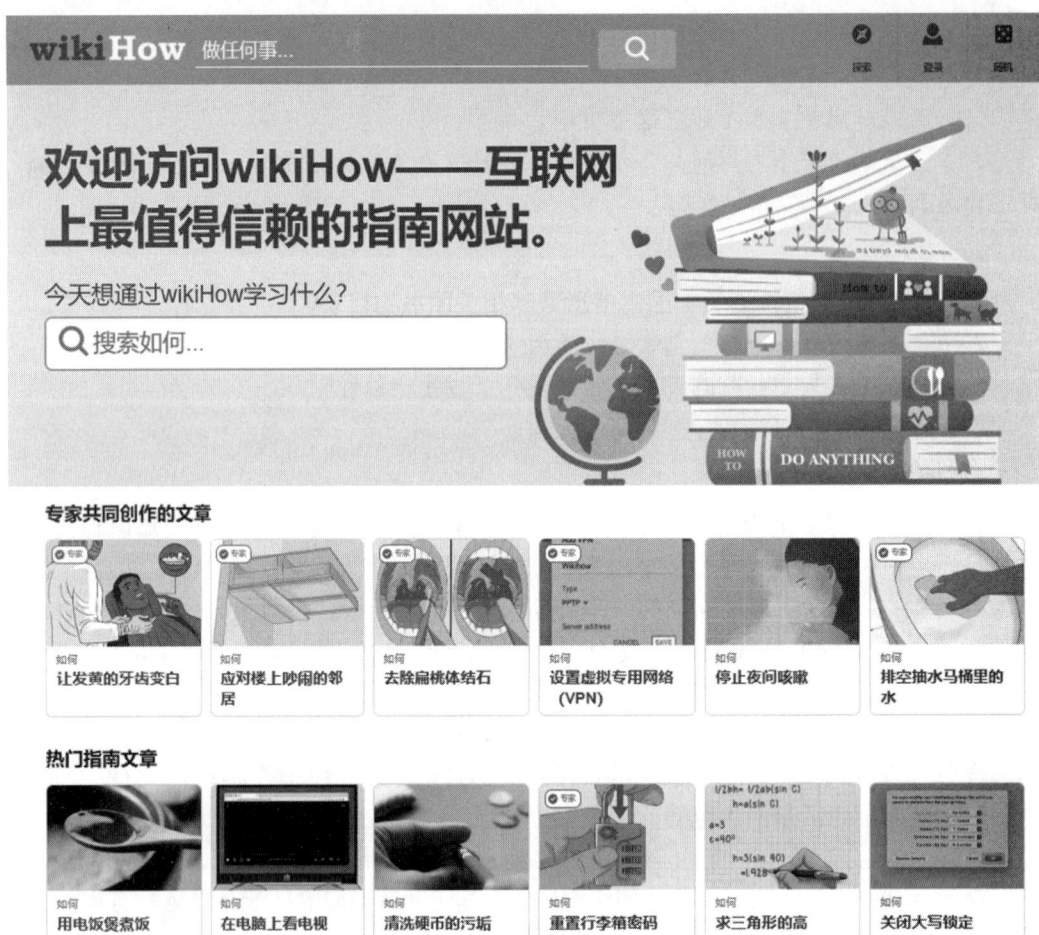

图 7-13 中文版 wikiHow 官网首页

案例 7-9　用小红书找学习经验和资源

一位同学想学数据分析，在小红书中找到了包括图 7-14 所示的很多学习经验和资源，其中包括经验分享、知识点总结、工具推荐、学习课件等。在学习的过程中，他感到作为数据分析理论基础的统计学比较难学，继续在小红书中探索，找到图 7-14（c）所示的一位内容创作者的笔记，这位创作者特别擅长用通俗的语言呈现复杂的统计学理论，内容标题多以"用人话解释"开头，特别适合初学者。另外，他还在小红书中找到了一位付费陪学者，有问题可以随时咨询，大幅度提升了学习效率，少走了不少弯路。

案例 7-10　获取信息，学好高数

获取信息，可以零基础学一切。学校开设的每一门课，都可以尝试着在互联网查找相关的学习资源。以高等数学为例，可以这样查找。

1）在知乎中找学习攻略

在知乎中以"高等数学"为关键词进行搜索，可以找到很多高等数学方面的问题，例如，"高等数学怎么学？""学习高等数学需要刷题吗？怎么刷？""大一新生如何自学高等数

图 7-14 小红书中的数据分析相关学习内容

学?""有没有好的大学高等数学教材推荐?"。另外,还可以找到不少专栏文章,例如,"高等数学复习笔记""高效复习《高等数学》——详细知识点汇总""高等数学学习心得"等。

如图 7-15 所示,"大一新生如何自学高等数学?"这个问题下,有 200 多个回答,排在第一位的回答有近 6000 人点赞。

图 7-15 知乎中关于高等数学学习的一个问题

知乎中的这些干货内容有些是推荐优质学习资源,有些是分享学习方法,可以帮助我们快速入门。

2)查找精品资源共享课

在国家精品资源共享课官方发布平台爱课程(http://www.icourses.cn/mooc)的检索框中输入"高等数学",确认后可以找到如图7-16所示的14门在线课程。打开课程可以看到详情,单击"开始学习"可以免费学习。

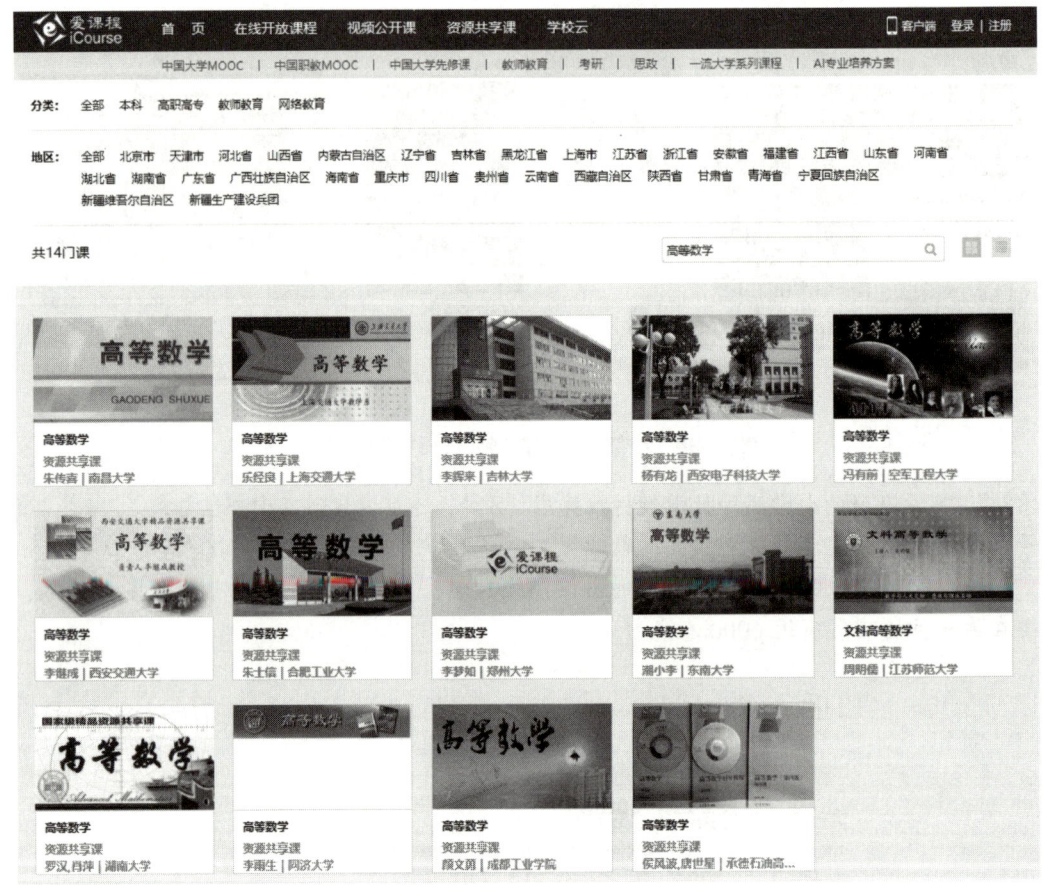

图7-16 爱课程网站上高等数学的国家精品资源共享课列表

3)在网易公开课中找国外名校数学课程

在网易公开课(http://open.163.com)中选择"国际名校公开课"栏目,其中可以看到如图7-17所示的数学类课程。这些课程都有中英文字幕,既可以用计算机的浏览器中播放,也可以通过手机APP学习。

4)查找高等数学相关慕课

在中国大学MOOC、学堂在线、智慧树、学银在线、好大学在线等知名慕课平台可以查找高等数学相关慕课。图7-18所示的微积分课程来自中国大学MOOC,主讲是著名

图 7-17 网易公开课中的数学课程

网红教授,被称为"矿爷"的浙江大学苏德矿。从超高的选课人数可以看出课程的受欢迎程度。

图 7-18 浙江大学苏德矿教授在中国大学 MOOC 中的微积分课程

5) B 站中找高等数学教学视频

在 B 站中搜索"高等数学",可以找到大量高等数学教学视频。从图 7-19 中可以发现,在找到的教学视频中,不少是成系列的完整视频,有些时长甚至超过了 99 小时。

图 7-19　B 站中的高等数学教学视频

7.2　实用效率工具

工欲善其事，必先利其器。互联网上有很多实用的效率工具，其中有些是可以免费使用的。善用这些工具，可以提升我们解决问题的效率和质量。

7.2.1　思维导图工具

思维导图，也称为脑图、心智图，是一种表达发散思维的实用图形思维工具。思维导图通过图文结合的方式，呈现各级主题之间的隶属和层级关系，并在主题词、图像、颜色之间建立记忆链接，方便用户梳理思路。

做思维导图，可以借助思维导图工具。常用的思维导图工具包括 Xmind、MindManager、幕布、百度脑图等。另外，诸如 WPS、坚果云同步盘、有道云笔记、腾讯文档等应用，虽然不是专业的思维导图工具，但也内置思维导图功能。有些思维导图工具有多种版本，有电脑安装版、在线版、手机 APP，有些还有微信小程序。大部分思维导图工具属于商业应用，但有些提供功能受限的免费版本或试用版本。百度脑图目前完全免费。

以百度脑图为例，思维导图工具常用的功能包括以下几项。

1）编辑各级节点

节点是思维导图的主要构成要素，创建各级节点是思维导图工具的基本功能。选定一个具体的节点，可以修改、删除、调整顺序和层级关系，也可以创建下级节点、同级节点、上级节点。

2）导入与导出

思维导图工具一般支持导入其他格式的思维导图文件，方便用户在不同工具间迁移数据。同时，用户还可以将思维导图按照指定的格式导出，大部分思维导图工具支持多种导出格式。如图 7-20 所示，百度脑图支持的导出格式包括 KityMinder 格式、大纲文本、Markdown/GFM 格式、SVG 矢量图、PNG 图片、Freemind 格式、XMind 格式等。

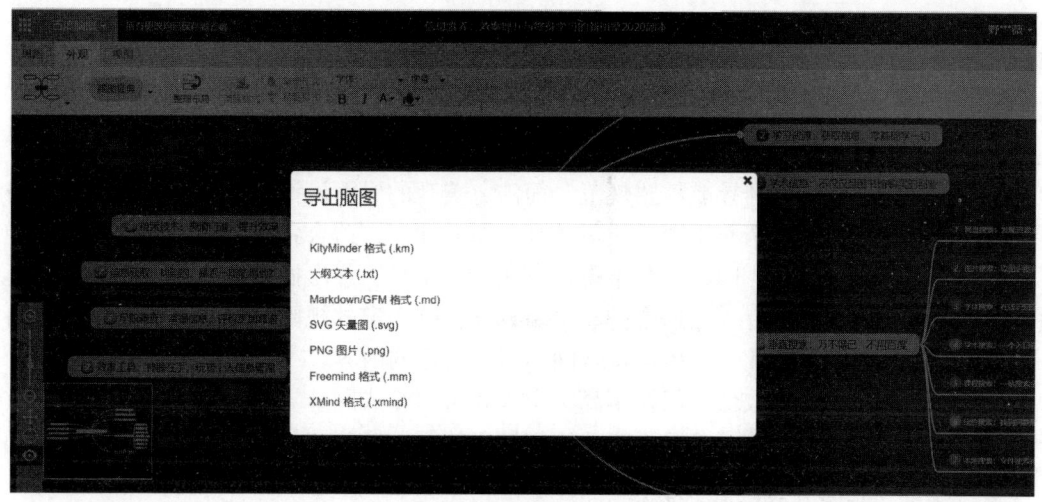

图 7-20　百度脑图的导出格式

3）共享与协作

百度脑图支持在线共享。用户可以把自己的思维导图以网络链接形式分享给其他人，对方可以通过这个网络链接查看别人分享的思维导图，分享时可以设置访问密码和有效期。有些思维导图还支持多人实时在线协作，允许多个用户同时编辑一个思维导图。

4）样式与主题

思维导图工具一般会提供多种样式和主题外观，用户可以根据需要进行选择。百度脑图提供了脑图经典、脑图紧凑经典、天空蓝、文艺绿、温柔冷光等十几种外观样式。

5）搜索与定位

大部分思维导图工具提供搜索和定位功能，方便用户在思维导图中快速找到相关节点，提升查找效率。

视频 7-7　思维导图：让你的思维更有效率

探究任务 7-6　用百度脑图创建一个思维导图并分享

用自己的百度账号登录百度脑图（https://naotu.baidu.com），深入探索其中的各项功能。任选本书其中一章，把章节标题做成一个思维导图，并在线分享。

7.2.2 网址导航工具

网址导航,也称为上网导航,主要是指集合较多常用网址,并按照一定条件对这些网址进行分类的网页,网址简单易记,界面简洁实用,链接快速有效。通常被用户设置为浏览器的主页,作为向导为用户提供上网指引,用户不用记具体网址,就可以直接进入所需网站。现在有些主页型网络导航提供常用查询工具,以及邮箱登录、搜索引擎入口、热点新闻等功能。

一般来说,优秀网址导航需要规范、简洁、美观的界面设计,稳定、可靠、快速的访问。收录的网址经过精心挑选,质量较高、覆盖面广,适合各层次用户,不存在直接或间接的不良内容链接。网站本身不得含有病毒、木马,弹出插件或恶意更改用户计算机设置。网站链接要有专人定期维护和更新,并根据一定的规则调整网址和排序。定期检查,网站链接全部有效,并指向符合网站服务目标的内容。

网址导航技术含量较低,门槛不高,个人就可以完成网址导航的开发,因此网络上的网址导航种类繁多,质量参差不齐。比较知名的网址导航有如下几种。

1. 中国古典文献资源导航系统

如图 7-21 所示的中国古典文献资源导航系统(https://www.wenxianxue.cn,别名:奎章阁)是一个中国古典文献资源导航平台,收录古籍检索、古籍影像、古籍目录、数字人文、期刊论著及各类专题的网站与数据库资源,用户还可通过"网站提交"功能推荐古典文献资源网站。

图 7-21 中国古典文献资源导航系统(奎章阁)

2. 优设导航

优设导航（https://hao.uisdc.com），原名为设计师网址导航，是一个面向设计师的网址导航，收录了大量设计师经常用到的图库、字库、模板、工具等网站。

如图 7-22 所示，左侧是类别列表，具体包括热门推荐、高清图库、设计教程、界面设计、灵感创意等十几个类别，每个类别下是具体的网站链接。

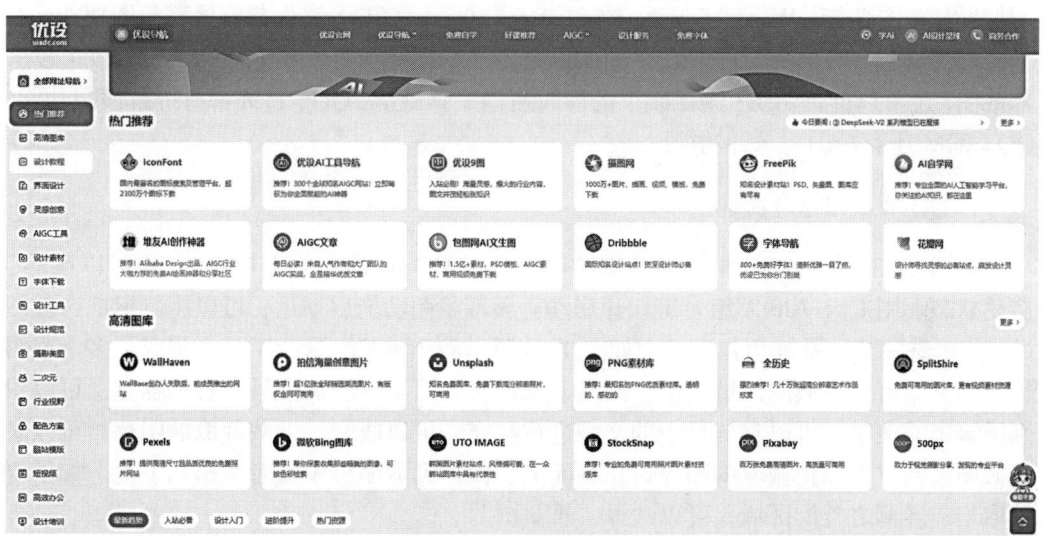

图 7-22　优设导航

3. hao123

hao123（http://www.hao123.com）是网络导航的典型代表。李兴平于 1999 年 5 月创建了精彩实用网址，后改为 hao123 网址之家。2004 年 8 月 31 日，hao123 网址之家被全球最大的中文搜索引擎百度收购，成为百度旗下的导航网站。2008 年 7 月 18 日，百度首页出现 hao123 的链接。通过 hao123 网址之家，用户不用去记太多复杂的网址，通过鼠标加列表的方式就可拥有最便捷的上网体验。hao123 网址之家的模式成为后来众多网址导航网站的榜样，也成为一种事实上的行业标准。

视频 7-8　检索之外：获取信息，也可以不检索

> **探究任务 7-7　hao123 和李兴平的传奇故事**
>
> 　　技术大佬看不上的 hao123，财大气粗的百度，5000 万元的交易额，很多人童年记忆中的 4399。这些关键词的背后，有一个共同的连接点：初中毕业的李兴平。
> 　　这是一个草根逆袭的传奇故事。有兴趣的话，自己搜索了解一下。

7.2.3 屏幕截图工具

工作、学习中经常用到截图操作。截图方法和工具有很多：键盘上的 PrintScreen 键可以把整个屏幕复制到剪贴板中，如果用 Alt+PrintScreen 键可以只复制当前的活动窗口；Windows 操作系统也内置有截图工具，不仅可以屏幕截图，而且可以录屏，用 Win+Shift+S 可以唤醒这个工具；有些浏览器内置截图按钮，或者可以通过安装插件的方式为浏览器增加屏幕截图功能；Word、Excel、PowerPoint 这三个 Office 套件都有屏幕截图功能，在"插入"选项卡中可以找到按钮；Snipaste 是专业的截图工具，功能更强大，不仅可以屏幕截图，还可以屏幕贴图；腾讯旗下的即时通信工具微信、QQ、TIM 都有屏幕截图功能，QQ、TIM 还有贴图、录屏功能。

1. QQ 的截图录屏功能

如图 7-23 所示，QQ 的屏幕截图功能可以在 QQ 的对话窗口中启动，也可以在 QQ 启动状态下用 Ctrl+Alt+A 组合键快速启动。屏幕截图功能启动后，可以用鼠标框选截图区域，框选完毕，系统会弹出一个如图 7-24 所示的工具栏。这个工具栏集成了多个截图辅助工具。可以在截图区域画框、画圈、画箭头、写文字、加序号、打马赛克，可以识别屏幕中的文字，可以对屏幕中的文字进行翻译，可以收藏、下载截取的图片，可以录制截图区域，可以把截取的图片钉在桌面上、保存到剪贴板中或者发送到手机。如果要截取当前屏幕之外的区域，可以选择"长截图"。

图 7-23　QQ 屏幕截图、录制、识图、翻译快捷键

在 QQ 的屏幕截图过程中，可以实现屏幕录制、屏幕识图、屏幕翻译，这些功能也可以在 QQ 对话框中直接调用，而且都有相应的快捷键。

QQ 的屏幕录制功能也很强大，可以选择屏幕录制区域，既可以录制系统声音，也可以录制麦克风声音，录制的视频格式为 mp4。

第 7 章　实用学习资源与效率工具　　·201·

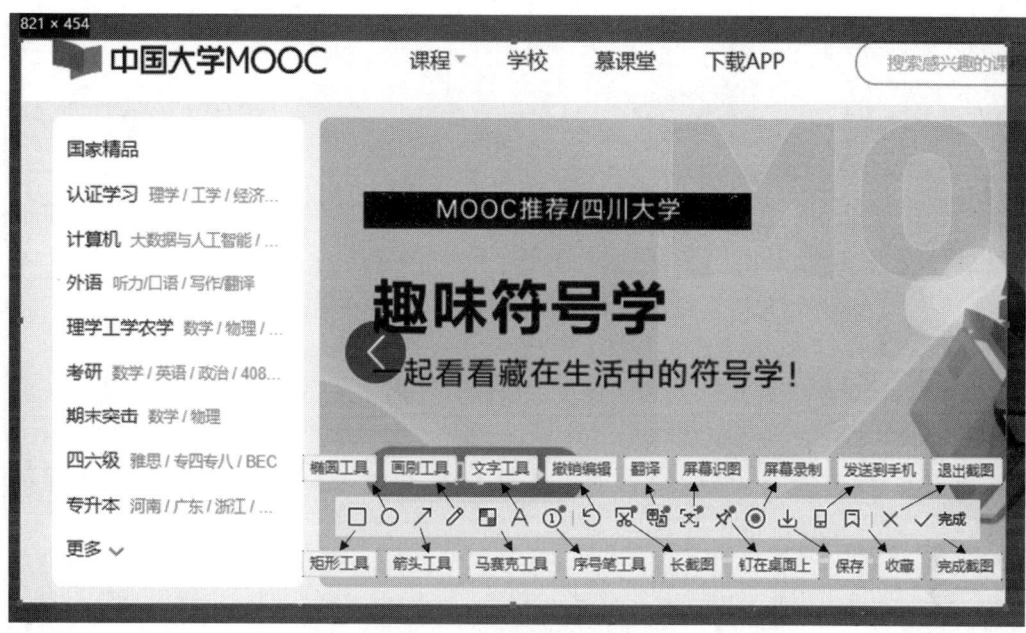

图 7-24　QQ 的截图工具栏

视频 7-9　截图录屏：常见的工具，不常见的功能

探究任务 7-8　对比 QQ 和 Snipaste 的贴图功能

　　Snipaste 是专业的截图工具，QQ 也有截图功能。这两个工具不仅可以截图，而且可以把截取的图片钉在桌面上（贴图）。分别使用这两个工具的截图贴图功能，对比一下二者有什么区别。

2. 录屏成动图：LICEcap

　　屏幕录制工具有很多，录制的视频格式大部分是 mp4，但有些时候我们可能需要轻量级的屏幕录制，如在做教学课件的时候，只需要录制屏幕的操作过程，这个时候 LICEcap 即可满足需求。

　　LICEcap 是一款免费的 gif 屏幕录制工具，支持 Windows 和 Mac 系统。LICEcap 屏幕录制的文件格式为 gif。LICEcap 本身体量较小，软件大小不到 1 M，有免安装版本，携带方便，操作简单。LICEcap 启动后的界面如图 7-25 所示。

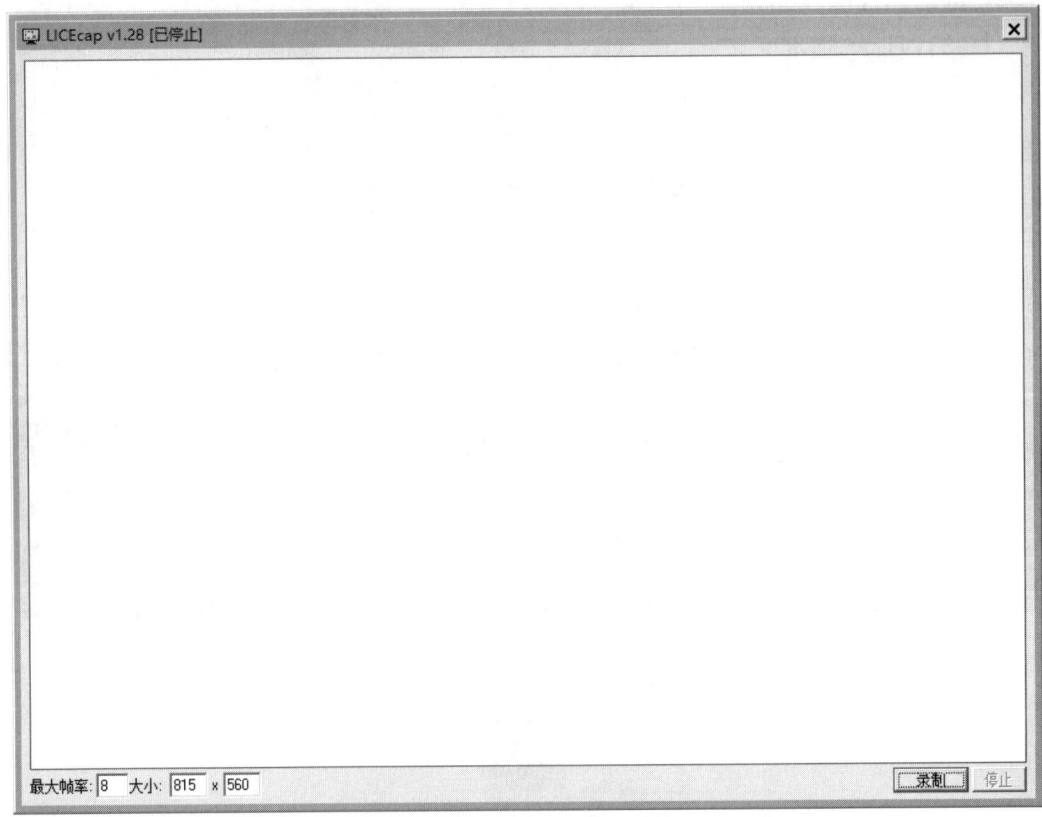

图 7-25　屏幕录制工具 LICEcap

探究任务 7-9　用 LICEcap 录制 QQ 的截图贴图操作

做一个 QQ 截图、贴图的简易教程。先用 LICEcap 录制 QQ 的截图、贴图操作步骤，然后把录制好的 gif 动图复制到 ppt 中，加上必要的文字说明，做成一个适合演示的 ppt 教程。

7.2.4　数据可视化工具

数据可视化，指的是以图表、图像等视觉形式表现数据信息的过程。字不如表，表不如图，静图不如动图。通过将数据转化为图表，数据可视化能够使数据信息更加直观易懂，与文本相比，图表、图像可以更好地传达数据的关键点和趋势，也更容易理解和记忆，从而提升分析和解释数据的效率与质量。

数据可视化工具有很多，其中包括 Excel、WPS、Python、R 语言、ECharts、Flourish 等。Excel、WPS 都有图表功能，支持柱状图、折线图、饼状图、散点图、雷达图、瀑布图、漏斗图、透视表和透视图等多种图表形式。Python 中有专门用于数据可视化的库，如 Matplotlib、Seaborn、Pandas 等，这些库提供了丰富的可视化功能，可以绘制各种图表。R 语言具有强大的数据可视化功能，利用系统内置的绘图系统和 ggplot2、lattice、rgl、ggmap 等数据可视化工具可以绘制各种统计图形和实现数据可视化。

ECharts 是一款基于 JavaScript 的数据可视化图表库，提供直观、生动、可交互、可个性化定制的数据可视化图表，支持桑基图、盒须图、热力图、旭日图、数据地图、仪表盘、事件河流图等几十类图表，提供几百种实例模板，可以灵活定制。Flourish 是一个在线可视化工具，通过系统提供的各种图表模板，不用编程也能做出炫酷的可视化图形。

视频 7-10　数据可视：动态图形，轻松搞定

案例 7-11　用 Flourish 做条形竞赛图，动态呈现各省区市地区生产总值对比

条形竞赛图，也称为 bar chart race，是一种动态呈现的条形图，它能够展示多个主体在不同时间点上数据值的动态变化和对比情况。用 Flourish 制作如图 7-26 所示的各省区市地区生产总值动态对比条形竞赛图的步骤如下。

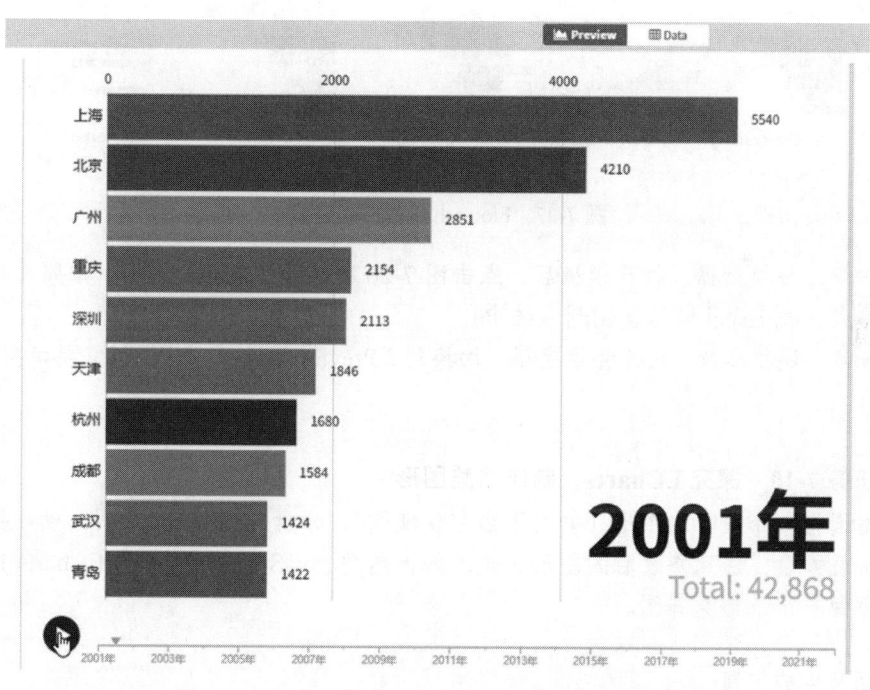

图 7-26　各省区市地区生产总值动态对比条形竞赛图

第一步，准备数据。通过国家统计局网站中的统计数据查询系统查找并获取我国改革开放以来每年的各省区市地区生产总值数据，放到 Excel 中。

第二步，注册登录 Flourish。使用 Flourish 实现数据可视化需要登录账号，账号可以免费注册。登录 Flourish 官网（https://flourish.studio），根据提示可以注册登录账号。

第三步，选择模板。Flourish 内置多种模板，新建可视化项目后根据系统提示选择如图 7-27 所示的模板。

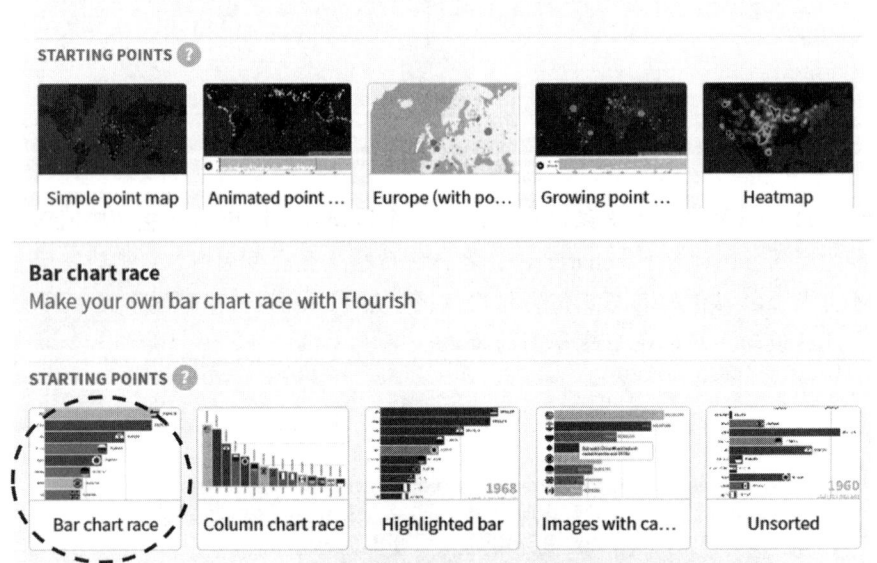

图 7-27　Flourish 中的图形模板

第四步，替换数据。打开模板后，点击图 7-26 所示的"Data"选项，按照系统给出的数据格式，把 Excel 数据复制到系统中。

第五步，调整参数。数据替换完毕，切换到"Preview"选项下，根据需要调整参数，完成制作。

> **探究任务 7-10　探究 ECharts，制作炫酷图形**
> 请选择一个简单的图形（如南丁格尔玫瑰图），分析 JavaScript 代码，确定数据源，试着修改，注意修改后的图形变化。如果熟悉 JavaScript，试着用 ECharts 提供的模板做一个条形竞赛图。

7.2.5　词云生成工具

词云，也被称为文字云、标签云，是文本可视化的结果。通过词云生成工具，把大量文本中的高频词提炼出来放在一个指定的图形中，根据词频大小确定关键词的字号。这种可视化表达方式可以过滤掉低价值文本信息，突出文本中的高频词，增强视觉冲击力，帮助用户快速抓住文本中的关键信息，提升阅读效率。

从文本到词云，依次要经过分词、统计词频、生成词云等多个环节。与英文不同，中文文本中的词语之间没有空格区分，所以词云生成的第一步是分词。由于中文的特殊性，同样的文本可能有不同的分词结果，这就需要结合语义选择合适的分词结果。第二步是统计词频，筛选高频词。最后根据词频统计结果和指定图形生成词云。

无论是分词，还是词频统计、词云生成，工作量都比较大，在文本内容较多的情况下手工处理难以完成，一般需要借助工具。常用的词云生成工具有微词云（https://www.weiciyun.com）、易词云（https://www.yciyun.com）、WordArt（https://wordart.com）、WordItOut（https://worditout.com）等，其中微词云、易词云还内置中文分词、词频统计功能。

视频 7-11　词频统计：免费的功能，实用的工具

案例 7-12　持续探究，制作词云图

在浏览网页的时候，发现了一张如图 7-28 所示的图形。用大小不一的文字拼成的一

图 7-28　用大小不同的文字拼成的图形

个拳头,而且这些文字只有动词和名词。当时觉得这样的图形很有意思,想知道这样的图形是怎么做的。但是,网页中只有这样一张图,无法了解具体做法,甚至不知道这样的图是什么图。

获取信息,解决问题,探索一下。

第一步,识别图形。获取信息,解决问题,从搜索开始。关键是搜什么呢?这种图是什么图?不清楚。用什么关键词?不太好确定。用 AI 探究一下。

打开 AI 工具 Kimi(https://kimi.moonshot.cn),先上传这张图片,然后在对话框中输入提示词"这张图是什么图?",Kimi 很快给出了如图 7-29 所示的结果。

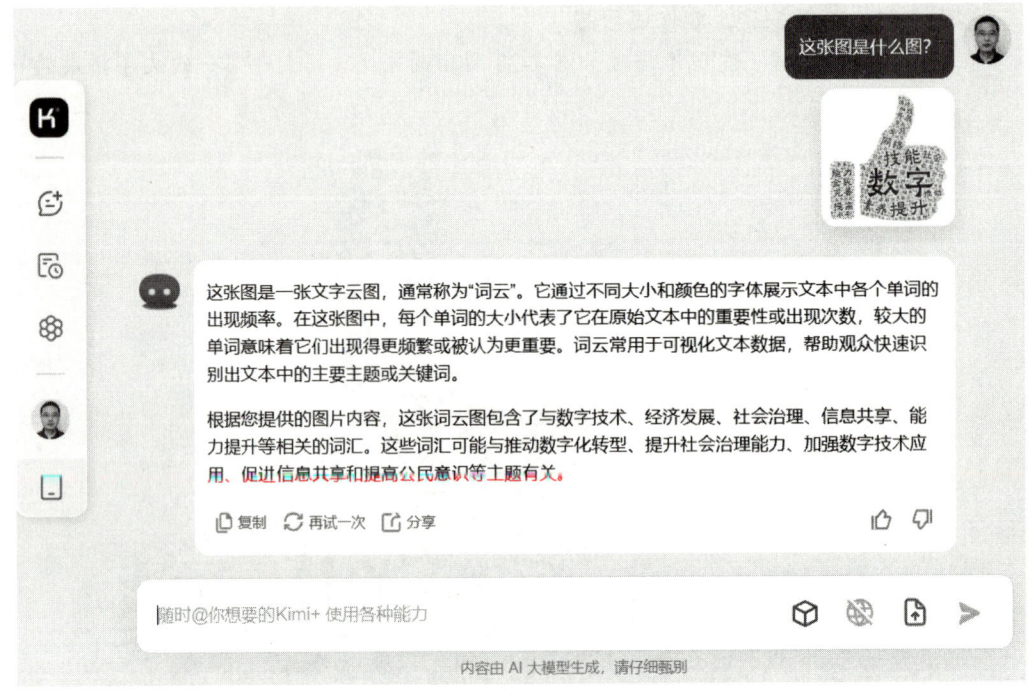

图 7-29　AI 工具 Kimi 的识图结果

AI 给出的回答很明确:这张图是一张文字云图,通常称为"词云"。它通过不同大小和颜色的字体展示文本中各个单词的出现频率。在这张图中,每个单词的大小代表了它在原始文本中的重要性或出现次数,较大的单词意味着它们出现得更频繁或被认为更重要。

根据这个说明,我们可以推测,这是基于某个文件做的词云图,但到底是哪个文件呢?继续探索。

第二步,确定文本来源。注意到在这个词云图中,数字、素养、技能、提升这几个词字号比较大,所以把这几个词输入到 AI 工具通义千问(https://tongyi.aliyun.com)的对话框中,然后提问:这几个词最有可能出现在哪个文件中?系统很快给出了回答:这几个词最有可能出现在《提升全民数字素养与技能行动纲要》这一文件中。该文件由中央网络安全和信息化委员会于 2021 年 11 月印发,旨在提升全民的数字素养与技能,强调了在数字社会中公民应具备的数字获取、制作、使用、评价、交互、分享、创新、安全保障、伦理道德等一系列素质与能力的重要性。到底是不是？动手试一下。

第三步，选择词云生成工具。互联网上能够生成词云图的工具有很多，在小红书中搜索，有不少人推荐微词云（https://www.weiciyun.com）这个工具。微信扫码即可使用。

第四步，在线分词。找到《提升全民数字素养与技能行动纲要》全文，在微词云选择"分词筛词后导入"，分词后的结果如图 7-30 所示。很明显，微词云先对输入的文本进行分词处理，分词后统计词频，而且能够根据词性筛选。考虑到原来的词云图中只有动词和名词，所以这个地方只勾选动词和名词，然后点击右下角的"确定使用所选单词"。

图 7-30　微词云分词结果

第五步，生成词云图。分词结果确认后，可以根据自己的需要选择图形。系统内置了多种图形，也可以通过"自定义"上传自己的本地图形。生成的图形如图 7-31 所示。这个图形虽然与图 7-28 有区别，但区别主要是字体和文字的摆放，词云图形、文字内容和字号非常接近。由此可以确定，图 7-28 所示的词云生成工具是微词云。

第六步，调整字体。在微词云中，不仅可以自定义文本、自选图形，还可以自定义字体。系统内置多款字体，也可以上传字库文件。图 7-28 中词云图中的文字字体就是自定义上传的一款免费字体阿里妈妈刀隶体。

第七步，下载图片。点击"下载到本地"按钮，可以把生成的图片下载下来。

获取信息，解决问题，不仅需要搜索而且需要探索。看到一张图有意思，就想搞清楚这张图是怎么做的，这是信息意识也是探究精神。不知道是什么图形，就用 AI 工具 Kimi 找线索，通过 Kimi 识别图形，发现这种图是词云图。不知道文本来源，同样借助 AI 工具，通过通义千问发现文本可能来自《提升全民数字素养与技能行动纲要》。不知

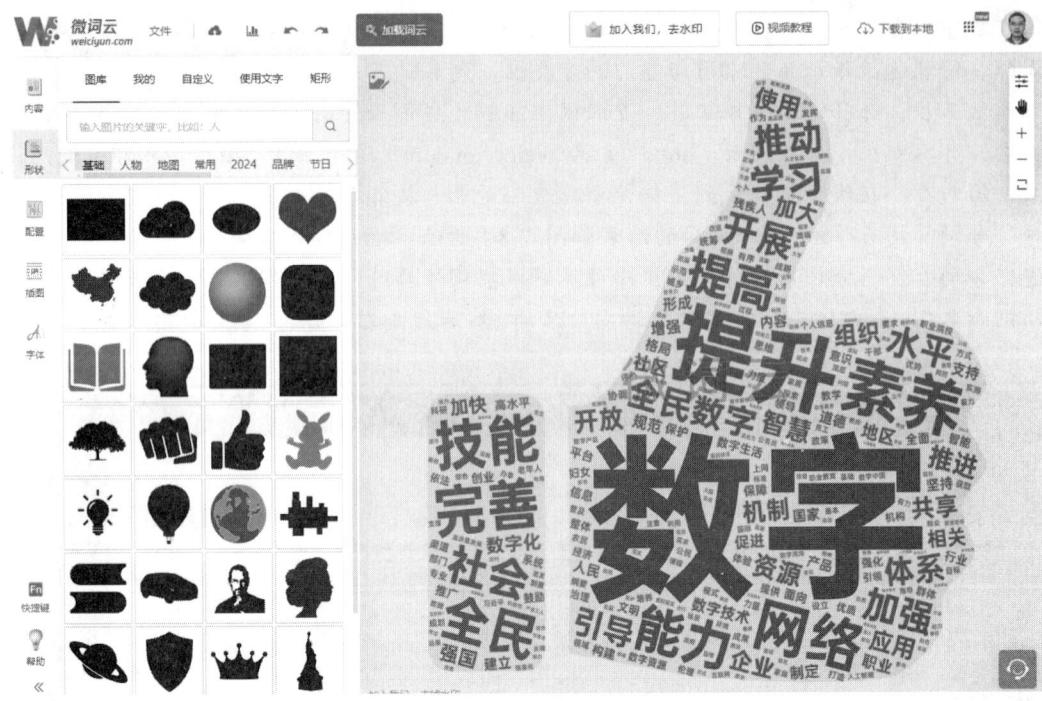

图 7-31　微词云中的词云生成效果

道用什么工具做词云图,就通过小红书找别人的推荐,找到微词云这个在线词云生成工具。不知道微词云怎么用,就一步步探索,粘贴文本,自动分词,选择图形,上传字库,下载词云,在持续的探索中不仅熟悉了微词云这个在线工具,更重要的是提升了获取信息解决问题的能力,这是提升信息素养的过程,也是培养终身学习能力的过程。

探究任务 7-11　用在线词云生成工具微词云做词云

　　任选一篇超过 3 万字的长文本(如政府工作报告、中长篇小说、博士学位论文等),用微词云统计文本中的高频动词,生成一个词云图。要求词云图的形状为数字"9",词云图中文字的字体用阿里妈妈东方大楷。

7.2.6　本地搜索工具

　　在数字化时代,搜索是获取信息的重要手段。除了常用的网络搜索,本地搜索也是常见的搜索场景。查找电脑上的文件,可以通过目录导航,也可以直接搜索。操作系统都内置有搜索功能,也有专门的本地搜索工具,如 Everything、Listary、Filelocator 等。

　　如图 7-32 所示,Windows 状态栏有一个搜索框,在这个搜索框中输入关键词,即可进行本地搜索。不仅可以搜索本地文档、文件夹、应用、照片,还可以直接调用必应搜索引擎进行网络搜索。除了全局搜索,Windows 还支持对指定文件夹的搜索。打开一个窗口,在窗口右上角的搜索框中输入关键词,即可对当前打开的文件夹进行搜索。

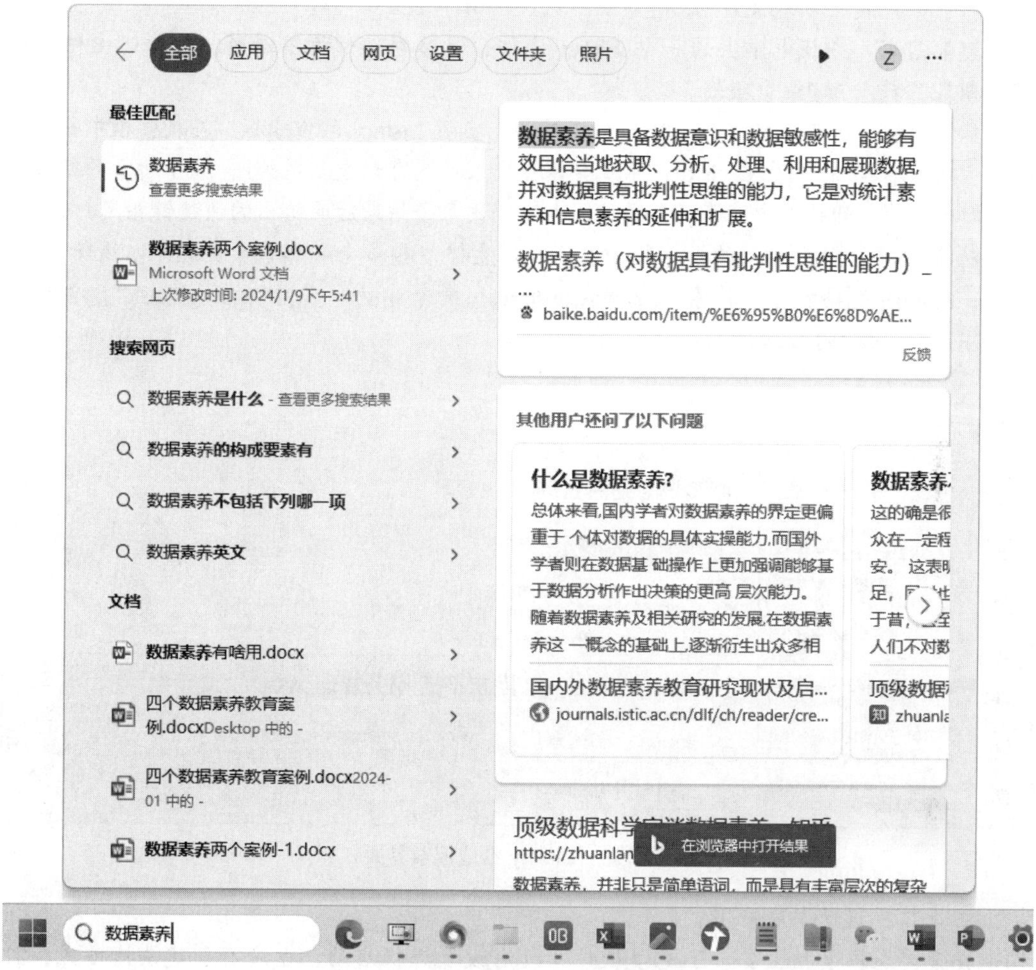

图 7-32 Windows 本地搜索

与 Windows 内置搜索相比，本地搜索工具 Everything、Listary 功能更丰富，使用更便捷。通过系统内置的快捷键，不用鼠标只用键盘即可完成常用的本地搜索操作，大幅度提升了搜索的效率。无论是 Windows 内置搜索还是 Everything、Listary，都是基于文件名或者文件夹名的搜索，无法对文件内容进行搜索，Filelocator 可以实现对本地文件基于内容的跨文件搜索。Everything、Listary、Filelocator 这些本地搜索工具，使用需要安装，有些是商业软件，但也有可以免费使用的试用版本。

视频 7-12　本地搜索：文件搜索神器

案例 7-13 Listary 的三种典型使用场景

本地搜索，可以使用 Listary。Listary 使用场景有很多，下面三种场景比较常见。

场景一：搜索本地文件。

搜索需求：查找电脑上的一个 Excel 文件，具体存储位置不清楚，只知道文件名中有"期末不挂""财务管理"。

具体操作：在任意窗口下，双击 Ctrl 键盘，唤醒 Listary 的搜索框，在搜索框中输入关键词"期末不挂 财务管理 xlsx"，系统会根据输入的内容动态呈现如图 7-33 所示的结果，直接回车可以打开结果中的第一个文档，也可以用每条结果后面给出的快捷键指定打开。

功能解析：在 Listary 的搜索框中，可以用空格连接多个关键词，实现布尔逻辑"与"关系；Listary 支持首字母搜索，在搜索框中输入拼音首字母"qmbg cwgl xlsx"，也能实现如图 7-33 所示的效果。

图 7-33 Listary 本地搜索界面

场景二：启动本地应用。

搜索需求：电脑上安装了 QQ 软件，没有设置开机启动，也没有创建快捷方式，在 Windows 开始菜单中用鼠标启动比较慢。

具体操作：在任意窗口下，双击 Ctrl 键盘，唤醒 Listary 的搜索框，在搜索框中输入关键词"QQ"，在找到的结果中选择 QQ 快捷方式即可。

功能解析：应用程序或者相应的快捷方式，本质也是一种文件，用 Listary 启动应用程序，其实本地搜索某个文件并执行。

场景三：网络搜索。

搜索需求：在百度中搜索"信息素养"相关信息。

具体操作：在任意窗口下，双击 Ctrl 键盘，唤醒 Listary 的搜索框，在搜索框中输入关键词"bd 信息素养"，系统会自动启动浏览器，在浏览器中自动进入百度，并且在百度中自动搜索关键词"信息素养"。

功能解析：关键词中的"bd"是 Listary 网络搜索关键字，用来调用百度的搜索引擎接口"https://www.baidu.com/s?wd="。在搜索框中输入"bd 信息素养"，Listary 会转换成

"https://www.baidu.com/s?wd=信息素养"这样一个网络地址，启动浏览器访问这个链接，实现在百度中搜索"信息素养"。Listary 内置了多个搜索系统的关键字，具体设置如图 7-34 所示。另外 Listary 也支持自定义关键字，具体设置格式是在搜索接口后面加上"{query}"。

图 7-34　Listary 的网络搜索关键字设置

探究任务 7-12　在 Listary 中设置 B 站搜索的快捷键

（1）在自己的电脑上安装 Listary。

（2）选择一个搜索系统，如 B 站，探索这个系统的搜索接口。

（3）在 Listary 中自定义这个搜索系统的关键字，实现如案例 7-13 场景三所示的搜索效果。比如，在 Listary 搜索框中输入"bb 终身学习"，系统就能自动打开浏览器，自动从浏览器中进入 B 站，自动在 B 站中搜索"终身学习"。

提醒：在 B 站的搜索框中输入一个关键词进行搜索，观察搜索结果地址栏中的网址，可以分析出 B 站的搜索接口。探索其他搜索系统的搜索接口方法类似。

7.2.7　人工智能工具

随着 ChatGPT 的出现，人工智能实质性走近了大众。之后，文心一言（https://yiyan.baidu.com）、讯飞星火（https://xinghuo.xfyun.cn）陆续上线，为用户深度体验人工智能提供了方便。这些人工智能工具本质是基于深度学习的自然语言处理模型，有时候也被称为大语言模型、人工智能模型，它能够模拟人类的语言和对话，自动响应用户的提问，帮助用户处理各种事务，其中包括编写计算机程序，撰写发言稿，画图，做文献综述，翻译润色，等等。借助插件，这些自然语言处理模型的功能更强大、更专业。除了 ChatGPT、文心一言、讯飞星火这些综合类人工智能工具，也有一些基于人工智能的专业工具。比如，CNKI、AMiner 都在自己的平台上增加了人工智能功能，提供文献阅读、文献综述等服务。讯飞星火也推出了助力科研写作的讯飞星火科研助手，有成果调研、文献阅读、文献综述、英文翻译、英文润色等功能；百度文库的文档助手，可以利用人工智能辅助文案撰写、ppt 制作。

视频 7-13　AI 办公：用 AI 写文案、编程序、做 ppt，其实很简单

视频 7-14　AI+科研：用 AI 读文献、做综述

案例 7-14　用文心一言写 Python 程序代码，做南丁格尔玫瑰图

用 Python 编程，可以做南丁格尔玫瑰图。如果不知道代码怎么写，或者想提高代码编写的效率，可以借助文心一言进行如下操作。

先用百度账号登录文心一言，然后在如图 7-35 所示的对话框中输入这样的指令：写

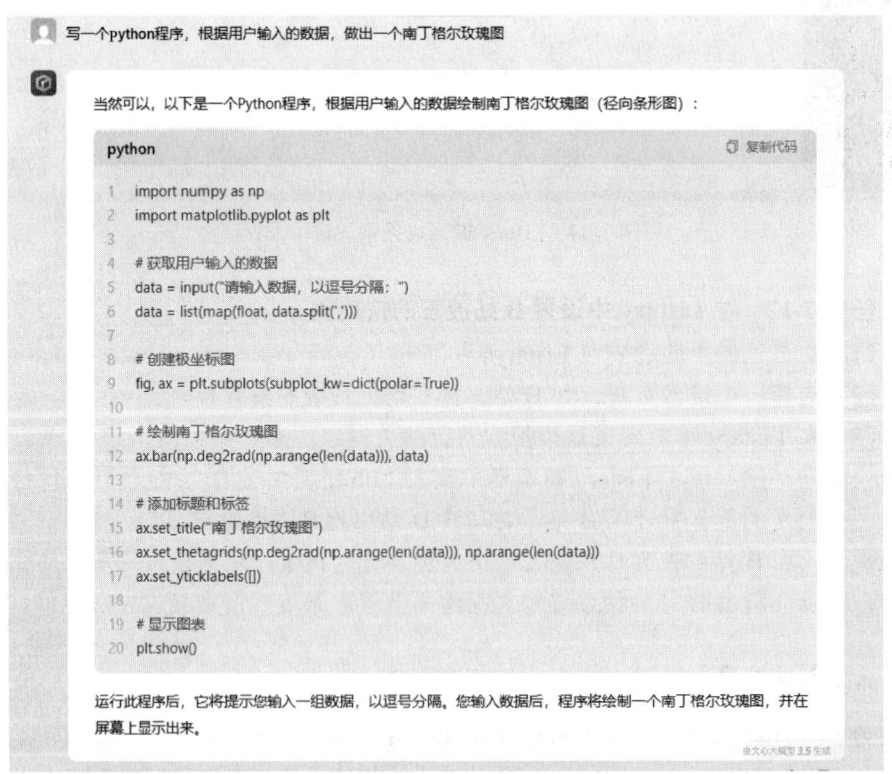

图 7-35　用文心一言编写 Python 程序代码

一个 Python 程序，根据用户输入的数据，做出一个南丁格尔玫瑰图。提交后系统很快生成了程序代码，而且给出编程思路。

探究任务 7-13 用文心一言编写校验身份证号码的校验公式

在 Excel A 列存储身份证号码数据，在 B 列用一个包含 Excel 函数的公式判断 A 列存储的身份证号码是否符合身份证号码校验规则。请用文心一言生成这个公式并在 Excel 中调试。

案例 7-15 用讯飞星火撰写读书月活动发言稿

讯飞星火是科大讯飞推出的新一代认知智能大模型。通过对海量文本、代码和知识的学习，可实现基于自然对话方式的用户需求理解与任务执行。在与人自然对话互动中，讯飞星火可以提供语言理解、知识问答、逻辑推理、数学题解答、代码理解与编写等多种能力。用讯飞星火撰写发言稿，可以进行如下操作。

先登录讯飞星火，可以用手机号码和验证码登录，也可以注册账号登录。在对话中输入这样一段指令：世界读书日快要到了，需要在 4 月 23 日经济学院主办的阅读推广活动上做发言，请帮我写一篇 800 字的发言稿。提交后系统很快给出了如图 7-36 所示的结果。

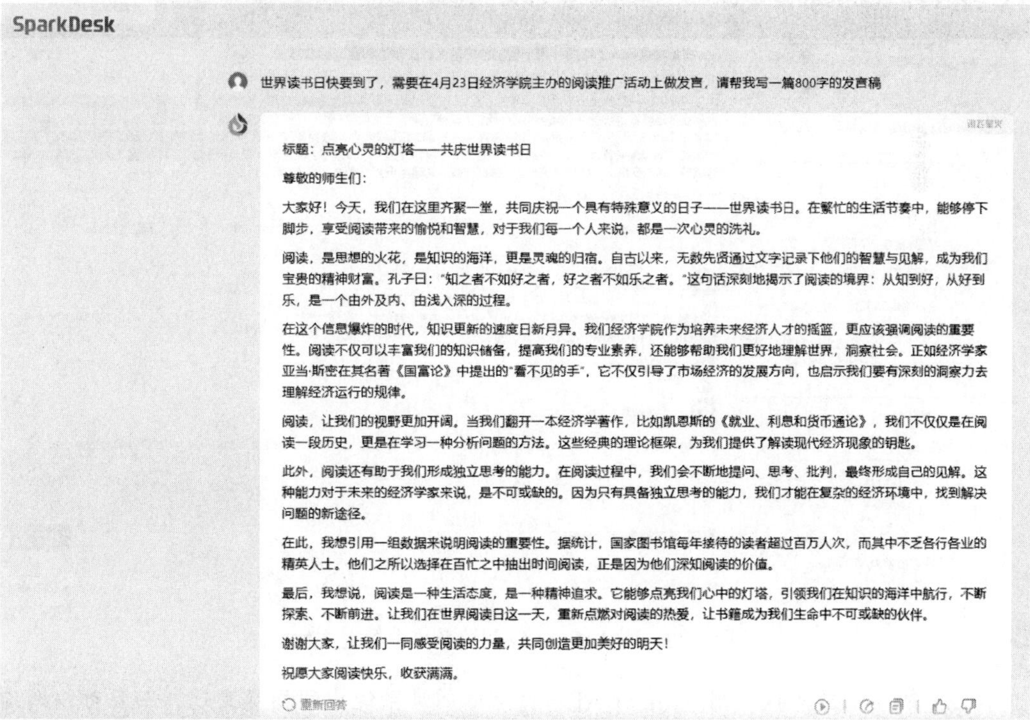

图 7-36 用讯飞星火撰写发言稿

探究任务 7-14 探索讯飞星火科研助手

讯飞星火科研助手是讯飞星火与中国科学院文献情报中心联合推出的一款人工智能科研工具，基于科大讯飞的认知智能大模型和中国科学院文献情报中心海量的科技文献资源，提供文献成果调研、论文研读和学术写作等科学研究辅助功能，可以大幅度提升科研人员文献调研、文献阅读效率。

请用讯飞星火科研助手的成果调研功能做一个关于"人工智能在教育领域中的应用"的成果调研，并让系统自动生成文献综述。

案例 7-16 人工智能辅助文献阅读，试试 AMiner

AMiner 是由清华大学唐杰团队创建并运营的一个科技情报系与挖掘平台，也是一个学术搜索系统，通过一个网站向用户提供免费的学术检索与分析服务。AMiner 收录了大量文献并内置人工智能功能，基于大语言模型以人机对话的方式赋能学术科研，基于人工智能的文献阅读是其中的一项功能。AMiner 具体包括如下场景。

（1）阅读系统中的指定文献。AMiner 目前收录了 600 多万篇文献，用户可以针对指定文献进行对话。如图 7-37 所示，点击 AMiner 的检索结果文献下方的 ChatPaper 按钮，系统会给出这篇文献的一句话总结并给出对话框，用户可以针对这篇文献进一步提问。

图 7-37 用 AMiner AI 阅读系统中指定文献

（2）阅读上传文献。用 AMiner AI 不仅可以阅读系统中的指定文献，而且可以阅读外部上传的文献。如图 7-38 所示，点击 AMiner AI 对话窗口左侧的"新增论文"按钮，可以上传本地文献的 pdf 全文，系统会以自己的方式对这篇文献进行综述，用户也可以基于这篇文献与系统对话。

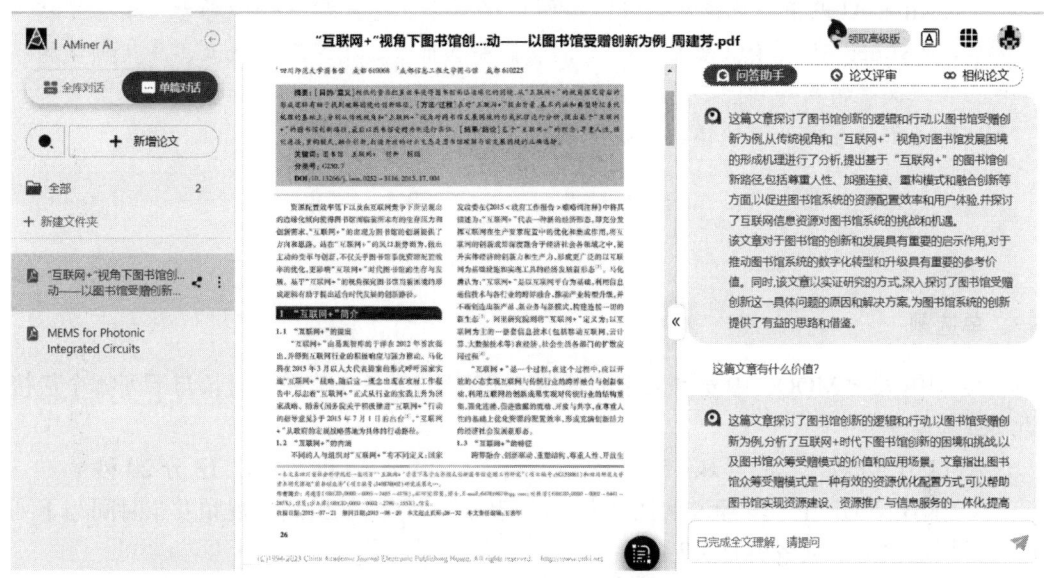

图 7-38　用 AMiner AI 阅读外部上传文献

（3）文献综述。用 AMiner AI 不仅可以阅读指定的单篇文献，也支持全库对话。如图 7-39 所示，用户可以提出诸如"最近两年，大语言模型研究有什么进展？"之类的问题，系统会基于全库收录的 600 多篇文献的摘要进行综述回答，并且给出参考文献。

图 7-39　用 AMiner AI 做文献综述

探究任务 7-15　探索 AMiner AI 的人工智能功能

AMiner AI 的使用场景有很多，案例 7-16 呈现的只是其中的一部分。除了文献阅读，AMiner AI 还有文献智能检索、投稿期刊推荐、论文题目生成、英文翻译润色、表述文字精简等功能。

自己创设案例，深度体验上述功能。

习　题

一、单选题

1. 中国大学 MOOC 中复旦大学的慕课《宪法学》第 3.6 节视频时长与下列哪个最接近（或者就是）？（　　）

　　A. 12 分 29 秒　　　　B. 15 分 35 秒　　　　C. 14 分 45 秒　　　　D. 18 分 29 秒

2. 在 B 站 UP 主"罗翔说刑法"发布的视频中，播放量最高的视频发布时间与下列哪个日期最接近（或者就是）？（　　）

　　A. 2021 年 5 月 12 日　　　　　　　　　　B. 2022 年 6 月 11 日

　　C. 2020 年 10 月 16 日　　　　　　　　　 D. 2022 年 2 月 11 日

3. 在百度脑图中可以选择思维导图的外观风格，可选风格不包括（　　）。

　　A. 天空蓝　　　　　B. 经典天盘　　　　C. 清新粉　　　　　D. 紧凑紫

4. QQ 支持屏幕截图，默认的屏幕截图快捷键是（　　）。

　　A. Ctrl+Alt+A　　　B. Ctrl+Alt+S　　　C. Ctrl+Alt+O　　　D. Ctrl+Alt+F

5. 用微词云（https://www.weiciyun.com）统计可知，2023 年国务院政府工作报告中出现频率最高的名词，出现次数与下列哪个数字最接近（或者就是）？（　　）

　　A. 12　　　　　　　B. 18　　　　　　　C. 34　　　　　　　D. 38

6. Ted 演讲"A case for color blindness"的时长与下列哪个最接近（或者就是）？（　　）

　　A. 13 分 21 秒　　　B. 15 分 34 秒　　　C. 16 分 23 秒　　　D. 18 分 54 秒

二、多选题

1. 在国家高等教育智慧教育平台上查询可知，收录《微观经济学》慕课超过 20 门的平台包括（　　）。

　　A. 中国大学 MOOC　　B. 智慧树　　　　C. 学银在线　　　　D. 学堂在线

2. 下列哪些演讲者的演讲被一席的演讲专辑《无数的人们都与我有关》收录？（　　）

　　A. 李一凡　　　　　B. 陈晓楠　　　　　C. 陈杰　　　　　　D. 何国俊

3. 在中国古典文献资源导航系统（奎章阁）的古籍影像栏目中，可以找到欧洲哪些图书馆的链接？（　　）

A. 德国柏林图书馆 B. 法国国家图书馆
C. 俄罗斯国立图书馆 D. 意大利国家图书馆

4. ECharts 支持的可视化图形包括（　　）。

A. 南丁格尔玫瑰图 B. 动态排序柱状图
C. 仪表盘图 D. 桑基图

三、判断题

1. 国家虚拟仿真实验教学课程共享平台课程"汽车发动机虚拟拆装"的开课单位是清华大学。（　　）

2. Listary 和 Everything 这两个软件都有本地搜索功能。（　　）

3. 借助插件，可以用讯飞星火自动生成 ppt。（　　）

第 7 章配套资源

第 7 章相关图片

第 8 章　大学生常用信息检索与利用

8.1　课外考试类信息的检索与利用

人的一生要面对众多的考试，大学期间更是如此。考试是学习知识、提高能力的重要推动力。考虑到课程考试与课程学习密切相关，本节主要介绍大学期间比较常见的除课程考试之外的一些考试信息的检索与利用。

8.1.1　大学常见的课外考试

出于知识学习、能力提高、工作就业、出国留学等需要，大学生除了常规的期中、期末课程考试，还会参加一些其他类型的考试。大学期间的课程之外的考试种类繁多，形式多样。比较常见的有研究生入学考试，全国大学英语四、六级考试，全国计算机等级考试，公务员考试，等等；除此之外还有司法考试，出国留学类的托福、托业、雅思、GRE（Graduate Record Examination，留学研究生入学考试）等考试，会计师水平考试等。这些考试涉及众多不同的领域，用途也不尽相同，权威性和含金量差异较大。因此，我们要学会通过检索和获取信息来提高学习效率，尽快通过考试，并对这些考试本身的价值进行评估和判断。

案例 8-1　大学，哪些证值得考？

如图 8-1 所示，知乎中有这样一个问题，"有哪些大学里可以考的比较有用的证书？"，这个问题有 300 多个回答，高票回答有 12 000 多人点赞。多看一些这个问题下的回答，对大学生考证这个问题，你的了解肯定会更充分。

图 8-1　知乎中的一个问题：有哪些大学里可以考的比较有用的证书

8.1.2 课外考试信息概述

考试种类的多样使得大学课外考试信息十分繁杂。从内容上来看，这些信息既包括教材、辅导书、讲义、历年考试、模拟训练等与考试内容密切相关的实质性内容，也包括报名条件、报名程序、考试时间、考试方式、成绩查询等与考试过程相关的内容，同时还包括考试概况、外界对考试本身的评价等内容。从形式上看，这些信息既有以图书为主要形式的纸质文献，也有互联网上丰富的数字资源，其数字资源既有文本形式，也有音频、视频等形式。这些信息大致呈现如下一些规律性特征。

（1）与课程学习信息相辅相成。多数课外考试的内容与大学专业内的教学内容具有较高的相似性和趋同性。例如，初级会计师考试中会计基础科目的内容与大学经管类专业基础会计学课程的教学内容相似，司法考试所考科目基本都体现在了法律专业的教学计划上。因此，准备考试的过程也是一个学习的过程。

（2）具有明确的应试性。尽管课外考试信息与课程学习具有较高的趋同性，但前者更具有针对性。图书馆和互联网上有大量具体考试科目的针对性学习信息。

（3）较强的时效性。科技的发展和社会的进步使得知识不断更新，知识的更新以及考试方式的调整往往导致考试大纲和要求的变化，也使得基于之前考试大纲的相关考试信息价值降低甚至产生负面价值。例如，注册会计师每年的考试大纲都会根据会计准则、税务政策的变化进行相应调整，之前的考试信息资源价值不可避免会降低，这种由时间推移而导致信息价值降低的时效性在考试信息中表现得十分明显。

8.1.3 课外考试信息的获取途径

尽管课外考试的类型多种多样，不同类型的考试具有不同的信息资源，不同的信息资源有不同的获取渠道和方法，但这类信息获取和利用的基本思路还是具有一定相似性的。信息的获取途径主要有以下几种。

1. 考试官方网站

官方网站能为我们提供与考试相关的权威信息。多数官网一般会提供如考试简介、报名条件、考试形式、报名及考试时间等考试程序性信息，考试大纲和成绩查询的时间与方式一般也是在官网首先发布，也有部分官网提供一些如历年真题、模拟试题等备考信息。

2. 考试学习网站

由于商业化的驱动，互联网上存在大量有关考试信息、复习讲义、学习视频、试题等的综合学习网站。特别需要强调的是，考试学习网站上的论坛社区里有大量的考试成功经验、失败教训以及考试攻略，可以作为我们制订备考计划的参考，网友上传的共享资源以及对这些资源使用经历的评价有助于我们更高效地获取和利用信息。

3. 图书馆

考试类图书是图书馆馆藏资源的重要组成部分，可以通过图书馆获取考试辅导书、考试习题集等文献资源。但要特别注意相关文献的出版日期，考虑到图书馆图书采购、加工时间较长，一部新书从出版到进入流通需要相当长的一段时间，如果这个期间考试大纲发生了变化，势必会影响图书的价值。另外，图书馆的剔旧一般跟不上考试大纲变化的节奏，因此图书馆的书架上会存在相当数量与当前考试要求不相符的过时图书。

4. 考试数据库

考试数据库一般是由商业机构开发、图书馆购买的收录了大量考试信息的信息资源系统。用户可以在授权的网络 IP 地址范围（一般是本校）内免费使用。考试数据库中的信息经过了人工处理，质量较高。如图 8-2 所示的银符考试题库是目前比较常见的考试数据库，里面收录了大量的模拟题库，提供在线模拟考试环境，有网页版，也有手机 APP，题库内容涉及各个领域的考试，如全国大学英语四、六级考试，全国计算机等级考试，公务员考试，等等。

图 8-2　银符考试题库

视频 8-1　在线题库：考证刷题的好地方

5. 刷题 APP

随着移动互联网的发展，手机 APP 成为获取信息的重要来源，通过手机 APP 刷题备考成为不少考生学习的重要方式。使用 APP 刷题备考，可以充分利用碎片化的时间，方便灵活，而且大部分刷题 APP 提供模拟考试、错题强化等实用功能，有利于提升学习效率。

6. 微信公众号

作为一种获取信息的重要渠道，微信公众号中有不少考试类的内容。有些考试类公众号为了吸引新用户、留住老用户，会经常分享一些有价值的干货内容，其中就包括一些培训讲义、知识点总结、模拟试题、历年真题等备考资源。

7. 综合视频平台

以 B 站、抖音为代表的综合视频平台也是获取考试类信息的重要渠道。这些平台上有各种各样的考试类视频资源，可以直接搜索获取，大部分可以免费使用。

探究任务 8-1　全国计算机等级考试

全国计算机等级考试，是由教育部考试中心主办，面向社会，用于考查应试人员计算机知识应用与技能的全国性计算机水平考试。长期以来，在校大学生是全国计算机等级考试的主要应试群体。

思考一下：准备全国计算机等级考试，需要获取什么信息？这些信息如何获取？

案例 8-2　为考研收集信息

研究生入学考试，一般简称为考研，是指教育主管部门或招生机构为选拔研究生而组织的相关考试的总称，由国家考试主管部门组织的统一考试和招生单位组织的面试组成。这里仅以学术硕士为例介绍考研信息的获取。

1）考研总体规划的确定

只要有考研的打算，无论目前处于大学的哪个年级都应该根据自己的情况早做规划。首先应该查找一些有关考研的概况性信息，对考研有一个总体了解，具体包括考试简介、报考条件、考试科目、考试形式等。这些信息一方面可以通过咨询他人尤其是参加过考研的同学或朋友获取，也可以通过搜索引擎在百度、知乎、微信公众号、考研论坛里查找。然后根据这些信息结合自己的实际做出切实可行的个人考研规划。

2）报考信息的获取

报考信息主要包括报名时间、考试安排、报考院校、专业方向、考试科目、指导老师等。招生简章是获取这些信息的主要来源，高校会提前公布本校的研究生招生简章，学校招生网或研究生院网站上一般有明确链接。如图 8-3 所示的中国研究生招生信息网（https://yz.chsi.com.cn）是官方指定的研究生报名网站，可以查询研究生报考相关的信息。

3）学校和专业的确定

获取多个高校的招生简章后需要做出学校和专业的选择，选择时一般要考虑学校的情况、专业的排名、往年的报考和录取情况、自己的实力。通过搜索引擎可以在互联网

图 8-3 中国研究生招生信息网

上找到众多大学和专业的排名，考研论坛里也有相关的讨论，可以多方验证确定自己的选择。部分高校会在网站上公布往年的报考和录取情况，可以以此为参考。

4）了解和选择导师

一般可以通过以下几种渠道了解导师：①咨询导师所在学院的在读研究生；②通过导师所在学院网站上"师资介绍"栏目；③通过网络百科直接查询，稍有名气的导师一般都能在网络百科中查找到；④通过期刊论文数据库以"作者"为检索字段、以导师姓名为检索词检索导师发表的文章，为避免重名可以增加"单位"检索字段；⑤在学位论文数据库中以"导师姓名"为检索字段检索导师指导的学生的学位论文；⑥在国家社会科学基金、国家自然科学基金项目系统中查找导师立项的科研项目；⑦在专利系统中查找导师的专利。

5）公共课备考信息获取

除部分专业不考数学外，大多数专业考研需要考外语、数学和政治三门公共课。由于公共课属于全国性统考课程，互联网上存在大量这三个科目的备考信息。这些信息主要包括复习攻略、考试大纲、历年考题、模拟试题、讲义、培训视频等。多数复习资料可以通过考研网站获取，可以通过搜索找到知名的考研网站。图书馆可以获取与考研有关的图书，但要注意时效性。考研论坛里有许多网友共享的复习资料，但注意知识产权问题。

6）专业课信息获取

由于考研专业课是学校自己命题，因此专业课的复习要针对性地获取信息。有些学校会在招生简章或具体学院网站上公布专业课参考书，如果没有公布参考书我们可以直接联系招生学校的具体学院或咨询这个学院在读的同专业硕士研究生。确定参考书之后，可以通过图书馆借阅、在线购买、电子书数据库查询、互联网上找免费电子书等方式获取图书信息。专业课的历年考题一般可以到招生院校相关部门获取，目前淘宝等网络电商网站上也有出售这些资料的商家。

7)成绩查询

一般招生院校会在自己的研究生招生网站上提供成绩查询入口,互联网上的考研网一般会提供各招生院校成绩查询入口的链接。

8)面试准备

通过招生简章推断或者咨询在读研究生等方式获取报考专业可能的面试老师名单,然后通过期刊论文数据库查询这些老师近年来发表的文章。有机会可以旁听这些老师的课程。另外也可以在知乎等平台查询考研面试的相关问题和回答。

9)调剂信息

由于存在上线人数达不到招生计划的情况,部分院校可能会招收一部分其他院校落榜的学生,这种调剂信息一般都会公布在接受调剂院校的研究生招生网站上。中国研究生招生信息网是调剂信息指定发布平台。另外,一些考研网站也提供调剂信息的线索。

8.2 学术写作类信息的检索与利用

学术写作是大学生专业训练的重要内容之一,从信息素养的角度入门学术写作,有助于大学生快速提升学术写作能力。

8.2.1 学术论文写作概述

毕业论文或毕业设计是大部分大学生获取学位的必要条件,部分本科学生、大部分硕士研究生、绝大部分博士研究生在校期间还要撰写、发表期刊论文。所以,大学生必须提升自己的学术论文写作能力。

学术论文写作具有多重意义。学术论文是科学研究结果的重要呈现形式,是科研交流的重要载体。因此,总结科研成果是学术论文写作的重要目的之一。但是,对于大学生而言,学术论文写作还存在其他多种动机,如达到毕业要求、完成老师布置的作业、奖学金加分等。大学生尤其是本科生撰写的学术论文,也许学术价值不是太高,但对学生自身而言,论文写作的过程也是一个学术训练的过程,还是学校人才培养的一种手段。

学术论文写作的根本目的是总结科研成果,所以学术论文的选题与科学研究的选题密切相关。学术写作涉及论文选题、检索获取参考文献、文献管理与分析、文献综述、论文排版、参考文献著录等多个环节,整个过程中要注意学术规范和学术伦理。

无论是对于期刊论文来说还是学位论文来说,题录、正文、参考文献都是学术论文的基本组成部分。学术论文的题录一般包括标题、作者、作者单位、摘要、关键词等内容。正文是学术论文的主体,不同文献类型、不同学科之间学术论文正文的写法差别较大。学术论文一般需要著录参考文献,参考文献著录一般有严格的格式规范。

> **探究任务 8-2　对比不同学术论文的内容结构**
>
> 选择合适的资源平台,检索并获取本专业学术论文,对比一下,看看不同学术论文之间的内容结构有什么不同。要求对比的论文包括中外文期刊论文、中外文会议论文、中外文博士学术论文。

8.2.2　学术写作常用信息及获取渠道

获取信息,解决问题,这是信息素养的重要体现,学术写作也不例外。在学术写作的各个环节,大多会涉及信息的检索与利用。

1. 论文选题

论文选题关系到学术写作的价值与意义,需要考虑的因素有很多,具体包括自己的专业特长、科研兴趣、导师的研究课题、国家的政策导向、新技术突破等等。对大学生而言,论文选题可以参考的信息包括以下方面。

1)科研基金项目选题指南和立项选题

国家相关部门每年会投入大量资金以科研项目的形式支持科学研究,其中包括国家自然科学基金项目、国家社会科学基金项目、各省市的自然科学和社会科学项目、各部委科研基金项目等。这些科研基金项目有的会提前发布选题指南,大部分会公布立项选题。这些选题指南、立项选题是我们在进行论文写作选题时的重要参考。

2)学术期刊的选题指南

有些学术期刊,会公布选题指南,作为该期刊近期投稿选题的方向。这些选题指南,大多是期刊编辑部结合专家意见给出的选题参考,一般具有较高的研究价值。所以,本学科知名期刊的选题指南,是我们进行论文写作选题时需要关注的信息源。

3)国家政策

学术研究特别是应用研究要立足党和国家事业发展需要,聚焦经济社会发展全局性、战略性和前瞻性理论与现实问题,要提升科学研究的现实性、针对性以及具有较高的决策参考价值。这就需要我们关注与自己科研领域相关的党和国家重要方针政策。

2. 文献检索与获取

科学研究是站在巨人肩膀上的进一步创新,所以学术论文写作需要检索并获取参考文献。这些参考文献包括图书、期刊论文、会议论文、学位论文、专利文献、标准文献、科研成果等。研读参考文献的目的是了解具体领域的研究现状,清楚自己研究的起点。

学术文献的获取有多种渠道,主要包括学术数据库、学术搜索引擎、期刊官网等,具体可参考本书第 4 章内容。

3. 论文格式信息

不同的期刊对投稿论文可能有不同的格式要求,不同的高校对学位论文的格式要求不尽相同。如图 8-4 所示,多数期刊的论文格式要求可以从官网中找到。高校的学位论文格式多数也能从官网中找到,部分高校还给出了学位论文的 LaTex 模板。

图 8-4 《经济研究》稿件体例要求

8.2.3 文献管理

在学术论文写作的过程中,文献管理是其中的重要一环。文献管理,一般要借助文献管理工具。文献管理工具可以提升文献管理的效率。常用的文献管理工具包括 EndNote、NoteExpress、NoteFirst、Mendeley、Zotero,其中 EndNote、NoteExpress、NoteFirst 是商业工具,Mendeley、Zotero 完全免费。当然,有些商业化文献管理工具一般也提供功能受限的免费版本。大部分文献管理工具可以跨平台使用,既有可以在电脑上安装的客户端软件,也有网络版,有些还可以在手机上使用。

尽管不同的文献管理软件各有特色,但一般具有如下功能。

1)文献检索

有些文献管理工具内置检索入口,用户可以直接在文献管理工具中设置检索条件检索文献,并且可以把检索结果文献直接添加到文献管理工具中。图 8-5 呈现的是文献管理工具网页版 Mendeley 的检索结果,点击"Add to library"即可把对应的文献添加到 Mendeley 中。

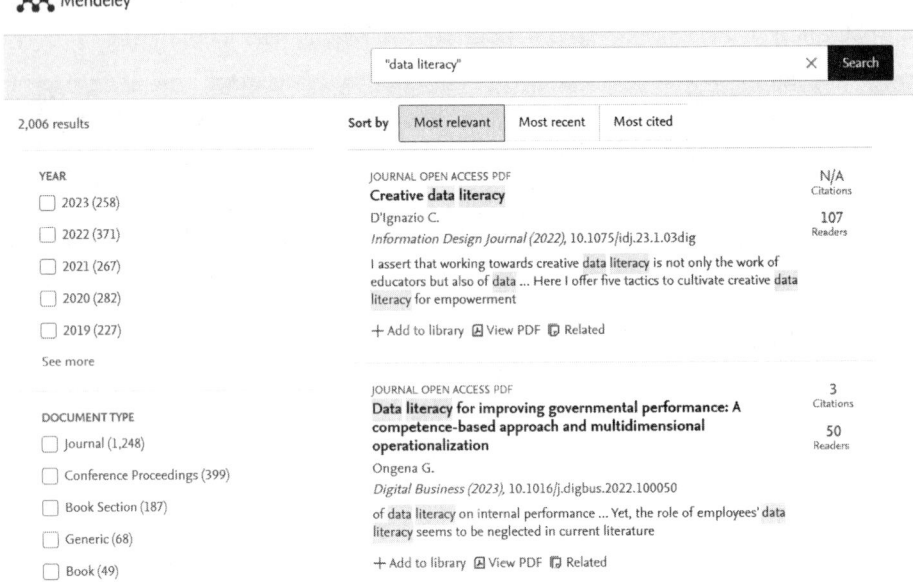

图 8-5　文献管理工具 Mendeley 的文献检索结果

2）文献收集

文献管理工具一般允许用户通过本地文件上传、检索结果添加、题录数据导入等多种方式把多种渠道收集的文献资料整合到一个统一的文件库中，方便后续的管理和利用。如图 8-6 所示，文献管理工具 Mendeley 提供了 4 个文献收集选项：前两个分别是直接上传本地文件或者本地文件夹；第三个"Add entry manually"是手动添加，可以手动输入文献的 DOI、ArXivID、PMID 等信息，系统会自动检索匹配，把对应的文献导入文件库

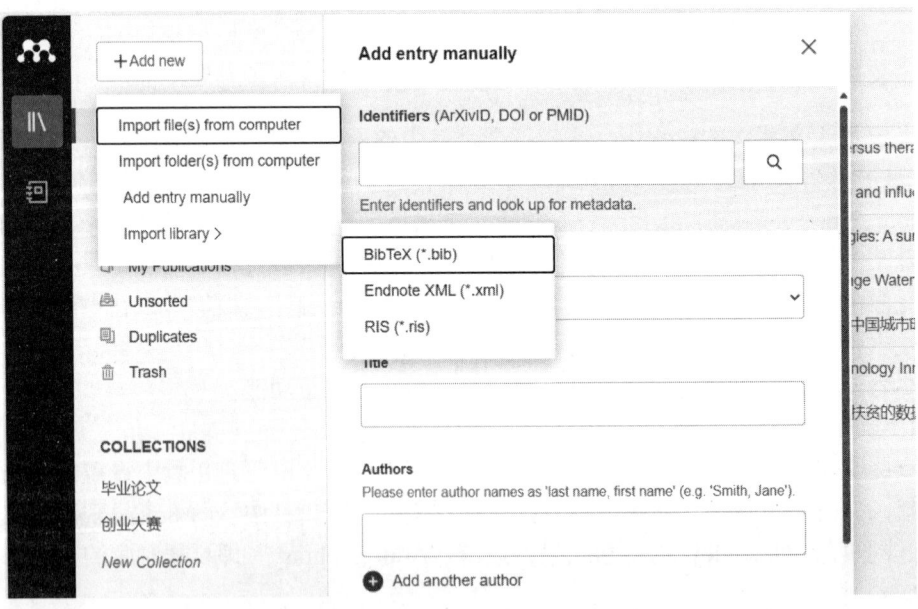

图 8-6　文献管理工具 Mendeley 的文献收集入口

中;最后一个"Import library",可以导入题录数据,系统支持 EndNote XML、BibTex 等外部题录。

3)文献整理

文献管理工具一般提供多种整理方式,如标签、文件夹、星标等,帮助用户对文献进行分类和标记,以便快速找到所需文献。

4)阅读笔记

文献管理工具一般提供内置的 pdf 阅读器,允许用户在阅读文献时通过高亮、批注等多种方式做阅读笔记。

5)引用与格式化

文献管理工具一般会提供包括 APA、MLA、Chicago 在内的多种引用格式,自动生成指定格式的文献引用和参考文献列表。大部分文献管理工具安装时会在 Word、WPS 等文字处理软件中添加相应的文献管理插件,方便用户在撰写论文时直接插入引用,自动更新参考文献列表。

6)协作与共享

有些文献管理工具支持多人协作,允许多个用户共享和编辑同一个文献库。有些还提供云存储功能,方便用户在不同设备之间同步文献资料。

7)导出与备份

大部分文献管理工具有文献库导出功能,可以把指定的文献库以指定的格式导出,方便用户在其他软件或平台上使用。同时,提供备份功能以防数据丢失。

视频 8-2　文献管理:Mendeley——免费的文献管理工具

探究任务 8-3　对比 Mendeley 和 Zotero

亲自动手,深度体验文献管理工具 Mendeley 和 Zotero 的各种功能,对比这两款文献管理工具的优缺点。

思考一下在文献管理方面还有哪些痛点功能是 Mendeley 和 Zotero 没有提供的。

8.2.4　文献分析

学术论文写作一般需要做文献综述,文献分析是文献综述的重要环节。CNKI、万方、维普、Web of Science 等大部分学术数据库内置文献分析功能,一些文献管理软件也可以做文献分析。当然,还有一些专业的文献分析工具,功能更强大,如 CiteSpace、VOSviewer 等。

视频 8-3　VOSviewer:文献数据可视化工具

以 CiteSpace 为例，文献分析工具主要功能包括以下几项。

1）引文分析

引文分析主要分析文献之间的引用关系，包括论文之间的引用、作者之间的引用以及期刊之间的引用等。通过这些分析，可以了解学术领域的发展脉络和研究方向。

2）聚类分析

聚类分析将文献网络中的节点按照相似性进行分组，形成不同的聚类。这些聚类可以代表学术领域中的不同子领域或研究方向，有助于研究人员快速了解领域内的研究热点和趋势。

3）时间线分析

时间线分析呈现研究领域随时间的变化情况，通过时间线图谱可以识别出重要的里程碑学术事件，有助于了解学术领域的发展历程和未来趋势。

4）共现分析

文献分析工具一般可以做作者共现、机构分析、关键词共现、引文共现等共现分析。作者共现和机构共现可以帮助我们发现作者和机构之间的合作、竞争关系，有助于了解学术领域中的重要学者和研究机构。关键词共现可以帮助我们了解不同关键词之间的关联程度，有助于发现研究主题。引文共现也称为共被引分析，可以在更大范围内发现研究方向和脉络，CiteSpace 共被引分析形成的知识图谱如图 8-7 所示。

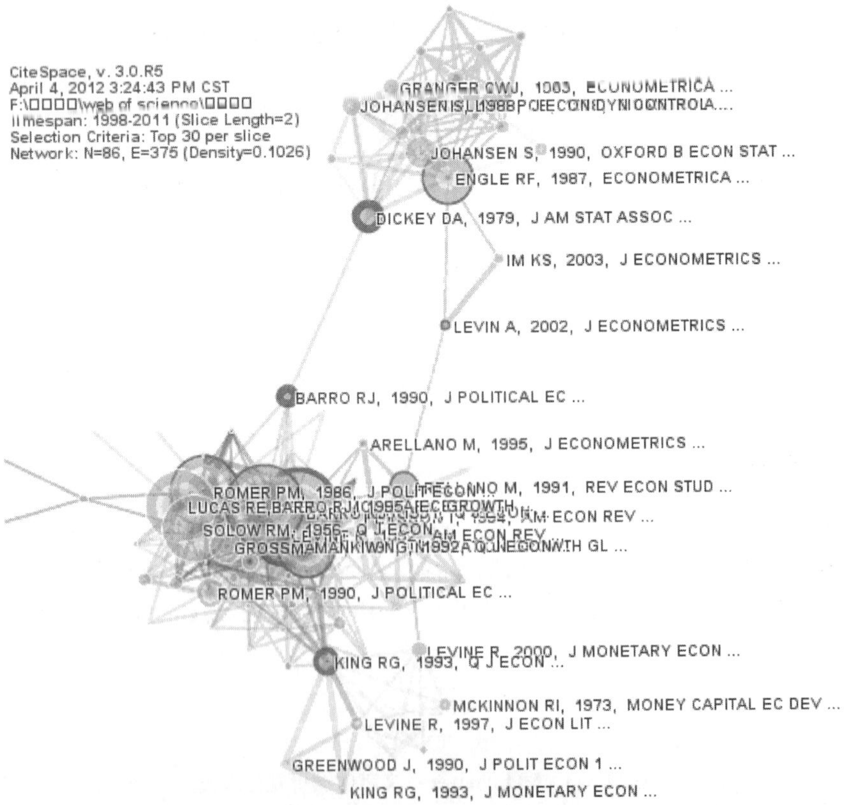

图 8-7　CiteSpace 的共被引分析图谱

探究任务 8-4 用 CiteSpace 发现 "经济增长" 这个主题上的细分方向

先找攻略，在探索中安装 CiteSpace。在 Web of Science 中检索"经济增长"相关文献，获取符合 CiteSpace 要求的题录数据。基于这些题录数据，在 CiteSpace 中做共被引分析，通过共被引分析识别这个领域的细分方向。

思考一下，与 Web of Science 内置的文献分析功能相比，CiteSpace 的优势有哪些。

8.2.5 参考文献著录

撰写学术论文，一般需要著录参考文献，参考文献著录格式有标准。国外比较常见的引文格式有 APA、MLA、Chicago、Harvard，我国大部分期刊以及学位论文的引文格式采用国家标准《信息与文献 参考文献著录规则》(GB/T 7714—2015)，这个 2015 年实施的国家标准是我国学术文献著录参考文献的重要格式规范。该标准从参考文献的著录信息源、著录用文字符号、著录细则等多个方面详细规定了参考文献的著录规则，并给出具体的著录范例。

按照 GB/T 7714—2015 格式规范著录的参考文献如图 8-8 所示。可以看到，每一篇参考文献的著录都有严格的格式，其中包括一个文献标识代码（中括号中的字母），不同文献类型的著录格式是不同的。

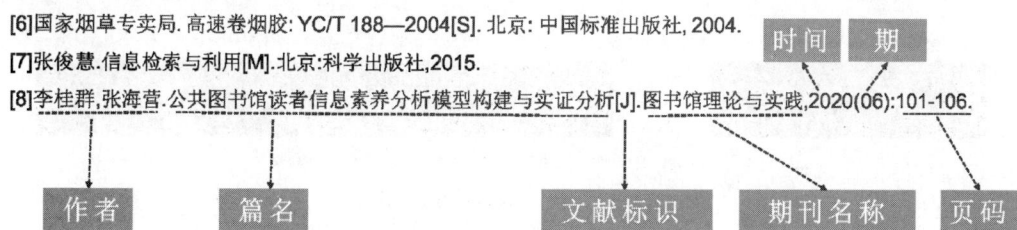

图 8-8 参考文献的国标格式

表 8-1 列出了 GB/T 7714—2015 中规定的参考文献类型及其对应的文献类型标识代码。如果所著录的参考文献来源于电子资源载体，著录时需要在文献类型标识代码后面加上载体类型标识代码。例如，图 8-8 中的第 5 条文献，在文献类型标识代码"DB"后面加上了"/OL"，这说明标识文献载体是联机网络（online）。在 GB/T 7714—2015 中，除了联机网络的 OL，还有 MT（磁带）、DK（磁盘）、CD（光盘）。

表 8-1　参考文献类型及文献类型标识代码（GB/T 7714—2015）

参考文献类型	文献类型标识代码	参考文献类型	文献类型标识代码
普通图书	M	专利	P
会议录	C	数据库	DB
汇编	G	计算机程序	CP
报纸	N	电子公告	EB
期刊	J	档案	A
学位论文	D	舆图	CM
报告	R	数据集	DS
标准	S	其他	Z

无论是国家标准还是国外期刊要求的按照指定的格式著录参考文献 APA、MLA 等标准，参考文献著录格式总体比较严格，手工著录容易出错。为了提升参考文献著录效率和质量，可以借助以下方法和工具。

1）学术检索平台的导出功能

CNKI、维普、万方等学术数据库，以及百度学术、PubScholar 等学术搜索引擎都提供引文数据导出功能，并提供包括国家标准 GB/T 7714—2015 在内的多种引文格式，用户可以选择合适的检索结果和引文格式进行批量导出，然后插入论文中。CNKI 的引文导出如图 8-9 所示。

图 8-9　CNKI 的引文导出

2）文献管理工具的引文导出和插入功能

EndNote、Mendeley 等文献管理工具有引文导出功能，利用相关插件也可以在 Word 等文字编辑工具中直接插入引文。这些文献管理工具支持多种引文格式，用户可以根据需要选择。

3）参考文献格式生成器

不是所有的文献都能借助学术检索平台或者文献管理工具生成指定格式的引文，有些无法在学术检索平台上找到，有些甚至不是数字化文献。都有一些前提条件。对于这一类的文献，可以借助参考文献生成器。互联网上的参考文献生成器一般是在线工具，有些可以免费使用。如图 8-10 所示，在可视化的界面中通过填空、选择的方式提交文献题录信息，系统会自动按照指定的格式生成引文，这在一定程度上可以提升参考文献著录效率和质量。

图 8-10 参考文献格式生成器

案例 8-3 CNKI 的引文批量导出

学术论文写作要著录参考文献，参考文献著录有标准。我国大部分高校要求按照 GB/T 7714—2015 来著录学位论文的参考文献。如果参考文献是从 CNKI、维普、百度学术等中文学术数据库或文献检索系统中找到的，一般可以按照 GB/T 7714—2015 的标准直接导出。以 CNKI 为例，导出参考文献的步骤如下。

第一步，检索文献。在 CNKI 中以合适的检索条件找到要著录的参考文献。

第二步，勾选参考文献。如图 8-11 所示，CNKI 的每一条检索结果前面都有一个方框，单击勾选。在 CNKI 中，一次最多可以选择 500 篇。

第三步，选择导出格式。勾选完毕后，单击"导出与分析"可以看到多种导出格式，多数中文期刊、国内学位论文一般采用国标格式，所以选择"GB/T 7714—2015 格式引文"选项，然后在打开的页面中复制即可。

图 8-11　CNKI 中以 GB/T 7714—2015 的格式导出参考文献

探究任务 8-5　按照国家标准 GB/T 7714—2015 的格式导出引文

任选三篇能在 CNKI、维普、万方、百度学术中找到的 CSSCI 论文，利用系统提供的引文导出功能按照国家标准 GB/T 7714—2015 的格式导出引文。

8.2.6　翻译润色

向外文期刊投稿，一般要用英文写作。即便是写中文论文，一般也要求翻译包括标题、关键词、摘要、作者在内的题录数据。翻译润色，可以借助工具。适合翻译润色的工具有很多，既有百度翻译（https://fanyi.baidu.com）、有道翻译（https://fanyi.youdao.com）等常用的网络翻译工具，也有易改（http://www.1checker.com）、金山词霸的写作校对（https://www.iciba.com/grammar）等英文润色工具，还有 Linggle Search（https://search.linggle.com）这种基于大数据语料库的英文搭配搜索引擎。另外，还可以借助 ChatGPT、文心一言、星火科研助手等人工智能工具。

视频 8-4　翻译润色：三个工具，让你的英文更地道

案例 8-4　英文词语搭配拿不准，试试 Linggle Search

"接受教育"的翻译是"receive education"还是"accept education"？如果你拿不准，可以问问 Linggle Search。在 Linggle Search 中输入检索表达式"receive/accept education"，

系统会给出如图 8-12 所示的搜索结果："receive education"，98.1%；"accept education"，1.9%。很明显，"receive education" 使用概率远大于 "accept education"，"receive education" 应该是正确的搭配。

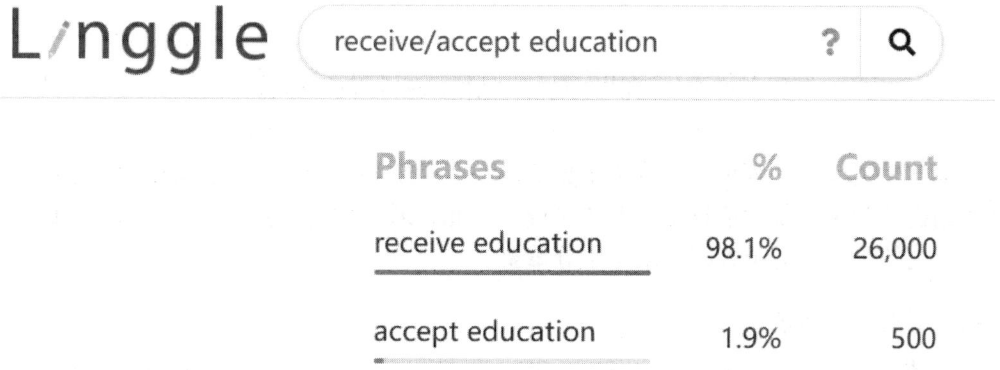

图 8-12　Linggle Search 的搜索结果

Linggle 是我国台湾地区的一个团队开发的实用工具，Linggle Search 是其中的一个功能，可以帮助用户选择合适的英文搭配。与其他英文翻译工具不同，Linggle Search 是从统计的角度呈现英文词语的合适搭配。当我们在搜索框中输入 "receive/accept education" 的时候，系统会从语料库中统计出 "receive education" 还是 "accept education" 这两种搭配的数量对比，让用户从中发现合适的搭配。

Linggle Search 提供多种搜索语法以适应不同的搭配场景，点击搜索框中的问号能看到具体的范例。

探究任务 8-6　对比金山词霸、易改、讯飞星火科研助手的英文校对润色功能

把自己论文（或者在 CNKI 找一篇论文）的英文摘要分别用金山词霸、易改、讯飞星火科研助手进行校对润色，对比结果，看哪一个效果更好。

8.2.7　学术规范与伦理

科学研究、学术论文写作与发表都要遵循基本的学术诚信和道德规范，避免各种学术不端行为。国家相关部门先后出台了各种政策文件和行业标准。2018 年 5 月，中共中央办公厅、国务院办公厅联合印发了《关于进一步加强科研诚信建设的若干意见》。2019 年 7 月，行业标准《学术出版规范　期刊学术不端行为界定》（CY/T 174—2019）正式实施。2022 年 8 月，科学技术部等部门联合印发了《科研失信行为调查处理规则》。

根据行业标准《学术出版规范　期刊学术不端行为界定》的规定，论文作者的学术不端行为主要包括剽窃、伪造、篡改、不当署名、一稿多投、重复发表、违背研究伦理等。

> **探究任务 8-7   查找行业标准《学术出版规范 期刊学术不端行为界定》**
>
> 行业标准《学术出版规范 期刊学术不端行为界定》给出了论文作者的多种行为不端行为,每种行为不端行为又给出了多种具体的细则。请选择合适的平台,找到这个行业标准,看看剽窃和一稿多投有哪些具体的行为。

8.3　就业类信息的检索与利用

大学生就业是否理想不仅取决于自身的专业素质和综合能力,还与就业信息的获取和利用密切相关。就业信息是求职的基础。因此,通过检索和获取就业信息为自己找到一个合适的工作,对于大学生来说十分重要。

8.3.1　就业信息概述

就业信息主要是指求职者通过相关渠道获取的与自身求职相关的信息。狭义的就业信息主要是指具体用人单位的招聘信息,广义的就业信息还包括其他一切与求职相关的信息,如就业政策、人才需求情况、就业前景等。就业信息具有较强的时效性,因此在获取和利用时一定要关注信息的时效问题,否则会影响自己的求职结果。

8.3.2　就业信息的种类

就业信息种类繁多,主要有以下几种形式。

1. 就业政策信息

就业政策信息主要是指国家行政主管部门、各地区人事主管部门以及各高校制定的与就业有关的规定,下发的相关通知,以及相关行业的从业规则等。与大学生就业相关的就业政策信息包括大学生就业工作制度、人才招聘制度、公务员制度、志愿服务西部制度、面向基层工作制度、创业制度、户籍制度、应届毕业生入伍制度、高校毕业生就业推荐程序、毕业生签约规范等。

2. 就业形势信息

就业形势信息主要是指整个国家和社会或者某个地区或行业的整体就业需求和供给状况信息。就业形势与经济发展水平密切相关,因此经济发展相关信息是就业形势信息的重要内容。就业形势信息不仅包括国家和社会层面上的信息,还包括地区和行业层面上的信息。

3. 招聘信息

招聘信息主要是指相关机构发布的招聘会信息以及用人单位岗位需求信息。招聘会信息一般包括主办机构、参会用人单位、招聘会主题、地点、时间等信息。用人单位岗位需求信息一般包括招聘岗位、应聘条件、招聘程序、联系方式等信息。

4. 用人单位信息

招聘是一个供需双方互相选择的过程,因此在用人单位了解求职者的同时,求职者也应该对用人单位进行详细了解。用人单位信息包括用人单位的性质、行业地位、发展历史、发展模式、经济效益、员工待遇、所在地、隶属关系、联系方式等信息。

5. 求职准备信息

求职准备信息主要涉及求职简历制作、面试准备等信息。

案例 8-5 做简历,不要忘了获取信息

获取信息,解决问题,做简历也不例外。互联网上有很多与简历制作相关的经验,多看几个,肯定有帮助。图 8-13 是知乎中的一个问题,"简历上的哪些内容才是招聘者(HR、用人部门、老板)眼中的干货?"这个问题有 600 多个回答,回答这个问题的不少人本身就是公司的 HR(human resource,人力资源),他(她)们的回答可以帮助我们在做简历的时候避开一些常见的误区。

图 8-13 知乎中的"招聘"相关问题

8.3.3 就业信息的获取途径

对大学生而言,常见的就业信息获取途径如下。

1. 学校就业服务机构

为了促进学生就业,高校一般都设置有相关就业服务机构,用于组织、协调、指导学生就业，如就业处、学生工作办公室等。这些机构往往通过如图 8-14 所示的学校就业信息网站等渠道，发布国家或地区有关就业和招聘的信息。学校就业服务机构发布的就业信息一般及时、可靠、针对性强，是大学生获取就业信息的重要选择。除本校发布的就业信息外，大学生也可以从多个其他高校就业服务机构获取就业信息。

图 8-14　四川大学毕业生就业网

探究任务 8-8　在高校就业信息网上查找招聘信息

毕业后想去哪个城市工作？任选这个城市的两个高校，找到这些高校的就业信息网，从中查找招聘信息。

2. 求职招聘平台

专业的求职招聘平台为用人单位和求职者架起了沟通的桥梁。作为需求方的用人单位通过求职招聘平台的网站或 APP 发布具体的招聘信息及岗位需求信息。大学生求职者可在这些网站发布自己的求职简历信息。网站提供站内检索入口，求职者可以查询符合自己预期的工作岗位，用人单位可以查询符合用人需求的求职者。通过双方提供的联系方式，求职者和用人单位可以互相联系和沟通。目前比较知名的求职招聘网站有领英、智联招聘、前程无忧、BOSS 直聘等。另外，还有一些综合类网站设置有专门的人才招聘频道，如赶集网招聘、58 同城招聘等。

3. 招聘会

相对于通过网络获取招聘信息，通过参加现场招聘会获取的信息更为直接，求职者和用人单位可以面对面直接沟通，而且参加招聘会的用人单位众多，求职者有更多的机会。一般高校每年都会举办多场招聘会，政府部门也会定期或不定期举办各种类型的招聘会。另外，多数城市还有较为固定的长期招聘会场。招聘会信息可以通过学校就业服务机构网站、报纸、搜索引擎等渠道获取。

4. 用人单位网站

由于人才需求量大，一些大型用人单位长期处于招聘状态。这些单位除了利用求职招聘网站、参加招聘会等渠道发布招聘信息，还会把人才需求信息发布在自己的官方网站上。因此，求职者可以直接访问官方网站来获取这些用人单位的人才需求信息。

5. 搜索引擎

大多数时候搜索引擎用来作为查询其他网站的入口，如上述的高校就业服务部门的网站、专业求职招聘网站、公司官方网站招聘频道、电子报纸招聘专版等网络信息大都需要通过搜索引擎来检索和获取。除此之外，也可以通过搜索引擎直接查找招聘信息。如求职简历、面试准备等一些与就业有关的信息也可通过搜索引擎来直接查找。如在搜索引擎中输入"简历 filetype:ppt"可以找到众多其他人的求职简历，这些简历可作为自己制作简历的参考。

习 题

一、单选题

1. 通过中国研究生招生信息网查询可知，招收口腔医学全日制硕士研究生的北京高校不包括（   ）。
   A. 北京大学　　　　B. 首都医科大学　　　　C. 中国人民大学　　D. 解放军医学院

2. CNKI 可以批量导出引文，导出的引文格式不包括（   ）。
   A. GB/T 7714—2015 格式　　　　　　B. CAJ-CD 格式
   C. EndNote 格式　　　　　　　　　　D. JSON 格式

3. 根据行业标准《学术出版规范 期刊学术不端行为界定》，下列行为不属于剽窃的有（   ）。
   A. 对他人的论点、观点、结论等进行拆分或重组后不加引注地使用
   B. 对他人已发表文献中的数据进行一些添加后不加引注地使用
   C. 改变他人已发表文献中数据原有的排列顺序后不加引注地使用
   D. 使用经过擅自修改、挑选、删减、增加的原始调查记录、实验数据等，使原始调查记录、实验数据等的本意发生改变

二、多选题

1. 国家大学生就业服务平台可以按（　　）选择职位。
   A. 所属行业　　　　　　　　　　　　B. 公司性质
   C. 职位类别　　　　　　　　　　　　D. 全职、兼职或实习

2. 下列文献管理软件完全免费的有（　　）。
   A. EndNote　　　B. NoteExpress　　　C. Mendeley　　　D. Zotero

3. 在 Linggle Search（https://search.linggle.com）的检索框中输入：discuss ?about the issue。关于 Linggle Search 和这个检索，下列说法正确的有（　　）。
   A. 排名第一的结果是：discuss the issue
   B. 检索意图是确认 discuss 和 the issue 中间有没有 about
   C. Linggle Search 可以免费使用
   D. Linggle Search 中给出了多种示例，点击检索框中的问号可以看到

4. 写了一篇论文准备投稿，需要把题录信息翻译成英文。翻译润色，可以借助的工具有（　　）。
   A. 易改（1Checker）　　　　　　　　B. 讯飞星火科研助手
   C. 金山词霸　　　　　　　　　　　　D. ECharts

三、判断题

1. 全国大学英语四、六级考试的官网地址是 https://cet.neea.edu.cn，在这个网站中有成绩查询的入口。（　　）

2. 全国计算机等级考试的官网地址是 https://ncre.neea.edu.cn。在这个网站中可以找到考试大纲，并且能够免费获取所有考试科目的电子版教材。（　　）

3. CiteSpace 可以做共被引分析。（　　）

第 8 章配套资源　　　　　　　　　　第 8 章相关图片

参 考 文 献

曹金风，张建臣. 2020. 大学生信息素养基础[M]. 北京：人民邮电出版社.
陈泉. 2017. 信息素养与信息检索[M]. 北京：清华大学出版社.
陈晓红，高凡，何雪梅. 2019. 国内外元素养教育研究综述[J]. 图书馆理论与实践，（1）：58-64.
程萌萌，夏文菁，王嘉舟，等. 2015.《全球媒体和信息素养评估框架》（UNESCO）解读及其启示[J]. 远程教育杂志，33（1）：21-29.
初景利，刘敬仪，张冬荣，等. 2020. 从信息素养教育到泛信息素养教育：中国科学院大学15年的实践探索[J]. 图书情报工作，64（6）：3-9.
邓灵斌，余玲. 2015. 美国信息素养新标准：元素养解读及其启迪[J]. 情报理论与实践，38（9）：130-133.
符绍宏，高冉. 2016.《高等教育信息素养框架》指导下的信息素养教育改革[J]. 图书情报知识，（3）：26-32.
高祥永，董玉萍. 2023. 信息检索与信息素养[M]. 北京：电子工业出版社.
韩丽风，秦小燕，杨志刚，等. 2020. 新环境下高校信息素养教育宏观规划研究[J]. 图书情报工作，64（7）：39-45.
韩丽风，王茜，李津，等. 2015. 高等教育信息素养框架[J]. 大学图书馆学报，33（6）：118-126.
胡燕. 2018. 高校信息素养研究[M]. 武汉：武汉大学出版社.
黄如花. 2021. 提升全民数字素养与技能：图书馆发展新机遇[J]. 图书馆论坛，41（12）：8-9.
黄如花，李白杨. 2016. 数据素养教育：大数据时代信息素养教育的拓展[J]. 图书情报知识，（1）：21-29.
蒋南. 2020. 大学生信息素养能力与教育探索[M]. 延吉：延边大学出版社.
柯平. 2022. 将全民数字素养教育作为图书馆新的信息与教育使命[J]. 图书馆论坛，42（3）：9-11.
李军华，燕翔，李慧. 2023. ChatGPT模型赋能数字素养教育应用场景研究[J]. 新世纪图书馆，（11）：68-76.
李伟，钮小萌. 2023. 大学生信息素养教程[M]. 北京：人民邮电出版社.
廖开明. 2017. 公民基本信息素养[M]. 北京：中央广播电视大学出版社.
林豪慧. 2017. 大学生信息素养[M]. 北京：电子工业出版社.
刘芳，朱沙. 2017. 大学生信息素养与创新教育[M]. 武汉：华中科技大学出版社.
刘桂宾. 2019. 在情境中理解信息素养：《高等教育信息素养框架》探析[J]. 大学图书馆学报，37（4）：88-94.
刘丽萍，刘春丽. 2017. 元素养：信息素养教育转型新导向[J]. 情报资料工作，（1）：100-104.
刘涛. 2015. 走向元素养：高校图书馆信息素养教育新动向[J]. 新世纪图书馆，（1）：9-12.
刘咏梅，谢阳群. 2019. "搜索即学习"视角下大学生信息素养行动研究[J]. 情报理论与实践，42（8）：97-103.
刘于辉，罗瑜. 2020. 信息素养[M]. 北京：北京理工大学出版社.
罗源. 2019. 大学生信息素养教程[M]. 北京：光明日报出版社.
潘燕桃，肖鹏. 2019. 信息素养通识教程[M]. 北京：高等教育出版社.
彭立伟. 2015. 美国信息素养标准的全新修订及启示[J]. 图书馆论坛，35（6）：109-116.
王丹中. 2020. 信息素养通识[M]. 北京：高等教育出版社.
王雪梅，胡燕. 2017. 大学生信息素养研究[M]. 西安：西安地图出版社.
吴贝贝，楚林，姜立之. 2023. 信息素养与检索实践[M]. 北京：机械工业出版社.
吴建华. 2020. 信息素养修炼教程[M]. 北京：科学出版社.

熊璋，李锋. 2019. 信息时代·信息素养[M]. 北京：人民教育出版社.

徐莉，王默，程换弟. 2015. 全球教育向终身学习迈进的新里程："教育 2030 行动框架"目标译解[J]. 开放教育研究，21（6）：16-25.

叶继元，魏瑞斌. 2023. 信息检索[M]. 3 版. 北京：电子工业出版社.

于良芝，王俊丽. 2020. 从普适技能到嵌入实践：国外信息素养理论与实践回顾[J]. 中国图书馆学报，46（2）：38-55.

于良芝，王俊丽. 2021. 基于信息素养基础结构的信息素养教育赋能[J]. 中国图书馆学报，47（5）：4-19.

袁曦临，宋歌. 2023. 信息素养与科研训练[M]. 南京：东南大学出版社.

张丹. 2016. 美国大学图书馆的元素养教育的进展及其启示[J]. 大学图书馆学报，34（2）：103-110.

张久珍. 2020. 图书馆：全民终身学习的重要基础设施[J]. 图书情报工作，64（16）：9-10.

张久珍. 2021. 图书馆：培育全民数字素养的阵地[J]. 图书馆论坛，41（12）：6-7.

张俊慧. 2015. 信息检索与利用[M]. 2 版. 北京：科学出版社.

钟志贤. 2013. 面向终身学习：信息素养的内涵、演进与标准[J]. 中国远程教育（综合版），（8）：21-29，95.

周迨琛，刘欣. 2024. 探究基于能力提升的大学生信息素养教育：《信息素养教育的理论与实践》荐读[J]. 情报理论与实践，47（1）：197.

周建芳. 2021. 信息素养与信息检索[M]. 3 版. 北京：科学出版社.